U0110617

古典文獻研究輯刊

十六編

潘美月・杜潔祥 主編

第29冊

《黃氏日抄》研究（下）

葛曉愛 著

國家圖書館出版品預行編目資料

《黃氏日抄》研究（下）／葛曉愛　著 — 初版 — 新北市：花
木蘭文化出版社，2013〔民102〕
目 4+188 面；19×26 公分
（古典文獻研究輯刊 十六編；第 29 冊）
ISBN：978-986-322-180-7（精裝）
1.（宋）黃震　2.學術思想
011.08　　　　　　　　　　　　　　　102002365

ISBN-978-986-322-180-7

9 789863 221807

古典文獻研究輯刊
十六編　第二九冊　　　　　　　ISBN：978-986-322-180-7

《黃氏日抄》研究（下）

作　　者　葛曉愛
主　　編　潘美月　杜潔祥
總 編 輯　杜潔祥
企劃出版　北京大學文化資源研究中心
出　　版　花木蘭文化出版社
發 行 所　花木蘭文化出版社
發 行 人　高小娟
聯絡地址　235　新北市中和區中安街七二號十三樓
　　　　　電話：02-2923-1455／傳眞：02-2923-1452
網　　址　http://www.huamulan.tw 信箱 sut81518@gmail.com
印　　刷　普羅文化出版廣告事業
初　　版　2013 年 3 月
定　　價　十六編 30 冊（精裝）新台幣 50,000 元　　版權所有·請勿翻印

《黃氏日抄》研究（下）

葛曉愛　著

目次

下　編
嘉惠後學的價值

第七章　《日知錄》學習的榜樣

　　《黃氏日抄》初刻於「德祐元年（1275）與二年之間」〔註1〕，之前當以單篇形式流傳。因爲《黃氏日抄》是黃震「暇所閱經史諸書，隨手考訂」而成，各部分非一時所著。

　　黃震在《黃氏日抄》卷二讀《論語》中談到師事王文貫習《論語》一事，自稱自此後「益信受誦讀」，然也僅是「但知喜悅，而不能宣諸口」，至年逾六十，才「官所竊暇，復讀而間記《集注》、《或問》，偶合參考他說不同者一二以求長者之教」。因爲黃震出生於宋寧宗嘉定六年（1213）五月，據此推算，《讀論語》只能成書於度宗咸淳九年（1273）之後。

　　《黃氏日抄》卷四讀《毛詩》「螟蛉有子，蜾蠃負之」，採納董華翁之說，云：「愚戊辰考試省闈，聞同官宮教台州董華翁云……」，按：「戊辰考試省闈」一事，指黃震在度宗咸淳四年（1268）任史館檢閱期間參加的尚書省禮部試，故讀《毛詩》成於度宗咸淳四年後。

　　因此，後人將《日抄》讀經部分析出單獨刊刻是可能的，如沈德壽《抱經樓藏書志》卷七《五經總類》著錄一部榮荊堂刊、全謝山校、卷首有沈逵序的《黃氏經日抄》三十一卷本。

　　《黃氏日抄》在刊行之後，仿傚之作接踵而出。黃震之前，無《日抄》之作；黃震之後，「日抄」體大行。學者們從形式上學習《黃氏日抄》，也將其著作命名爲「某某日抄」，如明魯穆《讀禮日抄》、黃洪憲《讀禮日抄》、陳贄《間適日抄》、馬愈《馬氏日抄》、丘濬《群書日抄》；清朱鶴齡《讀左日抄》、張烈《讀易日抄》、陳澧《朱子語類日抄》。

〔註1〕　張偉《黃震與東發學派》，人民出版社，2003 年，第 54 頁。

　　《黃氏日抄》歷元至明清，而元代卻沒有「日抄」之作，這是因爲黃震「和元人不相容之故。對於尊敬《四書集注》如經書般的元代朱子學者們而言，至少對於黃震把《四書集注》分解成『論孟』和『學庸』，更改朱子所定的篇次，或經文所採取的批判態度，而不承認黃震是朱子的正統後繼者。」
〔註2〕

　　《黃氏日抄》的無窮影響力，又不限於後代學者承流向風，將其著作命名爲「日抄」者。清代學術開山之祖顧炎武的《日知錄》在體例和考論上都是遠紹《黃氏日抄》的典範之作，並在《黃氏日抄》的基礎上有長足的發展。

第一節　體例篇

　　顧炎武（1613～1682），字寧人，世稱亭林先生。《日知錄》是顧炎武積三十餘年讀書有得，編次而成，自言「平生之志與業皆在其中」〔註3〕，是他一生學問和思想的結晶，是他眾多撰述中最爲著意和自負的著作。

　　顧炎武是黃震爲數不多的知音之一，對於黃氏的學術心嚮往之。《日知錄》稱引《黃氏日抄》之說甚多，卷一《艮其限》，卷三《孔子刪詩》，卷五《爲人後者爲其父母》，卷七《忠恕》、《夫子之言性與天道》、《周室班爵祿》，卷九《藩鎮》，卷十四《十哲》，卷十五《火葬》，卷十八《內典》、《心學》，卷十九《文章繁簡》，卷二十四《主》，卷二十五《湘君》、《李廣射石》，卷二十七《漢人注經》、《職官受杖》等條多處引用《黃氏日抄》之語以證成其說。梁啓超稱「朱派自王厚齋、黃東發以後，就是顧亭林」，牟潤孫稱「寧人論學，依據黃東發，宗法朱晦庵，而排斥陸王，固昭昭然也」〔註4〕。

　　《日知錄》是顧炎武「稽古有得，隨時箚記，久而類次成書者」〔註5〕，而《黃氏日抄》則是黃震「以所讀諸書，隨筆箚記，而斷以己意」〔註6〕者，

〔註2〕　神林裕子《黃震的〈四書〉學研究》，《元代經學國際研討會論文集》（下），臺灣辰益出版公司，2002年，第702～703頁。

〔註3〕　顧炎武《〈日知錄〉初刻自序·又與友人論門人書》，《日知錄集釋》，嶽麓書社，1996年，第2頁。

〔註4〕　牟潤孫《顧寧人學術之淵源——考據學之興起及其方法之由來》，《注史齋叢稿》，中華書局，1987年，第163頁。

〔註5〕　潘耒《〈日知錄〉原序》，《日知錄集釋》，嶽麓書社，1996年，第2頁。

〔註6〕　《四庫全書總目·子部·儒家類二·黃氏日抄》，中華書局，1981年，第786頁。

這說明《日知錄》與《黃氏日抄》的體例有共同點。

　　顧炎武曾把《日知錄》的內容分爲上、中、下三篇，「上篇經術，中篇治道，下篇博聞」〔註7〕；潘耒則將其內容概括爲「經義史學、官方吏治、財賦典禮、輿地藝文之屬」〔註8〕。這與前述《黃氏日抄》的內容囊括經、史、子、集是相通的。

　　《四庫全書總目》稱《日知錄》採取了分門別類的形式，「書中不分門目，而編次先後則略以類從：大抵前七卷皆論經義，八卷至十二卷皆論政事，十三卷論世風，十四卷十五卷論禮制，十六卷十七卷皆論科舉，十八卷至二十一卷皆論藝文，二十二卷至二十四卷雜論名義，二十五卷論古事眞妄，二十六卷論史法，二十七卷論注書，二十八卷論雜事，二十九卷論兵及外國事，三十卷論天象術數，三十一卷論地理，三十二卷爲雜考證。」〔註9〕

　　《日知錄》的編次雖然沒有確定具體的名目，但是卻處處顯示了其內在的邏輯，較之《黃氏日抄》的分門別類僅將其著述內容分經、孔氏書、本朝諸儒理學書、本朝諸儒書、諸儒書、史、子、集，則《日知錄》的編次分類到處滲透出顧炎武必然在撰述以前對所積纍的資料進行了精心的歸納研究，將平時鈔書所收集到的各種資料按照類型加工整理，融會貫通，才能別擇去取，在解決問題時能夠見大體，識本原，從而將廣博的知識提煉、概括，使之條理化、系統化。

　　《日知錄》體例的內在邏輯不僅表現在其編次上，更值得注意的是《日知錄》中許多條目還多有銜接。如卷十三《周末風俗》、《秦紀會稽山刻石》、《兩漢風俗》、《正始》、《宋世風俗》諸條及《清議》、《名教》、《廉恥》、《流品》、《重厚》、《耿介》、《鄉原》、《儉約》諸條，都是對晚周以至明末社會風俗的歷史考察，統及社會輿論、士人道德、吏風民俗等各個方面，實前後照應，共明一義，剪裁組織，煞費苦心。

　　再如卷八《州縣賦稅》、《屬縣》、《州縣品秩》、《府》、《鄉亭之職》、《里甲》、《椽屬》、《都令史》、《吏胥》、《法制》、《省官》、《選補》、《停年格》、《銓選之害》、《員缺》，以及卷九《人材》、《保舉》、《關防》、《封駁》、《部刺史》、

〔註7〕　顧炎武《〈日知錄〉初刻自序·又與人書二十五》，《日知錄集釋》，嶽麓書社，1996年，第2頁。
〔註8〕　潘耒《〈日知錄〉原序》，《日知錄集釋》，嶽麓書社，1996年，第2頁。
〔註9〕　《四庫全書總目·子部·儒家類三·日知錄》，中華書局，1995年，第1029頁。

《六條之外不察》、《隋以後刺史》、《知縣》、《知州》、《知府》、《守令》、《刺史守相得召見》、《漢令長》、《京官必用守令》、《宗室》、《藩鎮》、《輔郡》、《邊縣》、《宦官》、《禁自宮》諸條，則共同反映出顧炎武對吏治的認識。

其他各卷各條，類此者亦不少。這種工作，若非廣泛地佔有資料並經過一番「長編」的工夫，是絕不可能完成的。《日知錄》在條目上下銜接上的邏輯，較之《黃氏日抄》各條目是按照所讀諸書的順序進行排列，其用心之良多亦不言自明。

《日知錄》作爲顧炎武生平最得意之作，皇皇三十多卷，洋洋近百萬言，但我們若留心細讀，就會發現其中顧炎武發表自己的見解的文字不多，主要是通過浩繁的資料來說明自己的觀點，即「每一事都必詳以始末，參以佐證」，則《日知錄》的成功，亦以其謹嚴的體例爲關節點。無怪乎《四庫全書總目》稱顧炎武「學有本原，博瞻而通貫」！

《日知錄》體例如此嚴密，並非偶然，是與顧炎武平時的積纍分不開的。《日知錄》是顧炎武「自少讀書，有所得輒記之。其有不合，時復改定。或古人先我而有者，則遂削之」〔註10〕而成。在顧炎武的治學過程中，他首重資料之纂輯。顧炎武從小受祖父之教，認爲「著書不如鈔書」，他以鈔書的形式從事資料纂輯工作，鍥而不捨，終老不斷。顧炎武自少時習帖括之學，其嗣祖即要求他每天抄古書數紙。成年後他更加注重鈔書的工作，平日遇到自己沒見過的書，絕不輕易放過，總要鈔留副本，以供瀏覽。他曾自述到：「炎武之遊四方，十有八年，未嘗干人，有賢主人以書相示者則留，或手鈔，或募人鈔之。子不云乎『多見而識之。知之，次也』」，可見他鈔書的勤勉。他又曾自述自己的一次鈔書經歷，說「今年至都下，從孫思仁先生得《春秋纂例》、《春秋權衡》、《漢上易傳》等書，清苑陳祺公資以薪米紙筆，寫之以歸」〔註11〕。這就是他平日鈔書的寫照。通過這種堅持不懈的鈔書工作，顧炎武不但積纍了豐富的研究資料，而且增長了自己廣博的學問。這可以說是他畢生學問的基礎，也是《日知錄》取得成功的法門。

顧炎武《日知錄》的體例，成爲清代學者治學的典範，後來錢大昕《廿二史考異》、王鳴盛《十七史商榷》、王念孫《讀書雜誌》、陳澧《東塾讀書記》等皆模仿這種體例進行撰述。

〔註10〕顧炎武《〈日知錄〉序》，《日知錄集釋》，嶽麓書社，1996年，第1頁。
〔註11〕顧炎武《鈔書自序》，《亭林文集》卷2，清光緒間朱記榮槐廬刻本，第7頁。

　　通過對《日知錄》和《黃氏日抄》體例的比較研究，可知《日知錄》與《黃氏日抄》的體例相通，當以《黃氏日抄》的體例爲基礎而愈加細密。又顧炎武乃乾嘉樸學之前茅，其治學方法影響清人甚巨，故《黃氏日抄》體例的影響，歷久彌深。

　　關於乾嘉樸學與宋學的關係，章學誠曾有甚爲公允的觀點，認爲「今人有薄朱氏之學者，即朱氏之數傳而後起者也，其人亦不自知也。沿朱氏之學，一傳而爲勉齋、九峰，再傳而爲西山、鶴山、東發、厚齋，三傳而爲仁山、白雲，四傳而爲潛溪、義烏，五傳而爲寧人、百詩，今承朱氏數傳之後，所見出於前人，不知即是前人之遺緒，是以後歷而貶義、和也」，張舜徽先生同意章學誠的觀點，認爲「當乾嘉樸學極盛時，舉世以徵實博考相高，鄙蔑宋儒空疏爲不足道，譏詆朱子尤屬。章學誠獨昌言矯之」，同時他又將章學誠的觀點擴大爲「有清一代學術無不賴宋賢開其先，乾、嘉諸師特承其遺緒而恢宏之耳」〔註 12〕。張先生又特別提出「若夫……《黃氏日抄》諸編，包羅群書，考覆精審，後之《日知》、《養新》諸錄，實其嫡嗣矣。由此觀之，有清一代之學，莫不淵源於兩宋，後之從事實事求是之學者，數典忘祖，反唇相譏，多見其不知量也」〔註 13〕。就《日知錄》的體例是對《黃氏日抄》的繼承和發展而言，這絕不是務爲調和的論調，而是符合歷史眞相。

第二節　考論篇

　　顧炎武的學術「綜貫百家，上下千載，詳考其得失之故，而斷之於心，筆之於書，朝章、國典、民風、土俗，元元本本，無不洞悉」〔註 14〕，他善於以箚記的形式，通過排比資料，相互參照，而發現問題，提出疑問，同時也能廣徵博引，援古證今，以批駁舛謬，辨正疑誤。

　　《日知錄》不僅在體例上繼承和發展《黃氏日抄》，而且在內容的考與論方面，也充分體現出對《黃氏日抄》的繼承和發展。

　　在《日知錄》中，顧炎武於「經義史學、官方吏治、財賦典禮、輿地藝

<hr />

〔註 12〕張舜徽《廣校讎略》卷 5《兩宋諸儒實爲清代樸學之先驅》，中華書局，1963 年，第 123 頁。

〔註 13〕張舜徽《廣校讎略》卷 5《兩宋諸儒實爲清代樸學之先驅》，中華書局，1963 年，第 124 頁。

〔註 14〕潘耒《〈日知錄〉原序》，《日知錄集釋》，嶽麓書社，1996 年，第 2 頁。

文之屬，一一疏通其源流，考證其謬誤」，他反對孤證，「有一疑義，反覆參考，必歸於至當；有一獨見，援古證今，必暢其說而後止」〔註15〕。

顧炎武研究經史，重在經典史書、名物制度、地理沿革等的考證，舉凡經義文字、音韻訓詁、古史古事、職官典禮、考試科舉、租賦財貨、鹽鐵錢幣、軍事都邑等方面，無不一一作細緻的探究。他痛慨當時學者「不知古」、「不知今」之弊，而有「學夏殷禮無從」之歎，因此治經研史特別注重「疏通其源流，考正其謬誤」。他每論究一事，都從不孤立地根據個別現象或材料，輕率作出經不起推敲的論斷，總是追本溯源，明其流變，把問題放在不同的時代、不同的地域中去考察，並聯繫各方面的情況進行分析，然後得出結論。

顧炎武「博學於文」，泛覽群書，博稽典籍，參訂故實，考索掌故，總是善於從別人不曾注意或忽略的地方發現新的問題，並總結出新的結論。而他每提出一個新的論斷，都絕不空發議論，總是建立在廣泛的事實基礎上，以可靠的史料作證佐。顧炎武大量閱讀各種文獻，隨手加以記錄，作爲各種專題材料，當論證某一問題時，將平日積纍的材料，整理排比組合和歸納，而後得出結論。顧炎武凡立一說，必列舉古書，博採證據，然後定論，《日知錄》中的每一條皆是合數條乃至數十條箚記精心編串而成。

《日知錄》卷二十二「社」之一條，即徵引了《大戴禮記》、《管子》、《左傳》、《史記》、《晏子》、《荀子》、《戰國策》、《商子》、《呂氏春秋》、《三國志》、《漢書》、《隋書》、《宋史》、《元史》、《遼史》等十多種文獻的近二十條史料，加以或邏輯或歷史的編排，以說明「社」的起源及其衍變。

《日知錄》卷二十二「亭」之一條，顧炎武爲了說明古代的「亭」與後代的「亭」是有區別的，他採用了《風俗通》、《周禮》鄭玄注、《〈漢書〉注》、《韓非子》、《漢書》、《後漢書》、《史記索隱》、《吳志》、《漢儀》、《史記》、《西京賦》、《晉書》中的二十七條史料，從各個方面對漢、魏時期的「亭」進行考證。其中，他用五條史料來證明「亭」必有居舍，略如後代的公署；用五條史料來證明「亭」必有城池，略如後代的村堡；用九條史料來證明「亭」必有人民，如後代的鎮集；用七條史料來證明京城也有「亭」；最後用一條史料說明後代但有郵亭、驛亭之名，失去了古代作爲居民之處的「亭」的意義。這是一條很普通的考證，由於有確鑿的史料作明證，因此很能說明

〔註15〕潘耒《〈日知錄〉原序》，《日知錄集釋》，嶽麓書社，1996年，第2頁。

問題。

《日知錄》卷二十八《東向坐》，顧炎武爲說明「古人之坐，以東向爲尊」，而列舉了《新序》、《史記》、《漢書》、《後漢書》、《曲禮》、《舊唐書》中的有關材料二十餘條，而後得出結論「古人之坐，以東向爲尊。故宗廟之祭，太祖之位東向。即交際之禮，亦賓東向而主人西向」〔註16〕。

人們通常認爲「知縣」和「縣令」是一回事，但顧炎武在《日知錄》卷九「知縣」一條中，引用杜佑《通典》、唐姚合詩、《白居易集》、《唐皎傳》、《本朝事實》、《宋史》、《雲麓漫鈔》、《山堂考索》、于愼行《筆塵》、《北史‧元文遙傳》，考察了「知縣」這個官名在歷史上產生及其演變情況，指出「知縣」一名最早至唐末才產生，到北宋才普遍流行，原指從中央派遣到地方上去的暫時代理政事的官員，至北宋以後才逐步代替了「縣令」，因此與原本就是地方官員的「縣令」顯然是不能等同的。

關於明代的賦稅制度問題，顧炎武在《日知錄》卷十一「以錢爲賦」條中，引用《周官‧太宰》、方回《古今考》、《荀子》、《孝惠紀》、《孟子》、《白氏長慶集》、《贈友詩》、《李翱集》、張方平疏、司馬光語、蘇軾語、解縉《太平十策》，把這件事放到全國不同的地方去考察，指出明代徵收銀兩的政策，在江南怎樣方便，在西北便怎樣造成不好的後果，等等。

「孟姜女哭長城」是民間流佈較廣的傳說，顧炎武通過考證杞梁妻事，疏通了其說展轉相綴的過程，指明了其中的一系列於理不合之處，表明其說「未足爲信」。他說：「《春秋傳》：齊侯襲莒，杞梁死焉。『齊侯歸，遇杞梁之妻於郊，使弔之，辭曰：殖之有罪，何辱命焉；若免於罪，猶有先人之敝廬在，下妾不得與郊弔。齊侯弔諸其室。』左氏之文不過如此而已。《檀弓》則曰：『其妻迎其柩於路，而哭之哀。』《孟子》則曰：『華周、杞梁之妻，善哭其夫而變國俗。』言哭者始自二書。《說苑》則曰：『杞梁、華舟進鬥，殺二十七人而死，其妻聞之而哭，城爲之陁，而隅爲之崩。』《列女傳》則曰：『杞梁之妻無子，內外皆無五屬之親。既無所歸，乃枕其夫之屍於城下而哭，道路過者莫不爲之揮涕。十日而城爲之崩。』言崩城者始自二書。而《列女傳》上文亦載左氏之言，夫既有先人之敝廬，何至枕屍城下？且莊公既能遣弔，豈能暴骨溝中？崩城之云未足爲信。且其崩者城耳，未云長城。長城築於威

〔註16〕顧炎武著、黃汝成集釋《日知錄集釋》卷28《東向坐》，嶽麓書社，1996年，第989頁。

王之時，去莊公百有餘年，而齊之長城又非秦始皇所築之長城也。後人相傳乃謂秦築長城，有范郎之妻孟姜送寒衣至城下，聞夫死，一哭而長城爲之崩，則又非杞梁妻事矣。夫范郎者何人哉？使秦時別有此事，何其相類若此？唐僧貫休乃據以作詩云：『築人築土一萬里，杞梁貞婦啼嗚嗚。』則竟以杞梁爲秦時築城之人，似並《左傳》、《孟子》而未讀者矣。」〔註17〕

這種通過考其源流、明其流變而澄清史事的例子，在《日知錄》中可以說不勝枚舉。古文獻學的一個重要宗旨就是去僞存眞，即通過研究整理，解決古文獻在流傳過程中發生的闕漏、訛誤、僞造、篡改等問題，以恢復其原貌原義。因此，顧炎武在這方面無疑是有巨大貢獻的。

辨析歸納眾多例證，以無可辯駁的事實，說明論證問題是顧炎武進行考證的主要方法，也就是通常所說的歸納法。他以歸納的方法，憑著博瞻通貫的本領，「每一事必詳其始末，參以證佐，而後筆之於書，故引據浩繁而牴牾者少，非如楊慎、焦竑諸人偶然涉獵得一義之異同，知其一而不知其二者」〔註18〕。可以說「博瞻通貫」、「詳其始末」、「參以證佐」、「引據浩繁」正是顧炎武《日知錄》考證的眞實寫照。

顧炎武不僅對所佔有的大量材料進行了分門別類，而且對搜集到的材料進行比勘審核、旁推直證、排比鈎稽，弄清異同離合，以求融會貫通。在這一點上，《黃氏日抄》的考證雖然內容博涉，但是在證據的運用上卻遠未如顧炎武《日知錄》這樣引據浩繁。

顧炎武的考證，緣明末「束書不觀，遊談無根」的空疏學風以起，而能博涉古今，貫通百家。在《日知錄》中，顧炎武苟遇人物地方、時日態勢、故實往事、禮制職官、朝章國典、姓氏稱謂、典故博文、學術道義之屬，似有疑處，必加嚴察精究，凡未確證，皆予稽驗考明。其考古證史，或辨其眞僞，或明其正誤，或審其源流，或釋其疑義，或鈎其沉潛，或闡其幽微，莫不以論據謹嚴、考覈精詳見稱於世。

顧炎武抱「旁證以求其是，不必曲爲立說」〔註19〕的理想，多方尋求證

〔註17〕顧炎武著、黃汝成集釋《日知錄集釋》卷25《杞梁妻》，嶽麓書社，1996年，第883～884頁。

〔註18〕《四庫全書總目提要・子部・雜家類二・日知錄》，海南出版社，1999年，第623頁。

〔註19〕顧炎武著、黃汝成集釋《日知錄集釋》卷27《漢書注》，嶽麓書社，1996年，第965頁。

據，以證成其說，既不妄改，亦不歪曲附會。他每立一說都博求多方證佐以資共信的治學原則後來尤爲乾嘉學者們所取法，由此開創了清代的考據方法和考据學派。顧炎武的考史辨妄，以其立論公允，論據博備，考證賅洽，方法縝密，內容淵博，而開啓了乾嘉歷史考據之學之規模和氣象。其後，惠棟、錢大昕、王鳴盛、戴震、汪中、焦循、阮元、章學誠等考據大師接踵而起，而論其學術精蘊，則莫不以「辨章學術、考鏡源流」爲治學之要務，而奉亭林爲學問之楷模。

《日知錄》內容的成功之處不僅在於考古，而且在於鑒今，這也正是顧炎武在思想上高出後代純考据學派學者之處。顧炎武治學，以「明學術，正人心，撥亂世，以興太平之事」〔註20〕爲宗旨，認爲「君子之爲學，以明道也，以救世也」，負此經世之志，《日知錄》不徒以考據精詳、文辭博辨見長，而尤以綜覈名實、規切時弊著稱一時。顧炎武自稱「有王者起，將以見諸行事，以躋斯世於治古之隆」〔註21〕，因此《日知錄》的寫作，寄寓了他經世資治的全部理想和抱負。

在《日知錄》中，顧炎武「言經史之微文大義、良法善政，務推禮樂德刑之本，以達質文否泰之遷嬗，錯綜其理，會通其旨。至於賦稅、田畝、職官、選舉、錢幣、權量、水利、河渠、漕運、鹽鐵、人材、軍旅，凡關國家之制，皆洞悉其所由盛衰利弊，而慨然著其化裁通變之道，詞尤切至明白」〔註22〕。顧炎武非常蔑視那種雕琢辭章，綴輯故實，或高談而不根，或臆說而無當的空疏無本之學。顧炎武之學，「其術足以匡時，其言足以救世」〔註23〕，《日知錄》的評論到處滲透出顧炎武考史鑒今的學術理念。

《日知錄》中隨處可見顧炎武通過議論發揮其經世的思想。在他看來，經史典籍乃禮樂德刑之本、文治教化之源，因此稽古可以明道，經術可以經世。所以他提倡音韻訓詁、辨古考史，就不僅是爲了詮釋古代文獻、描述古史陳迹，更重要的是爲了探究古今文化源流，考察歷代治世得失，即其所謂「意在撥亂滌污，法古用夏，啓多聞於來學，待一治於後王」〔註24〕之說

〔註20〕顧炎武《〈日知錄〉初刻自序》，嶽麓書社，1996年，第2頁。
〔註21〕顧炎武《〈日知錄〉初刻自序‧又與人書二十五》，嶽麓書社，1996年，第2頁。
〔註22〕黃汝成《〈日知錄集釋〉序》，嶽麓書社，1996年，第1頁。
〔註23〕潘耒《〈日知錄〉原序》，《日知錄集釋》，嶽麓書社，1996年，第2頁。
〔註24〕顧炎武《與楊雪臣》，《亭林文集》卷6，清光緒間朱記榮槐廬刻本，第58頁。

也。潘耒稱顧炎武「憂天憫人之志，未嘗少衰，事關民生國命者必窮源溯本，討論其所以然」，稱其《日知錄》「至於歎禮教之衰遲，傷風俗之頹敗，則古稱先，規切時弊，尤爲深切著明，學博而識精，理到而辭達。是書也，意惟宋元名儒能爲之，明三百年來殆未有也。……嗚呼，先生非一世之人，此書非一世之書也。……立言不爲一時，錄中固已言之矣。異日有整頓民物之責者，讀是書而憬然覺悟，採用其說，見諸施行，於世道人心實非小補。如第以考據之精詳，文辭之博辨，歎服而稱述焉，則非先生所以著此書之意也」〔註25〕。

《黃氏日抄》中的考論也同樣貫徹了黃震的經世思想。在第五章「學求其是的考證學」第三節「考論結合的考證特點」中，已經詳細論述《黃氏日抄》的考論結合特點。兩相比較，二書通過考證以經世是相通的，不過，《日知錄》的考證更爲系統化，議論更爲深刻，在《黃氏日抄》的基礎上有長足的發展。顧炎武雖被譽爲清代考据學開山之祖，但他絕非爲考據而考據，若但以考據精詳博辨稱述其學，而忘其明道救世之旨，則既非其本意，亦無以解釋亭林之學不僅對乾嘉學派，而且對常州今文學派的經世之學乃至近現代的學術救亡和政治革新運動所產生的重大影響。

張舜徽先生在《顧亭林學記》中曾對顧炎武的經史考證與經世致用的關係進行過精闢的論斷，說「就顧氏當日治學的全體來說，經史考證，他認爲只是一種做學問的手段與方法；經世致用，才是他做學問的歸宿與作用。沒有經史考證的功夫來談經世致用，便易流於空疏；沒有經世致用的宏願，來談經史考證，便易留於瑣碎」〔註26〕。此言誠是。

《日知錄》的體例和考與論都顯示出顧炎武學有本原，博瞻通貫的學風，難怪梁啓超認爲黃震《黃氏日抄》之書，多半是單詞片義，隨手箚記，「性質屬於原料或粗製品，最多可以比棉紗或紡線。亭林精心結撰的《日知錄》，確是一種精製品，是篝燈底下纖纖女手親織出來的布。亭林作品的價值全在此」〔註27〕。不過，追源溯流，《黃氏日抄》的開創之功不可沒。

實際上，從《黃氏日抄》與《日知錄》的命名上，就可以看出二者性質相同，更能看出二者也有很大的不同。「抄」本身就包含很大的隨意性，體現

〔註25〕潘耒《〈日知錄〉原序》，《日知錄集釋》，嶽麓書社，1996年，第 2 頁。
〔註26〕張舜徽《顧亭林學記》，湖北人民出版社，1957年，第 12 頁。
〔註27〕梁啓超《中國近三百年學術史》，《梁啓超全集》第 15 章，北京出版社，1999年，第 4459 頁。

出資料的原始性，尚欠錯綜條貫、排比組合之功，儘管以「抄」命名代表作，說明黃震大家之學，高不自鳴，卻也與《日抄》是黃震的隨筆箚記之作是相通的；「知」是學有所得，則體現到書籍中，必然使書籍呈現出很強的系統性和邏輯性。

第八章　文獻資料的寶庫

　　黃震編撰《黃氏日抄》，著眼點固然是在經世致用方面，卻無意間為後人保存了大批經解和文學等重要材料。宋代的經解著作，有的《宋史・藝文志》亦未著錄，賴《黃氏日抄》得以補足；原書早已亡佚的，也能靠《黃氏日抄》收錄得以部分流傳至今；就是原書尚存的，也可以利用來仇校。茲將《黃氏日抄》所保存的資料分可資輯佚者、可補今本者兩方面整理如下。書籍的存佚，則根據《四庫全書》、《續修四庫全書》、《四庫未收書輯刊》、《四庫禁燬書叢刊》、《四庫全書存目叢書》（下稱「諸家書目」特指此）加以確認。後附「《黃氏日抄》保存資料一覽」以便觀覽。

第一節　可資輯佚者

　　《黃氏日抄》所引書籍，其中絕大部分是宋人的解經之作，多已亡佚，而後代學者於《黃氏日抄》所保存的亡佚資料少有矚目，《黃氏日抄》所引書籍業已亡佚者約有六十部，輯佚如下：

石𡪤《四書疑義》（佚）

　　「石𡪤，字聲叔，同安人。皇祐元年進士。累遷大理丞。王安石奇其文，薦之。歷廣西運判終□□運使。元祐五年以朝散郎知台州」〔註1〕。《黃氏日抄》卷二讀《論語》云：「近世有石𡪤學於晦庵門人李閎祖，作《四書疑義》」〔註2〕。《宋史・藝文志》、《文獻通考・經籍考》皆未著錄《四書疑義》。朱彝

〔註1〕　陸心源《宋詩紀事補遺》卷12，光緒十九年（1893）年刊本，第16頁。
〔註2〕　《黃氏日抄》卷2讀《論語》，《四庫全書》本，第707冊，第5頁。

尊稱其已「佚」〔註3〕。朱說誠是，以後諸家書目均未著錄。茲將《黃氏日抄》所引輯佚如下：

《學而篇》

學而時習章：晦庵注此章「學之爲言效也。人性皆善，而覺有先後」爲有病，必言氣稟有清濁，故質有昏明而覺有先後。〔註4〕

《公冶長篇》

令尹子文，注云鬭，縠於菟：縠，本作穀，乳也，借作縠。〔註5〕

吳觀《四書疑義》（佚）

「吳觀，字賓夫，宏之子也。宋兩試漕舉，世濟其美，知分寧縣，括私帑置田數百畝，立存惠倉以賑貧民，去後，民爲立祠，官至朝請大夫、湖廣提刑兼知衡州，轉江西提刑兼知贛州，又轉江東提刑，知饒州不愧家聲。」〔註6〕

《宋史·藝文志》、《文獻通考·經籍考》均未著錄《四書疑義》。朱彝尊稱其已「佚」〔註7〕。朱說誠是，以後諸家書目均未著錄。茲將《黃氏日抄》所引輯佚如下：

《陽貨篇》

匏瓜：《論語》「吾豈匏瓜也哉？焉能繫而不食」正指星而言，蓋星有匏瓜之名，徒繫於天而不可食，正與「維南有箕，不可簸揚；維北有斗，不可挹酒漿」同義。〔註8〕

應抑之《天文圖》（佚）

應抑之，臨川人，著《天文圖》。《黃氏日抄》卷二讀《論語》「匏瓜」條云：「黃勉齋宰臨川，刊臨川人應抑之《天文圖》」〔註9〕。

《宋史·藝文志》雖著錄《天文圖》，但不知作者〔註10〕。據《黃氏日抄》，知《天文圖》爲應抑之所撰。是書已佚，以後諸家書目均未著錄。茲將《黃

〔註3〕 朱彝尊《經義考》卷252，乾隆二十年（1755）曝書亭刻本，第7頁。
〔註4〕 《黃氏日抄》卷2讀《論語》，《四庫全書》本，第707冊，第5頁。
〔註5〕 《黃氏日抄》卷2讀《論語》，《四庫全書》本，第707冊，第11頁。
〔註6〕 《天一閣藏明代方志選刊》第36冊《嘉靖九江府志》卷13，上海古籍書店，1982年，第8頁。
〔註7〕 朱彝尊《經義考》卷252，乾隆二十年（1755）曝書亭刻本，第6頁。
〔註8〕 《黃氏日抄》卷2讀《論語》，《四庫全書》本，第707冊，第18頁。
〔註9〕 《黃氏日抄》卷2讀《論語》，《四庫全書》本，第707冊，第18頁。
〔註10〕 《宋史·藝文志》，中華書局，1977年，第5236頁。

氏日抄》所引輯佚如下：

《陽貨篇》

匏瓜：《論語》「吾豈匏瓜也哉？焉能繫而不食」正指星而言，蓋星有匏瓜之名，徒繫於天而不可食，正與「維南有箕，不可簸揚；維北有斗，不可挹酒漿」同義。〔註11〕

邵甲《禮記解》（佚）

《宋史‧藝文志》、《經義考》均未著錄邵甲《禮記解》。《黃氏日抄》讀《毛詩》徵引有新定邵氏《禮記解》，而據衛湜《禮記集說》，新定邵氏即邵甲，字仁仲〔註12〕。是書已佚，以後諸家書目均未著錄。茲將《黃氏日抄》所引輯佚如下：

《中庸第三十一》

上天之載：載字訓詁不同。說《詩》者曰載事也，釋《中庸》者音栽，謂天之造生萬物也。俱所未安。載猶地載神氣之載，言上天所載之道，無聲無臭也。〔註13〕

鄒安道《易解發題》（佚）

「鄒安道，臨川淳熙進士，官止金壇丞，深於《易》，作《易解發題》，立詞精切，學者宗之」〔註14〕。鄒安道《易解發題》，《宋史‧藝文志》未著錄；朱彝尊稱其已佚〔註15〕。朱說誠是，以後諸家書目均未著錄。茲將《黃氏日抄》所引輯佚如下：

《上經‧乾卦》

用九：見群龍無首，吉：上九之亢雖有悔矣，而猶有善用之道焉。自初至五潛見飛躍，謂之群龍皆以無首而吉，至上九則為首矣。能見群龍之無首而亦不敢為首焉，則悔可亡而反吉也。〔註16〕

重剛：九四非以陽居陽而在三五重剛之間，故亦曰重剛。〔註17〕

〔註11〕《黃氏日抄》卷2讀《論語》，《四庫全書》本，第707冊，第18頁。
〔註12〕衛湜《禮記集說》，《四庫全書》本，第117冊，第16頁。
〔註13〕《黃氏日抄》卷4讀《毛詩》，《四庫全書》本，第707冊，第56頁。
〔註14〕轉引自朱彝尊《經義考》卷32，乾隆二十年（1755）曝書亭刻本，第9頁。
〔註15〕朱彝尊《經義考》卷32，乾隆二十年（1755）曝書亭刻本，第9頁。
〔註16〕《黃氏日抄》卷6讀《易》，《四庫全書》本，第707冊，第78頁。
〔註17〕《黃氏日抄》卷6讀《易》，《四庫全書》本，第707冊，第78頁。

《上經・屯卦》

利建侯：初九能得民建以爲侯，分民而治，庶幾人得其主而有所統一，則屯難亨矣。〔註18〕

《上經・需卦》

六四，需於血，出自穴。上六，入於穴：穴以況陰之所居六四，不足以遏三陽之進，雖見傷而未甚，故出自穴避之。三陽既克，六四以進，九五與三陽同類，無所復事矣，故上六因得以自安，是謂入於穴。三陽來，則敬之終吉。〔註19〕

《上經・謙卦》

地中有山：此亦實象，如深谷爲陵，是地中有山而深者可以獲益，故爲謙之象亦有理。〔註20〕

《上經・隨卦》

澤中有雷：澤中有雷，此收聲於《兌》之時也。〔註21〕

《上經・臨卦》

九二，象曰咸臨吉無不利，未順命也：九二之應六五，非專以順命爲感，其間容有未順者而無害其爲咸也。未者，特未定之辭。〔註22〕

《上經・噬嗑卦》

雷電，噬嗑：《象》亦云雷電合而章，不必以是疑經文。〔註23〕

《上經・復卦》

出入無疾：出入云者，昔之出而今之入也。〔註24〕

《上經・無妄卦》

無妄之災，或繫之牛，行人之得，邑人之災：或者繫牛於此，自以爲固矣。繫脫而不知牛之所之以出意外，牛爲行人所得而乃責得於邑人，豈邑人之罪哉？此爲無妄之災也。〔註25〕

〔註18〕《黃氏日抄》卷6讀《易》，《四庫全書》本，第707冊，第79頁。
〔註19〕《黃氏日抄》卷6讀《易》，《四庫全書》本，第707冊，第80頁。
〔註20〕《黃氏日抄》卷6讀《易》，《四庫全書》本，第707冊，第82頁。
〔註21〕《黃氏日抄》卷6讀《易》，《四庫全書》本，第707冊，第82頁。
〔註22〕《黃氏日抄》卷6讀《易》，《四庫全書》本，第707冊，第83頁。
〔註23〕《黃氏日抄》卷6讀《易》，《四庫全書》本，第707冊，第83頁。
〔註24〕《黃氏日抄》卷6讀《易》，《四庫全書》本，第707冊，第84頁。
〔註25〕《黃氏日抄》卷6讀《易》，《四庫全書》本，第707冊，第85頁。

《上經・坎卦》

樽酒簋貳：樽酒者，一樽之酒。簋貳者，以簋食副之。〔註26〕

《下經・損卦》

得臣無家：得臣之國爾忘家者。〔註27〕

《下經・夬卦》

居德則忌：澤上於天，勢必將決於下流。君子觀此象以之施祿則可，以之居德則不可。〔註28〕

《下經・萃卦》

萃亨：萃者，聚也。民富物阜，財力有餘之時也，萃則亨矣。〔註29〕

孚乃利用禴：用禴在既孚之後。〔註30〕

《下經・井卦》

六四，井甃，無咎：甃所以御惡而潔井。〔註31〕

《下經・震卦》

出可以守宗廟社稷，以爲祭主也：天子巡狩親征，諸侯朝覲會同，皆世子主祭。震爲長子，故此卦以君出子在爲言，不雜君父共國時也。〔註32〕

六五，震往來，厲，億無喪，有事：剛動而陰之下，欲以威加者也。初九一震，六二喪貝，勢則然也，九四之震泥矣。五自億度，知其無能爲也，吾之所有事者，可無喪焉，故曰億無喪，有事。五之柔中能勝天下之剛，其事在此。象曰其事在中，大無喪也，謂之大，見其必無喪也。〔註33〕

《下經・漸卦》

山上有木，漸：山上有木，止於下而漸於上者也。其日夜之所息，雨露之所潤，豈一朝一夕而遽致其高大哉？〔註34〕

〔註26〕《黃氏日抄》卷6讀《易》，《四庫全書》本，第707冊，第86頁。
〔註27〕《黃氏日抄》卷6讀《易》，《四庫全書》本，第707冊，第89頁。
〔註28〕《黃氏日抄》卷6讀《易》，《四庫全書》本，第707冊，第90頁。
〔註29〕《黃氏日抄》卷6讀《易》，《四庫全書》本，第707冊，第91頁。
〔註30〕《黃氏日抄》卷6讀《易》，《四庫全書》本，第707冊，第91頁。
〔註31〕《黃氏日抄》卷6讀《易》，《四庫全書》本，第707冊，第93頁。
〔註32〕《黃氏日抄》卷6讀《易》，《四庫全書》本，第707冊，第94頁。
〔註33〕《黃氏日抄》卷6讀《易》，《四庫全書》本，第707冊，第94頁。
〔註34〕《黃氏日抄》卷6讀《易》，《四庫全書》本，第707冊，第95頁。

《下經・巽卦》

九二，巽在床下，用史巫紛若，吉，無咎：床，尊者之所據也。巽在床下，則其屈己已甚。屈於人者，非怯則諂，皆不免有咎，惟用之於史巫則吉而無咎，蓋祝史通人意於鬼神，巫以鬼神之意告於人，皆交於神者。交神豈容詐哉？是以雖尙口而巽紛然，其多不過通其誠意，故得無咎。〔註35〕

六四，悔亡，田獲三品：惟悔亡，然後田獲三品也。巽若無能爲者，易於有悔，六四得巽之正，非巽儒無立者，故悔亡。田以講武，且除苗害與事之大者，田而有獲，則爲有功，故象曰獲三品有功也。〔註36〕

先庚三日，後庚三日：《蠱卦》先甲後甲，此創始之事也。記曰日用甲用，日之始也。故甲以創始爲義。《巽卦》先庚後庚，此變更之事也。《漢志》曰斂更於庚，悉新於辛，故庚以變更爲義。〔註37〕

《下經・未濟卦》

上九，有孚於飲酒，無咎。濡其首，有孚失是：《既濟》之極，入於《未濟》。《未濟》之極，反於《既濟》。上九以剛明處之，天下之事可以濟矣。雖飲酒宴樂，信乎其無復災咎也，故曰有孚於飲酒，無咎。若懷其宴安，沉湎無度，則又將入於未濟，而飲酒之樂信乎其失之也，故曰濡其首，有孚失是。《易》六十四卦以《未濟》終之，《未濟》六爻又以飲酒濡首終之，此《易》之爲道，懼以終始歟？〔註38〕

《繫辭上》

夫《易》廣矣大矣……易簡之善配至德：至德，中庸之至德。〔註39〕

子曰易其至矣……道義之門：此章言聖人體《易》之道而與天地相似，《易》與天地同出而聖人獨得，其要成性存存。〔註40〕

徐直方《易解》（佚）

徐直方，字立大，廣信人，號古爲，初補迪功郎，（度宗）咸淳三年進

〔註35〕《黃氏日抄》卷6讀《易》，《四庫全書》本，第707冊，第95頁。
〔註36〕《黃氏日抄》卷6讀《易》，《四庫全書》本，第707冊，第95頁。
〔註37〕《黃氏日抄》卷6讀《易》，《四庫全書》本，第707冊，第96頁。
〔註38〕《黃氏日抄》卷6讀《易》，《四庫全書》本，第707冊，第97頁。
〔註39〕《黃氏日抄》卷6讀《易》，《四庫全書》本，第707冊，第98頁。
〔註40〕《黃氏日抄》卷6讀《易》，《四庫全書》本，第707冊，第98頁。

《易解》六卷，後除正言，官至江東縣〔註41〕。是書《宋史·藝文志》未著錄。《經義考》著錄徐直方《易解》六卷，朱氏未經眼〔註42〕。是書已佚，以後諸家書目均未著錄。茲將《黃氏日抄》所引輯佚如下：

《上經·小畜卦》

西郊：歧周之說為非。〔註43〕

《上經·履卦》

履虎尾：虎屬金之一陰，故有虎象不咥人，亨主九四言之。〔註44〕

《上經·泰卦》

勿恤其孚：勿憂而孚矣。以下爻「不戒以孚」例之。〔註45〕

《上經·豫卦》

盱豫，悔，遲有悔：六三不中正，故有悔。以其遲而有悔。盱豫者介於石之反，遲者見幾而作，不俟終日之反。〔註46〕

《上經·坎卦》

樽酒簋貳：權輿以四簋為盛，《損》以二簋為約。〔註47〕

《下經·井卦》

九三，井渫不食至求「王明」，受福也：求「王明」者，豈九三自求上哉？惻之者為之求矣。〔註48〕

六四，井甃，無咎：此在井壁，恐有井谷之處，因勉以井甃無咎。〔註49〕

《下經·巽卦》

九二，巽在床下，用史巫紛若，吉，無咎：史巫達其卑下之忱，不厭其忉怛之意。〔註50〕

〔註41〕 《宋元學案》卷84《存齋晦靜息安學案》，《黃宗羲全集》第6冊，浙江古籍出版社，1992年，第353頁。
〔註42〕 朱彝尊《經義考》卷142，中華書局，1998年，第748頁。
〔註43〕 《黃氏日抄》卷6讀《易》，《四庫全書》本，第707冊，第80頁。
〔註44〕 《黃氏日抄》卷6讀《易》，《四庫全書》本，第707冊，第81頁。
〔註45〕 《黃氏日抄》卷6讀《易》，《四庫全書》本，第707冊，第81頁。
〔註46〕 《黃氏日抄》卷6讀《易》，《四庫全書》本，第707冊，第82頁。
〔註47〕 《黃氏日抄》卷6讀《易》，《四庫全書》本，第707冊，第86頁。
〔註48〕 《黃氏日抄》卷6讀《易》，《四庫全書》本，第707冊，第93頁。
〔註49〕 《黃氏日抄》卷6讀《易》，《四庫全書》本，第707冊，第93頁。
〔註50〕 《黃氏日抄》卷6讀《易》，《四庫全書》本，第707冊，第95頁。

皇侃《禮記義疏》（佚）

　　《隋書・經籍志》著錄皇侃《禮記義疏》九十九卷〔註51〕，《新唐書・藝文志》著錄爲五十卷〔註52〕，朱彝尊稱其已佚。〔註53〕是書有《玉函山房輯佚書》本，《黃氏日抄》所引爲輯本不存者如下：

《月令第五》

　　飭死事：死爲逃亡。〔註54〕

《內則第十二》

　　肉曰脫之，魚曰作之，棗曰新之，栗曰撰之，桃曰膽之，柤梨曰攢之：脫之，除其筋膜；作之，刷其鱗；新之，拭其垢；撰之，省視其蟲蠹；膽之，去其毛，使青瑩如膽；攢之，環看其蟲孔，皆治擇之名。〔註55〕

曹粹中《放齋詩說》（佚）

　　《宋史・藝文志》著錄曹粹中《詩說》三十卷〔註56〕，朱彝尊未經眼〔註57〕。《續修四庫全書》著錄清人張壽鏞所輯《放齋詩說》，《黃氏日抄》所引有《續修四庫全書》本不存者，輯佚如下：

《國風・齊風》

　　匪雞則鳴，蒼蠅之聲：哀公以雞聲爲蠅聲。〔註58〕

董逌《廣川詩故》（佚）

　　《宋史・藝文志》著錄董逌《廣川詩故》四十卷〔註59〕，朱彝尊稱其已「佚」，並引朱子語，曰「董彥遠詩解，其論《關雎》暗與程先生合，但其文晦澀難曉」〔註60〕。朱說誠是，以後諸家書目均未著錄。茲將《黃氏日抄》

〔註51〕　《隋書・經籍志》，中華書局，1973年，第922頁。
〔註52〕　《新唐書・藝文志》，中華書局，1975年，第1433頁。
〔註53〕　朱彝尊《經義考》卷140，乾隆二十年（1755）曝書亭刻本，第5頁。
〔註54〕　《黃氏日抄》卷26讀《禮記十三・月令第五》，《四庫全書》本，第707冊，第484頁。
〔註55〕　《黃氏日抄》卷19讀《禮記六・內則第十二》，《四庫全書》本，第707冊，第562頁。
〔註56〕　《宋史・藝文志》，中華書局，1977年，第5048頁。
〔註57〕　朱彝尊《經義考》卷105，乾隆二十年（1755）曝書亭刻本，第5頁。
〔註58〕　《黃氏日抄》卷4讀《毛詩》，《四庫全書》本，第707冊，第38頁。
〔註59〕　《宋史・藝文志》，中華書局，1977年，第5046頁。
〔註60〕　朱彝尊《經義考》卷105，乾隆二十年（1755）曝書亭刻本，第3頁。

所引輯佚如下：

《小雅・鴻雁之什》

庭燎：傳曰百官官箴王缺，此詩其司烜之屬所爲乎？〔註61〕

《商頌》

駿厖：《齊詩》作駿駹，謂馬也。〔註62〕

吳孜《尚書大義》（佚）

《宋元學案・安定學案》云「吳孜，蕭山人。有《尚書大義》二卷，見《宋志》」〔註63〕。《宋史・藝文志》著錄吳孜《尚書大義》三卷〔註64〕，朱彝尊稱其已佚〔註65〕。朱說誠是，以後諸家書目均未著錄。茲將《黃氏日抄》所引輯佚如下：

《商書・仲虺之誥》

式商受命，用爽厥師。簡賢附勢，實繁有徒：用爽厥師，簡賢附勢，意不貫，疑有脫誤。〔註66〕

王安石《易解》（佚）

《宋史・藝文志》著錄王安石《易解》十四卷〔註67〕，《文獻通考》著錄爲二十卷〔註68〕。朱彝尊稱其已「佚」，並引黃震語，曰「荊公釋《易》中字義甚詳，卦名解始於剛柔始交之屯，展轉次第用序卦之法，而論其次頗有牽強處」〔註69〕。此書已佚，以後諸家書目均未著錄。茲將《黃氏日抄》所引輯佚如下：

《上經・井卦》

上六，井收勿幕：古者以收名冠，以收發爲義。井收者，井口之臼，亦

〔註61〕《黃氏日抄》卷4讀《毛詩》，《四庫全書》本，第707冊，第50頁。
〔註62〕《黃氏日抄》卷4讀《毛詩》，《四庫全書》本，第707冊，第63頁。
〔註63〕《宋元學案》卷1《安定學案》，《黃宗羲全集》第3冊，浙江古籍出版社，1992年，第89頁。
〔註64〕《宋史・藝文志》，中華書局，1977年，第5043頁。
〔註65〕朱彝尊《經義考》卷79，乾隆二十年（1755）曝書亭刻本，第3頁。
〔註66〕《黃氏日抄》卷5讀《尚書》，《四庫全書》本，第707冊，第68頁。
〔註67〕《宋史・藝文志》，中華書局，1977年，第5037頁。
〔註68〕馬端臨《文獻通考・經籍考》卷10，華東師範大學出版社，1985年，第70頁。
〔註69〕朱彝尊《經義考》第19卷，乾隆二十年（1755）曝書亭刻本，第10頁。

一井之體收於此也。掘井及泉，渫之使清，甃之使固，自下而上，至於井收，則井之功畢矣。井甃者，所以御惡於內；井收者，所以御惡於外。收以御惡，而非杜人之汲也，故禁之使勿幕。〔註70〕

《繫辭上》

天尊地卑……變化見矣：此言《易》書未作以前之《易》，雖未有乾坤之卦，自天尊地卑，而乾坤已定，此言自然之《易》。〔註71〕

剛柔相摩以下：言自然之八卦。〔註72〕

乾知大始云云：此言乾坤以造化之用付之六子，而其所自處者甚易簡也。〔註73〕

聖人設卦觀象以下：前言《易》書之未作，此言《易》書之既作。〔註74〕

象者，言乎象者也……各指其所之：此因前之義而言聖人設卦繫辭，學者觀變、玩占之要也。〔註75〕

《易》與天地準……神無方而易無體：前言《易》之書，此言《易》之道。〔註76〕

聖人有以見天下之賾……盜之招也：此言聖人推其所獨見者立象生爻，使天下皆有所見而得以善其言動也。〔註77〕

《易》曰自天祐之……無不利也：疑在下係諸爻之後。〔註78〕

乾坤，其《易》之蘊耶……或幾乎息矣：此言自有天地，已有《易》，《易》與天地相無窮。〔註79〕

是故形而上者謂之道……事業：此言聖人用《易》致治。〔註80〕

《繫辭下》

八卦成列……禁民爲非曰義：此言聖人以仁義參天地而全其生生之用

〔註70〕《黃氏日抄》卷6讀《易》，《四庫全書》本，第707冊，第93頁。
〔註71〕《黃氏日抄》卷6讀《易》，《四庫全書》本，第707冊，第97頁。
〔註72〕《黃氏日抄》卷6讀《易》，《四庫全書》本，第707冊，第97頁。
〔註73〕《黃氏日抄》卷6讀《易》，《四庫全書》本，第707冊，第97頁。
〔註74〕《黃氏日抄》卷6讀《易》，《四庫全書》本，第707冊，第97頁。
〔註75〕《黃氏日抄》卷6讀《易》，《四庫全書》本，第707冊，第98頁。
〔註76〕《黃氏日抄》卷6讀《易》，《四庫全書》本，第707冊，第98頁。
〔註77〕《黃氏日抄》卷6讀《易》，《四庫全書》本，第707冊，第98頁。
〔註78〕《黃氏日抄》卷6讀《易》，《四庫全書》本，第707冊，第99頁。
〔註79〕《黃氏日抄》卷6讀《易》，《四庫全書》本，第707冊，第99頁。
〔註80〕《黃氏日抄》卷6讀《易》，《四庫全書》本，第707冊，第99頁。

也。〔註81〕

古者包犧氏……蓋取諸《夬》：言聖人居大寶之位，然後能用《易》以致利於天下。〔註82〕

蓋取諸《益》：「取諸《益》」之類，當時未有是卦，蓋八卦成列，象在其中矣。且以《益》言之，雖有《益》卦，而已有《巽》與《震》矣，合《震》、《巽》則爲《益》。「蓋取」云者，夫子知前聖之心而言之也。〔註83〕

開而當名，辨物正言斷辭，則備矣：聖人作《易》，所以開明未悟者。名舉其當，言舉其正，所以開明之也。未形之物不可辨，必以名之已立者辨之，是謂當名。未然之辭不可斷，必以言之已驗者斷之，是謂正言。〔註84〕

因貳以濟民行，以明失得之報：吉凶者，失得之象，民行之所以不能自濟者，以其不知吉凶之所在而疑貳之心交戰也。聖人作《易》使知所爲之失者，其報必凶；所爲之得者，其報必吉；懲其失而矯之者，雖凶亦吉；恃其得而忽之者，雖吉亦凶。以此濟民行也。〔註85〕

《易》之爲書也不可遠……道不虛行：此章言《易》書所以載道，非其人則不自行也。〔註86〕

其出入以度外內，使知懼：下卦爲內，上卦爲外。自內之外爲出，自外之內爲入。卦示人以出入之道，使人知所懼也。〔註87〕

若夫雜物撰德，辨是與非，則非其中爻不備。噫！亦要存亡吉凶則居可知矣：合於理者爲是，是之應爲存，爲吉；乖於理者爲非，非之應爲亡，爲凶。不必至於存亡吉凶而後知辨是與非，則居可知矣。居可知者，若曰可坐而知也，聖人所以歎之曰噫！〔註88〕

《說卦》

幽贊於申明而生蓍：蓍，神物也，天地生其形，聖人生其法。方其蓍法之未生，則蓍之爲物，特庶草之一耳！豈知其爲神明也哉？天地神明不能與

〔註81〕　《黃氏日抄》卷6讀《易》，《四庫全書》本，第707冊，第99～100頁。
〔註82〕　《黃氏日抄》卷6讀《易》，《四庫全書》本，第707冊，第100頁。
〔註83〕　《黃氏日抄》卷6讀《易》，《四庫全書》本，第707冊，第100頁。
〔註84〕　《黃氏日抄》卷6讀《易》，《四庫全書》本，第707冊，第100頁。
〔註85〕　《黃氏日抄》卷6讀《易》，《四庫全書》本，第707冊，第101頁。
〔註86〕　《黃氏日抄》卷6讀《易》，《四庫全書》本，第707冊，第101頁。
〔註87〕　《黃氏日抄》卷6讀《易》，《四庫全書》本，第707冊，第101頁。
〔註88〕　《黃氏日抄》卷6讀《易》，《四庫全書》本，第707冊，第101～102頁。

人接，聖人幽有以贊之而傳其命，於是起大衍之數。〔註89〕

　　倚數：數無常用，人倚之而有所託焉。〔註90〕

《雜卦》

　　序卦先後有倫，雜卦則揉雜眾卦以暢無窮之用。〔註91〕

胡瑗《春秋》說（佚）

　　《宋史・藝文志》著錄胡瑗《春秋口義》五卷〔註92〕，《通志・藝文略》著錄有胡瑗著《春秋要義》三十卷、《春秋口義》二十卷〔註93〕。朱彝尊稱胡瑗《春秋口義》已佚〔註94〕。胡瑗《春秋口義》與《春秋要義》，今皆亡佚，以後諸家書目均未著錄。茲將《黃氏日抄》所引輯佚如下：

隱公

　　（隱公七年）戎伐凡伯於楚丘以歸：楚丘，衛地。書「於楚丘」者，衛不能救；書「以歸」者，凡伯辱命。〔註95〕

　　（隱公九年）三月癸酉，大雨，震電。庚辰，大雨雪：震，霹靂也。電者，陰係陽，爲雷之光也。〔註96〕

　　（隱公十年）秋，宋人、衛人入鄭。宋人、蔡人、衛人伐戴。鄭伯伐取之：鄭伯無仁心，乘戴之弊而伐取之。〔註97〕

桓公

　　（桓公元年）三月，公會鄭伯於垂……公及鄭伯盟於越：垂之會，鄭欲得田，鄭志也，故稱「會」。越之盟，魯欲結好，魯志也，故稱「及」。〔註98〕

〔註89〕《黃氏日抄》卷6讀《易》，《四庫全書》本，第707冊，第102頁。
〔註90〕《黃氏日抄》卷6讀《易》，《四庫全書》本，第707冊，第102頁。
〔註91〕《黃氏日抄》卷6讀《易》，《四庫全書》本，第707冊，第105頁。
〔註92〕《宋史・藝文志》，中華書局，1977年，第5058頁。
〔註93〕鄭樵《通志・藝文略》，浙江古籍出版社，1988年，第759頁。
〔註94〕朱彝尊《經義考》卷179，乾隆二十年（1755）曝書亭刻本，第2頁。
〔註95〕《黃氏日抄》卷7讀《春秋一・隱公》，《四庫全書》本，第707冊，第117頁。
〔註96〕《黃氏日抄》卷7讀《春秋一・隱公》，《四庫全書》本，第707冊，第119頁。
〔註97〕《黃氏日抄》卷7讀《春秋一・隱公》，《四庫全書》本，第707冊，第120頁。
〔註98〕《黃氏日抄》卷7讀《春秋一・桓公》，《四庫全書》本，第707冊，第121頁。

（桓公）八年春正月己卯，烝：夏數得天，百王所同，其在商周，革命改正，示不相沿。至於敬授民時，巡狩承享，猶自夏焉。〔註99〕

（桓公九年）冬，曹伯使其世子射姑來朝：曹何急於朝魯而使世子攝哉？〔註100〕

（桓公十年）冬十有二月丙午，齊侯、衛侯、鄭伯來戰於郎：言「來戰」者，不予三國加兵於我也。〔註101〕

（桓公）十有三年春二月，公會紀侯、鄭伯……燕師敗績：齊以郎之戰未得志於魯，今因宋、鄭之仇，故帥衛、燕與宋來伐魯。魯親紀而比鄭，故會紀侯、鄭伯以敗四國之師。不書地，戰於魯也。〔註102〕

（桓公十有四年）夏五：聖人專筆削，豈不能刊正後人傳之脫漏耳？〔註103〕

（桓公十有七年）六月丁丑，蔡侯封人卒。秋八月，蔡季自陳歸於蔡：蔡季者，蔡桓侯之弟。弟季當立。歸者，善辭也。時多弒奪，明季無惡字者，諸侯之弟例書「字」。〔註104〕

（桓公十有七年）癸巳，葬蔡桓侯：爵稱侯，正也。〔註105〕

莊公

（莊公二年）夏，公子慶父帥師伐於餘丘：莊公幼年即位，慶父首主兵，卒致子般之禍。〔註106〕

（莊公）六年春王正月，王人子突救衛。夏六月，衛侯朔入於衛。秋，

〔註99〕《黃氏日抄》卷7讀《春秋一‧桓公》，《四庫全書》本，第707冊，第127頁。
〔註100〕《黃氏日抄》卷7讀《春秋一‧桓公》，《四庫全書》本，第707冊，第129頁。
〔註101〕《黃氏日抄》卷7讀《春秋一‧桓公》，《四庫全書》本，第707冊，第129頁。
〔註102〕《黃氏日抄》卷7讀《春秋一‧桓公》，《四庫全書》本，第707冊，第131頁。
〔註103〕《黃氏日抄》卷7讀《春秋一‧桓公》，《四庫全書》本，第707冊，第132頁。
〔註104〕《黃氏日抄》卷7讀《春秋一‧桓公》，《四庫全書》本，第707冊，第135頁。
〔註105〕《黃氏日抄》卷7讀《春秋一‧桓公》，《四庫全書》本，第707冊，第135頁。
〔註106〕《黃氏日抄》卷8讀《春秋二‧莊公》，《四庫全書》本，第707冊，第138頁。

公至自伐衛：諸侯伐衛以納朔，天子不克救，朔卒爲諸侯所納，天子威命盡矣。〔註107〕

（莊公十有二年）冬十月，宋萬出奔陳：八月弑君，十月出奔，臣子不討賊可知。〔註108〕

（莊公十有三年）秋七月。冬，公會齊侯盟於柯：公不及北杏之會，齊既滅遂，公懼其見討，故爲此盟。〔註109〕

（莊公二十有四年）秋，公至自齊。八月丁丑，夫人姜氏入。戊寅，大夫宗婦覿，用幣：婦人，從夫者也。公親迎於齊，夫人不從公而至，失婦道也。大夫宗婦者，同宗大夫之婦，非謂大夫與宗婦也。覿者，見夫人也。用幣者，女贄不過榛、栗、棗、修，今婦人而用男子之贄，莊公以誇侈失禮也。〔註110〕

（莊公二十有五年）六月辛未，朔，日有食之，鼓、用牲於社：日食三十六，書鼓用幣者三。〔註111〕

（莊公二十有六年）秋，公會宋人、齊人，伐徐：伯禽嘗征徐戎，徐爲魯患舊矣。是年春公伐戎，秋又伐徐，必徐與戎表裏爲魯患也。〔註112〕

（莊公二十有七年）冬，杞伯姬來：春會於洮矣，冬又來，故知其不當來也。〔註113〕

（莊公三十有二年）春，城小谷：孫魯人也考此詳矣。惟左氏以爲齊地，魯爲管仲而城之。〔註114〕

〔註107〕 《黃氏日抄》卷8讀《春秋二·莊公》，《四庫全書》本，第707冊，第140頁。

〔註108〕 《黃氏日抄》卷8讀《春秋二·莊公》，《四庫全書》本，第707冊，第144頁。

〔註109〕 《黃氏日抄》卷8讀《春秋二·莊公》，《四庫全書》本，第707冊，第144頁。

〔註110〕 《黃氏日抄》卷8讀《春秋二·莊公》，《四庫全書》本，第707冊，第151頁。

〔註111〕 《黃氏日抄》卷8讀《春秋二·莊公》，《四庫全書》本，第707冊，第152頁。

〔註112〕 《黃氏日抄》卷8讀《春秋二·莊公》，《四庫全書》本，第707冊，第153頁。

〔註113〕 《黃氏日抄》卷8讀《春秋二·莊公》，《四庫全書》本，第707冊，第153頁。

〔註114〕 《黃氏日抄》卷8讀《春秋二·莊公》，《四庫全書》本，第707冊，第156頁。

僖公

（僖公）十有七年春，齊人、徐人伐英氏。夏，滅項：上言齊人、徐人伐英氏，下言滅項，齊、徐可知。蓋謂既伐英氏，因師以滅項，《春秋》承上文而書之也。〔註115〕

（僖公二十有五年）宋殺其大夫：以泓之戰不死難也。〔註116〕

（僖公三十年）多，天王使宰周公來聘。公子遂如京師。遂如晉：公子遂如京師，報周公之聘也。然王者至尊，非諸侯可抗也。〔註117〕

文公

（文公三年）晉陽處父帥師伐楚以救江：是時楚有覆載不容之罪，晉宜大合諸侯聲罪致討，庶幾震恐而江圍可解，乃遣一軍，豈能濟乎？〔註118〕

（文公九年）晉人殺其大夫先都：晉政在趙盾，先克者盾之黨，是則討先都之亂者，盾必主之也。國亂非君命，故曰晉人。〔註119〕

（文公十有四年）秋七月，有星孛入於北斗：此三君皆違道失德而死於亂，符叔服之言。

宣公

（宣公元年）晉放其大夫胥甲父於衛：放猶羈置，毋去其所。〔註120〕

（宣公元年）公會齊侯於平州。公子遂如齊。六月，齊人取濟西田：篡弒之賊，無所容於天地之間，身無存沒，時無古今，其罪不得赦也。以列於會而不復討，是率中國爲戎夷，棄人類爲禽獸。此《春秋》所以作也。〔註121〕

〔註115〕《黃氏日抄》卷9讀《春秋三‧僖公》，《四庫全書》本，第707冊，第178頁。

〔註116〕《黃氏日抄》卷9讀《春秋三‧僖公》，《四庫全書》本，第707冊，第185頁。

〔註117〕《黃氏日抄》卷9讀《春秋三‧僖公》，《四庫全書》本，第707冊，第192頁。

〔註118〕《黃氏日抄》卷10讀《春秋四‧文公》，《四庫全書》本，第707冊，第201頁。

〔註119〕《黃氏日抄》卷10讀《春秋四‧文公》，《四庫全書》本，第707冊，第206頁。

〔註120〕《黃氏日抄》卷10讀《春秋四‧文公》，《四庫全書》本，第707冊，第217頁。

〔註121〕《黃氏日抄》卷10讀《春秋四‧宣公》，《四庫全書》本，第707冊，第217頁。

（宣公二年）夏，晉人、宋人、衛人、陳人侵鄭：盾之去，理曲也。
〔註122〕

（宣公二年）秋九月乙丑，晉趙盾弒其君夷皋：《三傳》皆謂趙盾不弒，今經書盾弒，若言非盾，是憑傳也。〔註123〕

（宣公三年）夏，楚人侵鄭：不書晉之伐，楚之平者，仲尼削之也。晉成新立，鄭背僭歸霸，反之正也，故獨著楚人侵掠之罪，書「侵鄭」則鄭及晉平可知矣。〔註124〕

（宣公四年）夏六月乙酉，鄭公子歸生弒其君夷：歸生為正卿，嘗統大兵，聞宋逆謀，登時而覺，先事誅之，猶反手耳。〔註125〕

（宣公八年）楚人滅舒蓼：是時楚人滅舒蓼及滑汭，盟吳越，勢益強大，將為中國憂矣。〔註126〕

（宣公）九年春王正月，公如齊。公至自齊。夏，仲孫蔑如京師：歲首月公朝齊，夏使大夫聘京師。〔註127〕

（宣公九年）九月，晉侯、宋公、衛侯、鄭伯、曹伯會於扈。晉荀林父帥師伐陳。辛酉，晉侯黑臀卒於扈：會於扈以待陳，陳侯不會，然後伐之，幾於自反而有禮矣。在會諸侯皆以師聽命而荀林父兼將之，則其師輯矣。晉主夏盟，又嘗救陳，所宜與也，而陳惟楚之即，夫豈義乎？〔註128〕

（宣公十有五年）初稅畝：初稅畝者，譏宣公廢助法而用稅也。初者，志變法之始也。〔註129〕

〔註122〕《黃氏日抄》卷10讀《春秋四・宣公》，《四庫全書》本，第707冊，第219頁。

〔註123〕《黃氏日抄》卷10讀《春秋四・宣公》，《四庫全書》本，第707冊，第220頁。

〔註124〕《黃氏日抄》卷10讀《春秋四・宣公》，《四庫全書》本，第707冊，第221頁。

〔註125〕《黃氏日抄》卷10讀《春秋四・宣公》，《四庫全書》本，第707冊，第222頁。

〔註126〕《黃氏日抄》卷10讀《春秋四・宣公》，《四庫全書》本，第707冊，第225頁。

〔註127〕《黃氏日抄》卷10讀《春秋四・宣公》，《四庫全書》本，第707冊，第226頁。

〔註128〕《黃氏日抄》卷10讀《春秋四・宣公》，《四庫全書》本，第707冊，第227頁。

〔註129〕《黃氏日抄》卷10讀《春秋四・宣公》，《四庫全書》本，第707冊，第234頁。

襄公

（襄公元年）夏，晉韓厥帥師伐鄭……楚公子壬夫帥師侵宋：楚人釋君助臣事已悖矣，晉降彭城以魚石歸，遂伐鄭而以諸侯次鄙援之，放義而行者也。〔註130〕

昭公

（昭公）十有四年春，意如至自晉：其始執之爲乏邾、莒之供，其終歸之。爲土地猶大，所命能具，晉惟以利故平丘之後，諸侯不合二十餘年。至於召陵，又以賄敗。〔註131〕

（昭公十有五年）六月丁巳朔，日有食之：以殄滅爲期而無惻隱之心。〔註132〕

定公

（定公八年）吳伐我：盟於城下也。使有華元、國佐之臣，則不至此矣。〔註133〕

黎錞《春秋經解》（佚）

《宋史·藝文志》著錄黎錞《春秋經解》十二卷〔註134〕，《文獻通考·經籍考》著錄黎錞《春秋經解》十二卷〔註135〕。朱彝尊稱其已佚〔註136〕。朱說誠是，以後諸家書目均未著錄。茲將《黃氏日抄》所引輯佚如下：

僖公

（僖公）三十有一年春，取濟西田。公子遂如晉：曹田曰非其有，故書「取」也。非曹，非魯，不可追治其田之自來。蓋自周衰，相吞滅而致，魯本封百里耳！〔註137〕

〔註130〕《黃氏日抄》卷11 讀《春秋五·襄公》，《四庫全書》本，第707 冊，第259 頁。

〔註131〕《黃氏日抄》卷12 讀《春秋六·昭公》，《四庫全書》本，第707 冊，第303 頁。

〔註132〕《黃氏日抄》卷12 讀《春秋六·昭公》，《四庫全書》本，第707 冊，第304 頁。

〔註133〕《黃氏日抄》卷13 讀《春秋七·定公》，《四庫全書》本，第707 冊，第340 頁。

〔註134〕《宋史·藝文志》，中華書局，1977 年，第5059 頁。

〔註135〕馬端臨《文獻通考·經籍考》卷10，華東師範大學出版社，1985 年，第250 頁。

〔註136〕朱彝尊《經義考》卷179，乾隆二十年（1755）曝書亭刻本，第2 頁。

〔註137〕《黃氏日抄》卷9 讀《春秋三·僖公》，《四庫全書》本，第707 冊，第193

文公

（文公八年）宋人殺其大夫司馬。宋司城來奔：司馬，典兵之官，而被殺，則威柄奪矣。司城，扞禦之任，而來奔，則主勢孤矣。宜昭公卒死於弒。〔註138〕

（文公十有四年）宋子哀來奔：子哀必宋公之子。經有子同，子糾，未知孰是。〔註139〕

襄公

（襄公八年）夏，葬鄭僖公：若君實被弒，以疾趨赴，遂從而書之，則弒君豈有以實告者乎？〔註140〕

（襄公十年）戍鄭虎牢。楚公子貞帥師救鄭。公至自伐鄭：城則取而城之，故經有城楚丘、城緣陵，皆不係之國。戍者，以兵守衛之，故經有戍衛、戍陳，皆係之國。〔註141〕

（襄公二十有三年）晉人殺欒盈：前書出奔，已非晉大夫；次書入晉，則晉之寇；此書殺欒盈，則討賊之辭也。〔註142〕

（襄公二十有三年）齊侯襲莒：春秋用兵雖多，無書襲者，此獨曰襲，蓋譏諸侯行賊盜之事。臧武仲於其伐晉亦云聞晉亂而後作，抑君似鼠，鼠晝伏夜動。〔註143〕

余安行《春秋新傳》（佚）

《宋史・藝文志》著錄余安行《春秋新傳》十二卷〔註144〕，《文獻通考・經籍考》著錄余安行《春秋新傳》十一卷，下引晁公武語，曰「皇朝

頁。

〔註138〕《黃氏日抄》卷10讀《春秋四・文公》，《四庫全書》本，第707冊，第205頁。

〔註139〕《黃氏日抄》卷10讀《春秋四・文公》，《四庫全書》本，第707冊，第211～212頁。

〔註140〕《黃氏日抄》卷11讀《春秋五・襄公》，《四庫全書》本，第707冊，第267頁。

〔註141〕《黃氏日抄》卷11讀《春秋五・襄公》，《四庫全書》本，第707冊，第269頁。

〔註142〕《黃氏日抄》卷11讀《春秋五・襄公》，《四庫全書》本，第707冊，第282頁。

〔註143〕《黃氏日抄》卷11讀《春秋五・襄公》，《四庫全書》本，第707冊，第282頁。

〔註144〕《宋史・藝文志》，中華書局，1977年，第5062頁。

余安行撰。採《三傳》及孫復四家書，參己意爲之」〔註145〕。此書朱氏未經眼〔註146〕。是書已佚，以後諸家書目均未著錄。茲將《黃氏日抄》所引輯佚如下：

文公

（文公十有四年）邾人伐我南鄙，叔孫彭生帥師伐邾：居喪而伐人與伐人之喪，罪一也。〔註147〕

程迥《春秋傳》（佚）

《宋史·藝文志》著錄程迥《春秋傳》二十卷〔註148〕，朱彝尊稱其已佚〔註149〕。朱說誠是，以後諸家書目均未著錄。茲將《黃氏日抄》所引輯佚如下：

文公

（文公十有八年）秋，公子遂、叔孫得臣如齊。多十月，子卒。夫人姜氏歸於齊。季孫行父如齊：遂、得臣、行父三人皆與謀，以其前後如齊而知之也。蓋是舉也，惟叔仲惠伯名彭生者不可，公子遂矯太子惡之命召而殺之。〔註150〕

襄公

（襄公十有一年）鄭公孫舍之帥師侵宋……楚人執鄭行人良宵；鄭不可信，晉悼公推至誠以待人，信之不疑。自此鄭不背晉者二十四年。〔註151〕

劉絢《春秋》（佚）

《文獻通考·經籍考》著錄劉絢《春秋》十二卷〔註152〕，《直齋書錄解

〔註145〕馬端臨《文獻通考·經籍考》卷10，華東師範大學出版社，1985年，第259頁。
〔註146〕朱彝尊《經義考》卷181，乾隆二十年（1755）曝書亭刻本，第12頁。
〔註147〕《黃氏日抄》卷10讀《春秋四·文公》，《四庫全書》本，第707冊，第210頁。
〔註148〕《宋史·藝文志》，中華書局，1977年，第5064頁。
〔註149〕朱彝尊《經義考》卷186，乾隆二十年（1755）曝書亭刻本，第9頁。
〔註150〕《黃氏日抄》卷10讀《春秋四·文公》，《四庫全書》本，第707冊，第215頁。
〔註151〕《黃氏日抄》卷11讀《春秋五·襄公》，《四庫全書》本，第707冊，第271頁。
〔註152〕馬端臨《文獻通考·經籍考》卷10，華東師範大學出版社，1985年，第256頁。

題》著錄劉絢《春秋傳》十二卷〔註153〕，王應麟《玉海》著錄劉絢《春秋》五卷〔註154〕。朱彝尊稱其已佚〔註155〕。朱說誠是，以後諸家書目均未著錄。茲將《黃氏日抄》讀《春秋》所引輯佚如下：

襄公

（襄公二十有九年）吳子使箚來聘：箚不稱公子，以辭國而生亂者，箚爲之也。〔註156〕

定公

（定公十有四年）衛世子蒯瞶出奔宋：靈公聽南子之譖，致其出奔。〔註157〕

任公輔《春秋明辨》（佚）

《宋史・藝文志》著錄任公輔《春秋明辨》十一卷〔註158〕，朱彝尊稱其已佚〔註159〕。朱說誠是，以後諸家書目均未著錄。茲將《黃氏日抄》所引輯佚如下：

昭公

（昭公二十年）秋，盜殺衛侯之兄縶：齊豹非卿，故曰盜。《春秋》於非卿者，皆書盜。尉止也，齊豹也，公孫翩也，陽虎也，皆大夫也。〔註160〕

馮山《春秋通解》（佚）

《文獻通考・經籍考》著錄馮山《春秋通解》十二卷〔註161〕，朱彝尊稱其已佚〔註162〕。朱說誠是，以後諸家書目均未著錄。茲將《黃氏日抄》所引

〔註153〕陳振孫《直齋書錄解題》卷3，《中國歷代書目叢刊》，現代出版社，1987年，第1195頁。
〔註154〕王應麟《玉海》卷40，江蘇古籍出版社、上海書店，1987年，第760頁。
〔註155〕朱彝尊《經義考》卷184，乾隆二十年（1755）曝書亭刻本，第1頁。
〔註156〕《黃氏日抄》卷11讀《春秋五・襄公》，《四庫全書》本，第707冊，第288頁。
〔註157〕《黃氏日抄》卷13讀《春秋七・定公》，《四庫全書》本，第707冊，第331頁。
〔註158〕《宋史・藝文志》，中華書局，1977年，第5064頁。
〔註159〕朱彝尊《經義考》卷192，乾隆二十年（1755）曝書亭刻本，第1頁。
〔註160〕《黃氏日抄》卷12讀《春秋六・昭公》，《四庫全書》本，第707冊，第307頁。
〔註161〕馬端臨《文獻通考・經籍考》卷10，華東師範大學出版社，1985年，第255頁。
〔註162〕朱彝尊《經義考》卷181，乾隆二十年（1755）曝書亭刻本，第12頁。

輯佚如下：

定公

（定公八年）從祀先公：昭公至是始得從祀於太廟，蓋季氏逐昭公，公薨於乾侯，及歸葬又絕其兆域，不得同於先君而在墓道之南，則其主雖久，未得從昭穆，祔祭宜矣。及季孫意如卒，陽虎專，季氏將殺季孫斯，始以昭公之主從祀太廟，蓋欲著季氏之罪以取媚於國人。〔註163〕

任伯雨《春秋繹聖新傳》（佚）

《宋史・藝文志》著錄任伯雨《春秋繹聖新傳》十二卷〔註164〕，《文獻通考・經籍考》著錄任伯雨《繹聖傳》十二卷〔註165〕，此書朱氏未經眼〔註166〕。此書已佚，以後諸家書目均未著錄。茲將《黃氏日抄》所引輯佚如下：

隱公

（隱公）八年春，宋公、衛侯遇於垂：齊侯將平宋、衛於鄭，衛侯既不敢違齊侯之命，又不能釋鄭國之怨，有異志焉，故先遇於垂。〔註167〕

莊公

（莊公十有七年）秋，鄭詹自齊逃來：魯不當受。〔註168〕

宣公

（宣公十年）秋，天王使王季子來聘：宣公即位十年，未嘗一覲天子而於齊五朝；未嘗一問京師而於齊六聘。及天王召聘，仲孫僅往，而王季子已來。〔註169〕

〔註163〕《黃氏日抄》卷13讀《春秋七・定公》，《四庫全書》本，第707冊，第324頁。

〔註164〕《宋史・藝文志》，中華書局，1977年，第5062頁。

〔註165〕馬端臨《文獻通考・經籍考》卷10，華東師範大學出版社，1985年，第254～255頁。

〔註166〕朱彝尊《經義考》卷183，乾隆二十年（1755）曝書亭刻本，第2頁。

〔註167〕《黃氏日抄》卷7讀《春秋一・桓公》，《四庫全書》本，第707冊，第117頁。

〔註168〕《黃氏日抄》卷7讀《春秋二・莊公》，《四庫全書》本，第707冊，第147頁。

〔註169〕《黃氏日抄》卷10讀《春秋四・宣公》，《四庫全書》本，第707冊，第228頁。

成公

（成公十有七年）楚人滅舒庸：舒庸，東夷偃姓之國。〔註170〕

襄公

（襄公）十有四年春王正月，季孫宿、叔老會晉士匄……會吳於向：晉侯始汲汲會吳，將以謀楚也。鄭國既服，楚隙亦解，故諸侯不會，但使大夫。自是之後，歷襄、昭之世不復與吳會，然則會吳非晉所欲也。〔註171〕

薛季宣《春秋經解　指要》（佚）

《文獻通考・經籍考》著錄薛季宣《春秋經解　指要》共十四卷，並引《朱子語錄》，曰「薛常州解《春秋》，不知如何率意如此，只是幾日成此文字。如何說諸侯無史，內則尚有閭史。又如趙盾、崔杼事，皆史臣所書」〔註172〕。朱彝尊稱其已佚〔註173〕。朱說誠是，以後諸家書目均未著錄。茲將《黃氏日抄》所引輯佚如下：

僖公

（僖公十有五年）冬，宋人伐曹：諸侯伐厲而宋人內叛。〔註174〕

成公

（成公八年）晉侯使士燮來聘。叔孫僑如會晉士燮、齊人、邾人伐郯：吳伐郯不能救，剡服吳，則伐之，諸侯無所措手足矣。〔註175〕

王當《王氏春秋》（佚）

晁公武《郡齋讀書志》著錄王當《王氏春秋》十二卷〔註176〕，《玉海》

〔註170〕《黃氏日抄》卷11讀《春秋五・成公》，《四庫全書》本，第707冊，第256頁。

〔註171〕《黃氏日抄》卷11讀《春秋五・襄公》，《四庫全書》本，第707冊，第273頁。

〔註172〕馬端臨《文獻通考・經籍考》卷10，華東師範大學出版社，1985年，第262頁。

〔註173〕朱彝尊《經義考》卷187，乾隆二十年（1755）曝書亭刻本，第1頁。

〔註174〕《黃氏日抄》卷9讀《春秋三・僖公》，《四庫全書》本，第707冊，第176頁。

〔註175〕《黃氏日抄》卷11讀《春秋五・成公》，《四庫全書》本，第707冊，第248頁。

〔註176〕晁公武撰、孫猛校證《郡齋讀書志校證》卷3，上海古籍出版社，1990年，第117頁。

著錄其爲十二卷〔註177〕，朱彝尊稱其已佚〔註178〕。朱說誠是，以後諸家書目均未著錄。茲將《黃氏日抄》所引輯佚如下：

桓公

（桓公）十有六年春正月，公會宋公、蔡侯……公至自伐鄭：突之未出也，宋欲有所責，故嘗伐之。突之既出也，宋懼無所得，又欲納之。始鄭不和，魯嘗以鄭伐宋。及突既出，魯又與宋伐鄭，反覆皆私也。〔註179〕

莊公

（莊公四年）秋七月。冬，公及齊人狩於禚：始與仇接也。〔註180〕

襄公

（襄公八年）夏葬鄭僖公：傳載子駟弒公，然諸侯方會其郊，子駟其敢然乎？觀九年與晉爭盟，詞不少屈而晉人不以爲討，其不爲不義可見矣！蓋子駟爲政，多殺群公子，疾之者眾，因公卒於外而誣之。〔註181〕

昭公

（昭公元年）叔孫豹會晉趙武……曹人於虢：虢之會次楚而先書晉者，趙武專尚實德，不事虛爭，損諸侯之幣，受子產之責，九年之中，再合諸侯，三合大夫，師徒不頓，民無怨讟，皆武子之力而聖人善之也。〔註182〕

（昭公四年）冬十有二月乙卯，叔孫豹卒：穆子見微知幾，歷事二公，執政三十二年，出入晉楚間，常觀國之盛衰，人之情僞而預爲之備，其識固遠矣。然不能早救豎牛之禍，豈非天與？〔註183〕

石介《春秋說》（佚）

石介《春秋說》，《宋史·藝文志》未著錄，朱彝尊未經眼〔註184〕。是書

〔註177〕王應麟《玉海》卷40，江蘇古籍出版社、上海書店，1987年，第760頁。
〔註178〕朱彝尊《經義考》卷181，乾隆二十年（1755）曝書亭刻本，第9頁。
〔註179〕《黃氏日抄》卷7讀《春秋一·桓公》，《四庫全書》本，第707冊，第134頁。
〔註180〕《黃氏日抄》卷8讀《春秋二·莊公》，《四庫全書》本，第707冊，第140頁。
〔註181〕《黃氏日抄》卷11讀《春秋五·襄公》，《四庫全書》本，第707冊，第267頁。
〔註182〕《黃氏日抄》卷12讀《春秋六·昭公》，《四庫全書》本，第707冊，第292頁。
〔註183〕《黃氏日抄》卷12讀《春秋六·昭公》，《四庫全書》本，第707冊，第294頁。
〔註184〕朱彝尊《經義考》卷179，乾隆二十年（1755）曝書亭刻本，第2頁。

已佚，以後諸家書目均未著錄。茲將《黃氏日抄》所引輯佚如下：

凡例：稱人者，貶也，而人不必皆貶，微者亦稱人。稱爵者，褒也，而爵未必純褒，譏者亦稱爵。繼故不書即位，而桓、宣則書即位。妾母不稱夫人，而成風則稱夫人。失地之君名，而衛侯奔楚則不名。未踰年之君稱子，而鄭伯伐許則不稱子。會盟先主會者，而瓦屋之盟則先宋。征伐首主兵者，而虢之師則後。齊母弟一也，而或稱之以見其惡，或沒之以著其罪。天王一也，或稱天以著其失，或去天以示其非。〔註185〕

始隱：《春秋》以無王而作，孰謂隱為賢且讓而始之哉？〔註186〕

桓公

（桓公十有一年）公會宋公於夫鍾。冬十有二月，公會宋公於闞：此年至明年公凡五會宋，欲平宋、鄭而宋卒不從，故明年與鄭盟武父而冬與鄭伐宋。〔註187〕

莊公

（莊公十有五年）夏，夫人姜氏如齊：襄公既死，又如齊，失禮甚矣。〔註188〕

僖公

（僖公十有四年）狄侵鄭：滅溫、侵衛，又侵鄭，狄強甚矣。〔註189〕

（僖公三十年）介人侵蕭：蕭，姬姓，宋附庸，後楚滅之。〔註190〕

文公

（文公二年）夏六月，公孫敖會宋公、陳侯、鄭伯、晉士谷盟於乖隴：內大夫專盟自敖始，外大夫列諸侯會自士谷始。〔註191〕

〔註185〕《黃氏日抄》卷7讀《春秋一》，《四庫全書》本，第707冊，第107頁。
〔註186〕《黃氏日抄》卷7讀《春秋一》，《四庫全書》本，第707冊，第108頁。
〔註187〕《黃氏日抄》卷7讀《春秋一‧桓公》，《四庫全書》本，第707冊，第130頁。
〔註188〕《黃氏日抄》卷8讀《春秋二‧莊公》，《四庫全書》本，第707冊，第145頁。
〔註189〕《黃氏日抄》卷9讀《春秋三‧僖公》，《四庫全書》本，第707冊，第175頁。
〔註190〕《黃氏日抄》卷9讀《春秋三‧僖公》，《四庫全書》本，第707冊，第192頁。
〔註191〕《黃氏日抄》卷10讀《春秋四‧文公》，《四庫全書》本，第707冊，第200頁。

宣公

（宣公四年）夏六月乙酉，鄭公子歸生弑其君夷：歸生不從，則子公不弑，靈公不死。凡鄭之亂，歸生爲之也。〔註 192〕

成公

（成公四年）鄭伯伐許：父伐人喪，子以喪伐人。〔註 193〕

襄公

（襄公）十年春，公會晉侯至公至自會：蕭魚之後，楚專事吳，不復爭政矣。偪陽，妘姓小國。〔註 194〕

（襄公十有八年）楚公子午帥師伐鄭：楚自蕭魚之會，師不出者已七年，今鄭子孔欲去諸大夫而專政，召之來也，故明年鄭討子孔。〔註 195〕

昭公

（昭公）十有二年春，齊高偃帥師納北燕伯於陽：以三年奔齊，六年納之，弗克，受燕賂也，至此又六年矣。再納之，不曰於燕，未能得燕也。然則燕伯十年於外不知其所終也。〔註 196〕

鄭樵《春秋》說（佚）

《宋史·藝文志》著錄鄭樵《夾漈春秋傳》十二卷、《春秋考》十二卷、《春秋地名譜》十二卷〔註 197〕，此三書朱氏皆未經眼〔註 198〕。此三書已佚，以後諸家書目均未著錄。茲將《黃氏日抄》所引輯佚如下：

褒貶：以《春秋》爲褒貶者，亂《春秋》者也。〔註 199〕

元年：諸侯舊用天子之年，至平王失政，諸侯並稱元年。〔註 200〕

〔註 192〕《黃氏日抄》卷 10 讀《春秋四·宣公》，《四庫全書》本，第 707 冊，第 222 頁。

〔註 193〕《黃氏日抄》卷 11 讀《春秋五·成公》，《四庫全書》本，第 707 冊，第 243 頁。

〔註 194〕《黃氏日抄》卷 11 讀《春秋五·襄公》，《四庫全書》本，第 707 冊，第 268 頁。

〔註 195〕《黃氏日抄》卷 11 讀《春秋五·襄公》，《四庫全書》本，第 707 冊，第 277 頁。

〔註 196〕《黃氏日抄》卷 12 讀《春秋六·昭公》，《四庫全書》本，第 707 冊，第 300 頁。

〔註 197〕《宋史·藝文志》，中華書局，1977 年，第 5063 頁。

〔註 198〕朱彝尊《經義考》卷 186，乾隆二十年（1755）曝書亭刻本，第 1 頁。

〔註 199〕《黃氏日抄》卷 7 讀《春秋一》，《四庫全書》本，第 707 冊，第 107 頁。

〔註 200〕《黃氏日抄》卷 7 讀《春秋一·隱公》，《四庫全書》本，第 707 冊，第 108

隱公

（隱公九年）三月癸酉，大雨，震電。庚辰，大雨雪：霆，曜光也。
〔註201〕

桓公

（桓公）十年春王正月，曹伯終生卒。五月，葬曹桓公：桓公立五十五年卒，而莊公射姑立，五月而葬，得葬也。〔註202〕

（桓公）十有二年丙戌，衛侯晉卒：丙戌，一日也。不應再書丙戌，非後申則前予。〔註203〕

（桓公）十有四年秋八月壬申，御廩災。乙亥，嘗：廟祀必十日戒享，越三日而嘗，則粢盛已出廩。乙亥嘗，非災之餘也。嘗，常事，不書；爲御廩災而嘗，故書。諸家乃以八月爲六月，謂夏不當行秋嘗而譏之，不知嘗以秋八月，此正可爲春秋用夏正之驗，何紛紛爲？〔註204〕

（桓公）十有五年秋九月，鄭伯突入於櫟：櫟，鄭別都。〔註205〕

（桓公）十有七年六月丁丑，蔡侯封人卒。秋八月，蔡季自陳歸於蔡：蔡桓公立二十年卒，無嗣，國人召其弟於陳而立之，是爲哀侯。〔註206〕

莊公

（莊公）二十有一年春，王正月。夏五月辛酉，鄭伯突卒：厲公也立四年奔而昭公忽入立，立二年遇弒而子亹立，立一年齊人殺之而子儀立，立十四年傅瑕殺之而納厲公，厲公復入七年卒而文公捷立。〔註207〕

頁。

〔註201〕《黃氏日抄》卷7讀《春秋一‧桓公》，《四庫全書》本，第707冊，第119頁。

〔註202〕《黃氏日抄》卷7讀《春秋一‧桓公》，《四庫全書》本，第707冊，第129頁。

〔註203〕《黃氏日抄》卷7讀《春秋一‧桓公》，《四庫全書》本，第707冊，第130頁。

〔註204〕《黃氏日抄》卷7讀《春秋一‧桓公》，《四庫全書》本，第707冊，第132～133頁。

〔註205〕《黃氏日抄》卷7讀《春秋一‧桓公》，《四庫全書》本，第707冊，第134頁。

〔註206〕《黃氏日抄》卷7讀《春秋一‧桓公》，《四庫全書》本，第707冊，第135頁。

〔註207〕《黃氏日抄》卷8讀《春秋二‧莊公》，《四庫全書》本，第707冊，第148頁。

（莊公）二十有二年春王正月，肆大眚：眚，災也。大眚者，大災也，凶荒箚瘥之謂，乃釋繫囚、存長幼、恤貧窮，使之復其居，不常令也。《春秋》肆大眚者，一而已，奈何欲治之君而屢赦？〔註208〕

（莊公）三十年冬，公及齊侯遇於魯濟。齊人伐山戎：北燕之不通於上國，山戎蔽之也。桓公為之伐而燕始達。〔註209〕

閔公

（閔公二年）夏五月乙酉，吉禘於莊公：禘者，三年喪畢，初見新廟之主於太祖之廟。今喪未畢而禘，又禘不於祖廟而於莊公，皆非禮也。〔註210〕

僖公

（僖公）三十有一年春，取濟西田。公子遂如晉：魯之濟西比曹，北比齊，晉文討曹而分其地，魯得濟西之田。〔註211〕

（僖公三十有三年）夏四月辛巳，晉人及姜戎敗秦師於殽：襄公之不替霸自殽之役始，晉之終於霸亦自殽之役始。〔註212〕

文公

（文公三年）夏五月，王子虎卒：文公於襄王，猶周公於成王也。成王弱，有管蔡之變；襄王微，有叔帶之難。輯諸侯、寧王室，文公之略也。〔註213〕

宣公

（宣公八年）多十月己丑，葬我小君敬嬴。雨，不克葬。庚申，日中而克葬：雨，不克葬。雨已，乃葬。葬必以禮；雨，不成禮，且以孝子之心，雨且葬，是欲葬其親也。〔註214〕

〔註208〕《黃氏日抄》卷 8 讀《春秋二·莊公》，《四庫全書》本，第 707 冊，第 149 頁。

〔註209〕《黃氏日抄》卷 8 讀《春秋二·莊公》，《四庫全書》本，第 707 冊，第 155 頁。

〔註210〕《黃氏日抄》卷 8 讀《春秋二·閔公》，《四庫全書》本，第 707 冊，第 159 頁。

〔註211〕《黃氏日抄》卷 9 讀《春秋三·僖公》，《四庫全書》本，第 707 冊，第 193 頁。

〔註212〕《黃氏日抄》卷 9 讀《春秋三·僖公》，《四庫全書》本，第 707 冊，第 195 頁。

〔註213〕《黃氏日抄》卷 10 讀《春秋四·文公》，《四庫全書》本，第 707 冊，第 200 ～201 頁。

〔註214〕《黃氏日抄》卷 10 讀《春秋四·宣公》，《四庫全書》本，第 707 冊，第 225 頁。

（宣公十有四年）冬，公孫歸父會齊侯於谷：公孫遂雖卒而魯國之政猶在，故其子歸父今年會齊侯，明年會楚子。〔註215〕

（宣公十有八年）公孫歸父如晉。冬十月壬戌，公薨於路寢。歸父還自晉，至笙。遂奔齊：奔齊者，患三桓之討也。〔註216〕

成公

（成公六年）二月辛巳，立武宮：武宮，講武之宮。自鞌之役，四卿出而大得志，故立武宮備戎事也，是不以爲廟也。〔註217〕

（成公）七年春王正月，鼷鼠食郊牛角，改卜牛，鼷鼠又食其角：鼷鼠，草鼠而微黃。〔註218〕

襄公

（襄公四年）八月辛亥，葬我小君定姒：既君則母同正矣，然適母薨而後可得伸其尊也。〔註219〕

（襄公）十有一年春王正月，作三軍：宣、成以來，魯有五卿，卿專一軍。及季氏逐東門氏而立嬰齊，又將逐臧孫紇而立臧爲，東門與臧氏二家弱而不能軍其民，故三家分爲三軍而專之。〔註220〕

（襄公二十有二年）冬，公會晉侯……公至自會：齊侯陽會晉而陰納欒氏，故齊晉之仇復興。〔註221〕

（襄公二十有七年）秋七月辛巳，豹及諸侯之大夫盟於宋：宋之會，大成也。未有合晉楚之成而大夫專之者也，然自宋之盟四十年，九國不仇兵。〔註222〕

〔註215〕《黃氏日抄》卷10讀《春秋四‧宣公》，《四庫全書》本，第707冊，第232頁。

〔註216〕《黃氏日抄》卷10讀《春秋四‧宣公》，《四庫全書》本，第707冊，第237頁。

〔註217〕《黃氏日抄》卷11讀《春秋五‧成公》，《四庫全書》本，第707冊，第244頁。

〔註218〕《黃氏日抄》卷11讀《春秋五‧成公》，《四庫全書》本，第707冊，第246頁。

〔註219〕《黃氏日抄》卷11讀《春秋五‧襄公》，《四庫全書》本，第707冊，第263頁。

〔註220〕《黃氏日抄》卷11讀《春秋五‧襄公》，《四庫全書》本，第707冊，第270頁。

〔註221〕《黃氏日抄》卷11讀《春秋五‧襄公》，《四庫全書》本，第707冊，第281頁。

〔註222〕《黃氏日抄》卷11讀《春秋五‧襄公》，《四庫全書》本，第707冊，第286頁。

（襄公二十有八年）十有一月，公如楚：爲宋之盟，故從楚之諸侯皆朝於晉，從晉之諸侯皆朝於楚，謂之交好。魯君之如晉屢矣，自周公以來，於今始朝楚。〔註223〕

昭公

（昭公元年）晉荀吳帥師敗狄於大鹵：晉既盡赤狄之餘，復有事乎群狄。大鹵，即太原也。〔註224〕

（昭公十有三年）秋，公會劉子……公至自會：晉以城杞之役於今十六年不得，齊自雞澤之盟於今四十二年不勤王，是盟也晉昭公欲修文、襄之業，帥諸侯以承天且服齊也。〔註225〕

（昭公十有七年）八月，晉荀吳帥師滅陸渾之戎：陸渾本惠公自西裔遷之周，世世事晉，今貳於楚，故滅之。〔註226〕

（昭公十有九年）夏五月戊辰，許世子止弒其君買：是何言哉？臣弒君，子弒父，何容易加人乎？〔註227〕

（昭公二十年）十有一月辛卯，蔡侯盧卒：蔡平公歸立八年卒，明年費無極取貨於公之弟，東國逐公之子朱而立，東國是爲悼公。〔註228〕

（昭公三十有二年）取闞：魯群公之墓在闞，公將見先君取之。〔註229〕

定公

（定公）三年春王正月，公如晉，至河，乃復：晉以昭公之子已長而定公不應立，且朝事有稽，故辭公。〔註230〕

〔註223〕《黃氏日抄》卷11讀《春秋五・襄公》，《四庫全書》本，第707冊，第287頁。

〔註224〕《黃氏日抄》卷12讀《春秋六・昭公》，《四庫全書》本，第707冊，第292頁。

〔註225〕《黃氏日抄》卷12讀《春秋六・昭公》，《四庫全書》本，第707冊，第302頁。

〔註226〕《黃氏日抄》卷12讀《春秋六・昭公》，《四庫全書》本，第707冊，第305頁。

〔註227〕《黃氏日抄》卷12讀《春秋六・昭公》，《四庫全書》本，第707冊，第307頁。

〔註228〕《黃氏日抄》卷12讀《春秋六・昭公》，《四庫全書》本，第707冊，第308頁。

〔註229〕《黃氏日抄》卷12讀《春秋六・昭公》，《四庫全書》本，第707冊，第315頁。

〔註230〕《黃氏日抄》卷13讀《春秋七・定公》，《四庫全書》本，第707冊，第318～319頁。

哀公

（哀公）十有四年春，西狩獲麟：麟，獸之異者，麕身，犍尾、狼題、馬蹄、五采、黃腹、一角、肉腮。《春秋》何以終獲麟？適終也，仲尼以哀公十一年自衛反魯而後述成舊章，猶有《詩》、《書》、《禮》、《樂》之事，《春秋》其後及者也，於是魯史之記，適至獲麟爾，仲尼取而述之，踰一年而卒，故於獲麟之後不及他事焉。〔註231〕

師協等《春秋集解》（佚）

《文獻通考·經籍考》著錄師協等四家《春秋集解》二十五卷〔註232〕，朱彝尊稱其已佚，下引晁公武語，曰「或人集皇朝師協、石季長、王棐、景先之解為一通，具載本文」〔註233〕。是書已佚，以後諸家書目均未著錄。茲將《黃氏日抄》所引輯佚如下：

宣公

（宣公元年）晉放其大夫胥甲於衛：春秋之時，列國相與藏奸匿怨，負罪於此而見用，於彼孰能必其禁錮哉？〔註234〕

襄公

（襄公十有一年）鄭公孫舍之帥師侵宋……楚人執鄭行人良霄：諸侯之無時暫寧者，皆鄭之由也。至悼公用魏絳之謀和戎以收五利之功，息民以致三駕之勝，遂能再合十二國之師以肆伐而鄭之君臣始無二志。振諸夏之威，奪強夷之勢，是可嘉矣。〔註235〕

（襄公二十有二年）冬，公會晉侯、齊侯、宋公、衛侯、鄭伯、曹伯、莒子、邾子、薛伯、杞伯、小邾子於沙隨。公至自會：欒盈非有犯上之罪，徒以范氏私怨，再會諸侯以錮之，是直起其噁心而有曲沃之事。〔註236〕

〔註231〕《黃氏日抄》卷13讀《春秋七·哀公》，《四庫全書》本，第707冊，第347頁。

〔註232〕馬端臨《文獻通考·經籍考》卷10，華東師範大學出版社，1985年，第259頁。

〔註233〕朱彝尊《經義考》卷181，乾隆二十年（1755）曝書亭刻本，第7頁。

〔註234〕《黃氏日抄》卷10讀《春秋四·宣公》，《四庫全書》本，第707冊，第217頁。

〔註235〕《黃氏日抄》卷11讀《春秋五·襄公》，《四庫全書》本，第707冊，第271頁。

〔註236〕《黃氏日抄》卷11讀《春秋五·襄公》，《四庫全書》本，第707冊，第281頁。

昭公

（昭公十有一年）冬十有一月丁酉，楚師滅蔡，執蔡世子有以歸，用之：《春秋》書滅國多矣，未有如此其暴者。〔註237〕

王文貫《春秋傳》（佚）

王文貫爲黃震之業師，著《春秋傳》。朱彝尊稱王文貫《春秋傳》已佚〔註238〕。朱說誠是，以後諸家書目均未著錄。茲將《黃氏日抄》所引輯佚如下：

隱公

（隱公三年）秋，武氏子來求賻：周凡三求，求賻以平王崩，求車以桓王將崩，求金以襄王崩，皆以喪事之有闕，賻賵之不供也。魯不盡臣子之職，致周王下求，謂魯秉《周禮》可乎？武氏，世卿也。武氏子，未爲命卿也。〔註239〕

桓公

（桓公元年）三月，公會鄭伯於垂，鄭伯以璧假許田。夏四月丁未，公及鄭伯盟於越：許田，魯朝宿之邑，近許而鄰於鄭，有營洛汝穎浸灌之利，鄭莊久欲得之，故以祊歸之，取宋之郜防以予之，得許而讓。凡皆以投隱公之欲而冀許田之得也。隱公雖受祊取防郜而辭許，鄭無得而強之。隱沒而桓以篡立，急於結援自固，故許田卒爲鄭所得。〔註240〕

（桓公二年）三月，公會齊侯、陳侯、鄭伯於稷，以成宋亂。夏四月，取郜大鼎於宋。戊申，納於大廟：郜鼎，郜以祭其祖之器也。宋不可取之郜，魯不可取之宋。〔註241〕

（桓公）七年春二月己亥，焚咸丘：咸丘，即巨野，郎之近地。〔註242〕

〔註237〕《黃氏日抄》卷12讀《春秋六‧昭公》，《四庫全書》本，第707冊，第300頁。
〔註238〕朱彝尊《經義考》卷189，乾隆二十年（1755）曝書亭刻本，第11頁。
〔註239〕《黃氏日抄》卷7讀《春秋一‧隱公》，《四庫全書》本，第707冊，第112頁。
〔註240〕《黃氏日抄》卷7讀《春秋一‧桓公》，《四庫全書》本，第707冊，第121頁。
〔註241〕《黃氏日抄》卷7讀《春秋一‧桓公》，《四庫全書》本，第707冊，第122頁。
〔註242〕《黃氏日抄》卷7讀《春秋一‧桓公》，《四庫全書》本，第707冊，第126頁。

（桓公十有二年）秋七月丁亥，公會宋公、燕人盟於谷丘：宋鄭無可平之理，魯桓非能平之人。〔註243〕

（桓公十有五年）公會齊侯於艾：初與鄭入許者，齊、魯；以許與鄭者，亦齊、魯；今謀定許者，又齊、魯。齊、魯二君非能，蓋前人之愆。魯本與突，許實怨鄭定，許所以撓忽也。〔註244〕

莊公

（莊公）六年春王正月，王人子突救衛。夏六月，衛侯朔入於衛。秋，公至自伐衛：猶愈乎不救，書王人子突之救，以王法尚行於此也。勢既已去，烏能必勝哉？〔註245〕

閔公

（閔公元年）齊人救邢：威公（桓公）重於治楚，若狄患止於河北，不過應之，未嘗動大眾。此管仲所以請之而後救。〔註246〕

僖公

（僖公三年）徐人取舒：威公（桓公）倡霸，徐亦取舒以叛楚。使齊有以保全之，遠近懷服，楚何能為惜乎婁林之不救？〔註247〕

（僖公）四年春王正月，公會齊侯……次於陘：威公（桓公）怒蔡因以為名爾？且蔡不與中國盟會已二十餘年，亦罪矣。因諸侯之師，震而潰之，遂事伐楚如破竹然。不與楚角力而示之以形勢，以全取勝，桓之功偉矣。〔註248〕

（僖公四年）楚屈完來盟於師，盟於召陵：來盟於師，楚有盟心；退盟召陵，齊有盟禮。從容不迫，春秋之盟未有懿於此者。〔註249〕

〔註243〕《黃氏日抄》卷7讀《春秋一·桓公》，《四庫全書》本，第707冊，第130頁。

〔註244〕《黃氏日抄》卷7讀《春秋一·桓公》，《四庫全書》本，第707冊，第134頁。

〔註245〕《黃氏日抄》卷8讀《春秋二·莊公》，《四庫全書》本，第707冊，第140頁。

〔註246〕《黃氏日抄》卷8讀《春秋二·閔公》，《四庫全書》本，第707冊，第158頁。

〔註247〕《黃氏日抄》卷9讀《春秋三·僖公》，《四庫全書》本，第707冊，第164頁。

〔註248〕《黃氏日抄》卷9讀《春秋三·僖公》，《四庫全書》本，第707冊，第165頁。

〔註249〕《黃氏日抄》卷9讀《春秋三·僖公》，《四庫全書》本，第707冊，第165

（僖公五年）公及齊侯、宋公……鄭伯逃歸不盟：首止之盟，齊侯從義不從令；逃歸鄭伯，從令不從義也。〔註250〕

（僖公）六年春王正月。夏，公會齊侯、宋公……公至自伐鄭：遂救許，則許圍解。安得面縛見楚之事哉？左史，楚人，辭多右楚，失之誣爾。〔註251〕

（僖公）八年春王正月，公會王人、齊侯、宋公、衛侯、許男、曹伯、陳世子款盟於洮，鄭伯乞盟：前所圍鄭新城，即齊賜申侯之虎牢。〔註252〕

（僖公八年）秋七月，禘於太廟，用致夫人：哀姜之惡，僖公不敢致其主於廟。遲之八年，大舉禘祭，因而致焉。〔註253〕

（僖公九年）夏，公會宰周公、齊侯、宋子、衛侯、鄭伯、許男、曹伯於葵丘：宰孔先歸，諸侯自盟，尊冢宰也。〔註254〕

（僖公二十有三年）冬十有一月，杞子卒：杞病於夷，雖賴齊威（齊桓）城之，僅安然幾於非國，故降伯而以子自貶，然則亦從其赴而書之歟？〔註255〕

（僖公三十有一年）狄圍衛。十有二月，衛遷於帝丘：衛益遷而益西也。帝丘，顓頊之故地，去楚丘又二百里。〔註256〕

（僖公三十有三年）夏四月辛巳，晉人及姜戎敗秦師於殽：釁自秦啟，曲不在晉。使襄公懷先世之恩及拘尋常，則晉不可繼霸而秦橫矣。〔註257〕

頁。
〔註250〕《黃氏日抄》卷9讀《春秋三・僖公》，《四庫全書》本，第707冊，第166頁。
〔註251〕《黃氏日抄》卷9讀《春秋三・僖公》，《四庫全書》本，第707冊，第167頁。
〔註252〕《黃氏日抄》卷9讀《春秋三・僖公》，《四庫全書》本，第707冊，第167頁。
〔註253〕《黃氏日抄》卷9讀《春秋三・僖公》，《四庫全書》本，第707冊，第169頁。
〔註254〕《黃氏日抄》卷9讀《春秋三・僖公》，《四庫全書》本，第707冊，第170頁。
〔註255〕《黃氏日抄》卷9讀《春秋三・僖公》，《四庫全書》本，第707冊，第183頁。
〔註256〕《黃氏日抄》卷9讀《春秋三・僖公》，《四庫全書》本，第707冊，第194頁。
〔註257〕《黃氏日抄》卷9讀《春秋三・僖公》，《四庫全書》本，第707冊，第195頁。

文公

（文公十有一年）夏叔仲彭生會晉郤缺於承筐：此亦霸者事，大夫豈得而專之？〔註258〕

（文公十有二年）季孫行父帥師城諸及鄆：二邑近費而介於莒。他年宿伐莒取鄆，叔弓疆其田，費於是始大。然則此行父自爲封殖之計也。〔註259〕

成公

（成公）七年春王正月，鼷鼠食郊牛角，改卜牛，鼷鼠又食其角：鼷鼠，甘口鼠也，噬人畜不知痛。〔註260〕

襄公

（襄公二年）晉師、宋師、衛寧殖侵鄭：三國成師以出，不以伐而以侵者，正避鄭之喪也。晉悼公豈伐喪者哉？〔註261〕

（襄公六年）季孫宿如晉：宿嗣執政，往見以植私交。〔註262〕

（襄公九年）冬，公會晉侯……楚子伐鄭：其無夷夏之辯。〔註263〕

（襄公）十年春，公會晉侯、宋公……公至自會：晉方患楚，欲通吳而吳道多阻。今會於彭城之柤，所以道吳之來路。〔註264〕

（襄公十年）楚公子貞、鄭公孫輒帥師伐宋。晉師伐秦：楚取彭城，欲以梗晉。晉滅偪陽，則楚不得而問彭城。偪陽歸宋，故楚連鄭師以伐宋。去年秋，秦嘗乞楚兵以侵晉，而楚爲之援。今晉師伐秦，亦悼公制楚之規模也。〔註265〕

〔註258〕《黃氏日抄》卷10讀《春秋四·文公》，《四庫全書》本，第707冊，第208頁。

〔註259〕《黃氏日抄》卷10讀《春秋四·文公》，《四庫全書》本，第707冊，第209頁。

〔註260〕《黃氏日抄》卷11讀《春秋五·成公》，《四庫全書》本，第707冊，第246頁。

〔註261〕《黃氏日抄》卷11讀《春秋五·襄公》，《四庫全書》本，第707冊，第260頁。

〔註262〕《黃氏日抄》卷11讀《春秋五·襄公》，《四庫全書》本，第707冊，第266頁。

〔註263〕《黃氏日抄》卷11讀《春秋五·襄公》，《四庫全書》本，第707冊，第268頁。

〔註264〕《黃氏日抄》卷11讀《春秋五·襄公》，《四庫全書》本，第707冊，第268頁。

〔註265〕《黃氏日抄》卷11讀《春秋五·襄公》，《四庫全書》本，第707冊，第269

（襄公十年）戌鄭虎牢。楚公子貞帥師救鄭。公至自伐鄭：城虎牢，不係之鄭者，時鄭從楚，中國取其虎牢而城之，爲中國守險以制鄭，非爲鄭而城之也。戌虎牢而係之鄭者，時鄭已從晉，中國恐楚伐鄭，故置兵守衛以拒楚，是爲鄭而戌之也。〔註266〕

（襄公十有三年）夏，取邿：季氏柄國，兼地自廣也。〔註267〕

（襄公十有五年）夏，齊侯伐我北鄙，圍成。公救成，至遇。季孫宿、叔孫豹帥師城成郛：三家私相封殖城費，則叔仲以媚季氏。城成郛，則季叔以私孟氏。〔註268〕

昭公

（昭公十有七年）八月，晉荀吳帥師滅陸渾之戎：陸渾本瓜洲之戎，秦晉遷之伊川，世爲周患。〔註269〕

（昭公十有七年）冬，有星孛於大辰：孛，非星名，沴氣所發。孛，孛然；大辰，非大火，蓋角宿正屬辰，天道起東，方角宿尊，故曰大辰。辰爲鄭，旁及卯；卯爲宋，餘氣及漢爲陳、衛，故四國當之。〔註270〕

（昭公二十有九年）秋七月。冬十月，鄆潰：齊取鄆，居公，鄆畏齊，不敢叛。既捨齊而之晉，故鄆亦叛之。自此一邑亦無有而終於乾侯矣，悲夫！〔註271〕

定公

（定公五年）於越入吳：於，爲發語聲者。〔註272〕

頁。

〔註266〕《黃氏日抄》卷11讀《春秋五・襄公》，《四庫全書》本，第707冊，第269～270頁。

〔註267〕《黃氏日抄》卷11讀《春秋五・襄公》，《四庫全書》本，第707冊，第269～272頁。

〔註268〕《黃氏日抄》卷11讀《春秋五・襄公》，《四庫全書》本，第707冊，第269～274頁。

〔註269〕《黃氏日抄》卷12讀《春秋六・昭公》，《四庫全書》本，第707冊，第305～306頁。

〔註270〕《黃氏日抄》卷12讀《春秋六・昭公》，《四庫全書》本，第707冊，第306頁。

〔註271〕《黃氏日抄》卷12讀《春秋六・昭公》，《四庫全書》本，第707冊，第314頁。

〔註272〕《黃氏日抄》卷13讀《春秋七・定公》，《四庫全書》本，第707冊，第321～322頁。

（定公十有五年）二月辛丑，楚子滅胡，以髡子豹歸：以小事大，謂之畏天。胡以小犯大而反諉存亡於命，是紂謂『我生不有命，在天也』，紂且不免，況胡乎？〔註273〕

哀公

（哀公五年）夏，齊侯伐宋：宋景伐曹，執小邾，欲圖伯也；齊景伐宋，欲抑宋而代晉爲伯也。〔註274〕

（哀公十年春王二月）公會吳伐齊：魯爲吳伐，盟於城下，今又會吳伐齊，是不能令而受命也。僖與宣嘗用楚伐齊，今哀又會吳伐齊。用楚伐齊，猶借之以釋憾；今會吳伐齊，直爲吳之役而已。助夷賊夏，魯周公、伯禽之風於是掃地。〔註275〕

（哀公十年春王二月）衛公孟彄自齊歸於衛：彄歸，則蒯瞶歸之漸也。〔註276〕

方愨《禮記解》（佚）

《文獻通考・經籍考》著錄方愨《禮記解》二十卷〔註277〕。朱彝尊未經眼，下引朱子語，曰「方氏《禮解》僅有說得好處」；又引陳振孫語，曰「政和三年表進。自爲之序，以王氏父子《禮記》獨無解義，乃取所撰《三經義》及《字說》申而明之，著爲此解，由是得上舍出身，其所解文義亦明白」〔註278〕。此書已佚，以後諸家書目均未著錄。茲將《黃氏日抄》所引輯佚如下：

《檀弓上第三》

穆公之母卒，使人問於曾子曰：「如之何？」對曰：「申也聞諸申之父曰：哭泣之哀，齊斬之情，饘粥之食，自天子達。布幕，衛也，自天子達。

〔註273〕《黃氏日抄》卷13讀《春秋七・定公》，《四庫全書》本，第707冊，第332頁。

〔註274〕《黃氏日抄》卷13讀《春秋七・哀公》，《四庫全書》本，第707冊，第337頁。

〔註275〕《黃氏日抄》卷13讀《春秋七・哀公》，《四庫全書》本，第707冊，第341頁。

〔註276〕《黃氏日抄》卷13讀《春秋七・哀公》，《四庫全書》本，第707冊，第342頁。

〔註277〕馬端臨《文獻通考・經籍考》，華東師範大學出版社，1985年，第205頁。

〔註278〕朱彝尊《經義考》卷141，乾隆二十年（1755）曝書亭刻本，第5頁。

布幕，衛也，縿幕，魯也」：父母之喪，貴賤不殊，所以自天子達若布幕，用布而已。縿幕，則有斿以參之者。兼言魯、衛，欲其以文質自參酌而用之也。〔註279〕

魯莊公及宋人戰於乘丘，縣賁父御，卜國爲右。馬驚，敗績，公隊，佐車授綏。公曰：「末之卜也。」縣賁父曰：「他日不敗績，而今敗績，是無勇也。」遂死之。圉人浴馬，有流矢在白肉。公曰：「非其罪也。」遂誄之。士之有誄，自此始也：敗績非二子之辜，死敵實二子之勇，豈以士之賤而廢其善之實？莊公以義起而諡之，非過；後世因之不改，則非。故記其始。〔註280〕

邾婁復之以矢，蓋自戰於升陘始也。魯婦人之髽而弔也，自敗於臺鮐始也：複本以衣，今戰死無衣，故復以矢。弔本用衰，今家各有喪，故髽而弔。古者戰陣以禮，殺有所止。殺人之多，自升陘、臺鮐始，不特記禮之變也。〔註281〕

子路有姊之喪，可以除之矣……子路聞之，遂除之：言除喪有期，雖行道之人亦弗忍除，聖人設爲中制，賢者當抑情而就之。〔註282〕

古者冠縮縫，今也衡縫。故喪冠之反吉，非古也：縮，從也。衡，橫也。古尚質，冠之吉凶相似而惟縮縫之同。今尚文，冠之吉凶相反而有衡縫之異。言衡縫而繼以喪冠非古，知衡縫之爲喪冠。〔註283〕

子柳之母死，子碩請具。子柳曰：「何以哉？」子碩曰：「請粥庶弟之母。」子柳曰：「如之何其粥人之母以葬其母也不可。」既葬，子碩欲以賻布之餘具祭器。子柳曰：「不可，吾聞之也，君子不家於喪，請班諸兄弟之貧者」：不粥人之母，葬其親不以賻布之餘具祭器，子柳貧而守義，能以兄弟爲念。〔註284〕

〔註279〕《黃氏日抄》卷15讀《禮記二·檀弓上第三》，《四庫全書》本，第707冊，第390頁。

〔註280〕《黃氏日抄》卷15讀《禮記二·檀弓上第三》，《四庫全書》本，第707冊，第391頁。

〔註281〕《黃氏日抄》卷15讀《禮記二·檀弓上第三》，《四庫全書》本，第707冊，第392頁。

〔註282〕《黃氏日抄》卷15讀《禮記二·檀弓上第三》，《四庫全書》本，第707冊，第393頁。

〔註283〕《黃氏日抄》卷15讀《禮記二·檀弓上第三》，《四庫全書》本，第707冊，第394頁。

〔註284〕《黃氏日抄》卷15讀《禮記二·檀弓上第三》，《四庫全書》本，第707冊，第401頁。

　　君子曰：「謀人之軍師，敗則死之；謀人之邦邑，危則亡之」：謀軍師敗則死之，否則，陷眾而死而獨全身，不可也。謀邦邑而危則亡，去之危者尚可安，避賢使之圖安也。〔註285〕

　　扶君，卜人師扶右，射人師扶左，君薨以是舉：師，眾也。扶舉非二人所能勝，故以師言之。師，非長也。〔註286〕

　　喪具，君子恥具一日二日而可為也者，君子弗為也：不忍死其親，故恥。具非倉卒可為者，不得已而具一二日可為者，弗預為之具。〔註287〕

　　有子問於曾子曰……以斯知不欲速貧也：貧朽非人情所欲，孔子之言特為二子而發爾。有子乃能以中都與荊之事驗之，可謂知言矣。〔註288〕

　　縣子瑣曰：「吾聞之，古者不降，上下各以其親。滕伯文為孟虎齊衰，其叔父也；為孟皮齊衰，其叔父也」：瑣，縣子名。降者，降服。《周禮》「已貴則降賤者之服」。古謂殷時上謂旁親族，曾祖、從祖及伯叔之班。下謂從子、從孫之流。滕伯文，殷時滕君，名文。滕伯文為諸侯而服，其叔父皆齊衰，殷不降服也。〔註289〕

　　小斂之奠，子游曰：「於東方。」曾子曰：「於西方，斂斯席矣。」小斂之奠在西方，魯禮之未失也：《士喪禮》「小斂之奠設於尸東，以萬物生於東，未忍死其親也」，變而在西方，魯末世失禮也。大斂奠於堂，乃有席始死之奠，未暇備禮，曾子以為斂斯席亦非。〔註290〕

　　杜橋之母之喪，宮中無相以為沽也：沽，即沽酒之沽，以非自致，故訓略也。〔註291〕

〔註285〕《黃氏日抄》卷15讀《禮記二・檀弓上第三》，《四庫全書》本，第707冊，第401頁。

〔註286〕《黃氏日抄》卷15讀《禮記二・檀弓上第三》，《四庫全書》本，第707冊，第402頁。

〔註287〕《黃氏日抄》卷15讀《禮記二・檀弓上第三》，《四庫全書》本，第707冊，第403頁。

〔註288〕《黃氏日抄》卷15讀《禮記二・檀弓上第三》，《四庫全書》本，第707冊，第404頁。

〔註289〕《黃氏日抄》卷15讀《禮記二・檀弓上第三》，《四庫全書》本，第707冊，第405頁。

〔註290〕《黃氏日抄》卷15讀《禮記二・檀弓上第三》，《四庫全書》本，第707冊，第406頁。

〔註291〕《黃氏日抄》卷15讀《禮記二・檀弓上第三》，《四庫全書》本，第707冊，第406頁。

夫子曰：「始死，羔裘玄冠者，易之而已。」羔裘玄冠，夫子不以弔：始死即易去吉服，不特喪者易之，弔者亦所不服。〔註292〕

孟獻子之喪，司徒旅歸四布。夫子曰：「可也」：賻布有餘，使下士歸還於四方賢於家。夫喪者未若，班諸兄弟之貧者爲善，故聖人止以爲可。〔註293〕

讀賵，曾子曰：「非古也，是再告也」：古者奠而不讀，周則既奠又讀焉，故曾子非之，以爲再告。古禮祖而讀賵。〔註294〕

成子高寢疾……擇不食之地葬我焉：死且不忍妨人，則生之愛人可知。〔註295〕

賓客至，無所館。夫子曰：「生於我乎館，死於我乎殯」：生於我館，死於我殯，朋友始終之義。〔註296〕

朝奠日出，夕奠逮日：朝奠，象朝時之食；夕奠，象夕時之食。逮日者，及日未沒。〔註297〕

父母之喪，哭無時，使必知其反也：哭者，所以求其反。哭之無時，欲使死者必知其反而已。〔註298〕

《檀弓下第四》

弔於葬者必執引，若從柩及壙，皆執紼：車索曰引，柩索曰紼。引唯在路用之，下壙執紼。〔註299〕

有殯，聞遠兄之喪，哭於側室。無側室，哭於門內之右。同國，則往哭之：遠兄弟，謂異國而居者也。哭於側室，遠殯宮也；哭於門內之右，不居

〔註292〕《黃氏日抄》卷15讀《禮記二・檀弓上第三》，《四庫全書》本，第707冊，第406頁。

〔註293〕《黃氏日抄》卷15讀《禮記二・檀弓上第三》，《四庫全書》本，第707冊，第407頁。

〔註294〕《黃氏日抄》卷15讀《禮記二・檀弓上第三》，《四庫全書》本，第707冊，第407頁。

〔註295〕《黃氏日抄》卷15讀《禮記二・檀弓上第三》，《四庫全書》本，第707冊，第407頁。

〔註296〕《黃氏日抄》卷15讀《禮記二・檀弓上第三》，《四庫全書》本，第707冊，第407頁。

〔註297〕《黃氏日抄》卷15讀《禮記二・檀弓上第三》，《四庫全書》本，第707冊，第409頁。

〔註298〕《黃氏日抄》卷15讀《禮記二・檀弓上第三》，《四庫全書》本，第707冊，第409頁。

〔註299〕《黃氏日抄》卷15讀《禮記二・檀弓下第四》，《四庫全書》本，第707冊，第412頁。

主位，示爲之變也。凡皆不得而往哭故也，若同國則往哭。〔註300〕

齊谷王姬之喪，魯莊公爲之大功。或曰：「由魯嫁，故爲之服姊妹之服。」或曰：「外祖母也，故爲之服」：天子女下嫁，諸侯必以同姓諸侯爲主，此王姬所以由魯而嫁，以其嘗爲之主，故喪則必告，告則必爲之服，而或以爲外祖母，故服。〔註301〕

銘，明旌也。以死者爲不可別已，故以其旗識之。愛之，斯錄之矣；敬之，斯儘其道焉耳。重，主道也，殷主綴重焉，周主重徹焉。奠以素器，以生者有哀素之心也：凡銘所以爲名，明旌謂之銘，以死者書名焉。死者無形貌可以識別，故書之於旗以表之。旗即銘旗，愛之，故錄其名；敬之，故無所不儘其道也。重亦木爲之，如木主重設於始死之時，有柩而又設之，重故謂之重主。立於既虞之後，有廟而必立之，主故謂之主殷。既作主，猶聯綴其重以縣縣於廟，不忍棄也。周既作主，即徹重而埋於門外之道左，不敢瀆也。奠祭悉用素器，以表哀素之心。〔註302〕

歠主人主婦室老，爲其病也，君命食之也：歠，歠粥也。主人，亡者之子；主婦，亡者之妻；室老，家之長相。三者皆大夫之家，貴爲其哀劇而病也，故親喪三日之後，君命食之。食之者，使之歠粥也。〔註303〕

反哭陞堂，反諸其所作也；主婦入於室，反諸其所養也。反哭之弔也，哀之至也反而亡焉，失之矣，於是爲甚，殷既封而弔，周反哭而弔。孔子曰：「殷已慤，吾從周」：此言既葬而反哭也。主人陞堂，求諸其舊所行禮之處，主婦入室求諸其舊所饋食之處，反而不復見其親，其痛於是爲甚，於是乎弔之。殷甫葬而弔於壙，則已質慤，周待其反哭而後弔於家，孔子從之。〔註304〕

國昭子之母死，問於子張曰：「葬及墓，男子婦人安位？」子張曰：「司

〔註300〕《黃氏日抄》卷15讀《禮記二·檀弓下第四》，《四庫全書》本，第707冊，第413頁。

〔註301〕《黃氏日抄》卷15讀《禮記二·檀弓下第四》，《四庫全書》本，第707冊，第413頁。

〔註302〕《黃氏日抄》卷15讀《禮記二·檀弓下第四》，《四庫全書》本，第707冊，第415頁。

〔註303〕《黃氏日抄》卷15讀《禮記二·檀弓下第四》，《四庫全書》本，第707冊，第415～416頁。

〔註304〕《黃氏日抄》卷15讀《禮記二·檀弓下第四》，《四庫全書》本，第707冊，第416頁。

徒敬子之喪，夫子相，男子西鄉，婦人東鄉。」曰：「噫！毋。」曰：「我喪也斯沾。爾專之，賓爲賓焉，主爲主焉，婦人從男子皆西向」：禮重男女之別，雖在喪紀，莫不各正其位。司徒敬子之喪，夫子爲相，固嘗行之而國昭子徒爲賓主之辯，曾無男女之別，失禮不亦甚乎！〔註305〕

穆伯之喪，敬姜晝哭；文伯之喪，晝夜哭。孔子曰：「知禮矣」：穆伯於敬姜，夫也，喪止晝哭。文伯於敬姜，子也，晝夜哭，孔子以爲知禮。〔註306〕

季康子之母死，陳褻衣。敬姜曰：「婦人不飾，不敢見舅姑。將有四方之賓來，褻衣何爲陳於斯。」命徹之：敬姜者，康子從祖母。以康子失禮，命徹之。〔註307〕

吳侵陳，斬祀殺厲，師還出竟，陳太宰嚭使於師。夫差謂行人儀曰：「是夫也多言，盍嘗問焉？師必有名，人之稱斯師也者，則謂之何？」太宰嚭曰：「古之侵伐者，不斬祀，不殺厲，不獲二毛。今斯師也，殺厲與？其不謂之殺厲之師與？」曰：「反爾地，歸爾子，則謂之何？」曰：「君王討敝邑之罪，又矜而赦之，師與有無名乎」：吳既斬祀殺厲於陳，陳使至吳，吳問其師謂何。陳使者以殺厲事微諷之，吳許以反地歸其子，陳使者即誦其師之有名，使終其善意。〔註308〕

子張問曰：「《書》云：『高宗三年不言，言乃讙』。有諸？」仲尼曰：「胡爲其不然也？古者天子崩，王世子聽於冢宰三年」：時君無行三年喪者，故子張疑而問。〔註309〕

衛有太史曰柳莊，寢疾。公曰：「若疾革，雖當祭必告。」公再拜稽首請於尸曰：「有臣柳莊也者，非寡人之臣，社稷之臣也，聞之死，請往。」不釋服而往，遂以襚之。與之邑裘氏與縣潘氏，書而納諸棺，曰：「世世萬子孫，毋變也」：當祭而告疾亟，則失之遽；不釋服而往襚，則近乎褻。獻公爲之，

〔註305〕《黃氏日抄》卷15讀《禮記二・檀弓下第四》，《四庫全書》本，第707冊，第418頁。

〔註306〕《黃氏日抄》卷15讀《禮記二・檀弓下第四》，《四庫全書》本，第707冊，第419頁。

〔註307〕《黃氏日抄》卷15讀《禮記二・檀弓下第四》，《四庫全書》本，第707冊，第419頁。

〔註308〕《黃氏日抄》卷15讀《禮記二・檀弓下第四》，《四庫全書》本，第707冊，第420頁。

〔註309〕《黃氏日抄》卷15讀《禮記二・檀弓下第四》，《四庫全書》本，第707冊，第420頁。

君子不以爲非者，恕其有尊賢之心也。〔註310〕

　　季康子之母死，公輸若方小。斂，般請以機封，將從之。公肩假曰：「不可！夫魯有初，公室視豐碑，三家視桓楹。般，爾以人之母嘗巧，則豈不得以？其毋以嘗巧者乎？則病者乎？噫！」弗果從：般欲以人之母嘗巧，何不以己之母嘗巧，則病矣。〔註311〕

　　孺子之喪，哀公欲設撥，問於有若。有若曰：「其可也，君之三臣猶設之。」顏柳曰：「天子龍輴而椁幬，諸侯輴而設幬，爲榆沈，故設撥。三臣者廢輴而設撥，竊禮之不中者也，而君何學焉」：哀公欲設撥，有若以三家之設爲比，顏柳以三家之設爲非，蓋天子、諸侯之殯以輴車之重也，故爲榆沈以滑之，欲榆沈之散也，故設撥以發之，無輴則無用沈，無沈則無用發。三臣既知輴之可廢而不知撥之不可設，是竊取禮之不中者，故顏柳戒哀公之勿學也。〔註312〕

　　仕而未有祿者，君有饋焉曰獻，使焉曰寡君。違而君薨，弗爲服也：仕未受祿，未純爲臣，故君饋不曰賜而曰獻，使命不曰君而曰寡君。違而去之，之他邦，君薨，不爲之服。〔註313〕

　　二名不偏諱，夫子之母名徵在，言在不稱徵，言徵不稱在：夫子曰不在顓臾而在蕭牆之內，此言在，不稱徵。又曰夏禮吾能言之，杞不足徵，此言徵，不稱在。〔註314〕

　　孔子過泰山側，有婦人哭於墓者而哀，夫子式而聽之。使子路問之曰：「子之哭也，壹似重有憂者。」而曰：「然，昔者吾舅死於虎，吾夫又死焉，今吾子又死焉。」夫子曰：「何爲不去也？」曰：「無苛政。」夫子曰：「小子識之，苛政猛於虎也」：泰山婦人寧遭虎之累傷，不忍捨政之無苛。揚雄論酷吏曰「虎哉！虎哉！角而翼者也」與此同意。〔註315〕

〔註310〕《黃氏日抄》卷 15 讀《禮記二‧檀弓下第四》，《四庫全書》本，第 707 冊，第 422～423 頁。

〔註311〕《黃氏日抄》卷 15 讀《禮記二‧檀弓下第四》，《四庫全書》本，第 707 冊，第 423 頁。

〔註312〕《黃氏日抄》卷 15 讀《禮記二‧檀弓下第四》，《四庫全書》本，第 707 冊，第 426 頁。

〔註313〕《黃氏日抄》卷 15 讀《禮記二‧檀弓下第四》，《四庫全書》本，第 707 冊，第 426～427 頁。

〔註314〕《黃氏日抄》卷 15 讀《禮記二‧檀弓下第四》，《四庫全書》本，第 707 冊，第 427 頁。

〔註315〕《黃氏日抄》卷 15 讀《禮記二‧檀弓下第四》，《四庫全書》本，第 707 冊，第 427 頁。

　　喪不慮居，毀不危身。喪不慮居，爲無廟也；毀不危身，爲無後也：不慮居謂以廟爲慮，不以居室爲慮。不危身謂恐親之無後，不敢以死傷生，毀不滅性也。〔註316〕

　　延陵季子適齊，於其反也，其長子死，葬於嬴博之間。孔子曰：「延陵季子，吳之習於禮者也。」往而觀其葬焉。其坎深不至於泉，其斂以時服。既葬而封，廣輪揜坎，其高可隱也……其合矣乎：廣言其擴，猶戶之東西。輪言其從，謂車以直行爲順。〔註317〕

　　叔仲皮學子柳。叔仲皮死，其妻魯人也，衣衰而繆絰。叔仲衍以告，請總衰而環絰。曰：「昔者吾喪姑姊妹亦如斯，末吾禁也。」退，使其妻總衰而環絰：兩服相交綢繆，故名。繆絰則當音綢繆之繆，此服之重者也。總衰之布細，環絰則一股，迴環而不相綢繆，此服之輕者也。子柳之妻魯鈍，爲其舅叔仲服重服是也。子柳惑於叔仲衍之言，反使其妻改輕服，非也。是子柳雖受教於其父，曾不若愚婦人所爲也。〔註318〕

《王制第五》

　　爵人於朝，與士共之。刑人於市，與眾棄之。是故公家不畜刑人，大夫弗養，士遇之塗弗與言也。屏之四方，唯其所之，不及以政，示弗故生也：使然爲，故弗故生，不使之生也。〔註319〕

　　天子諸侯無事，則歲三田。一爲乾豆，二爲賓客，三爲充君之庖。無事而不田，曰不敬；田不以禮，曰暴天物：即乾豆、賓客、君庖三事與易田獲三品同。乾豆謂上殺而中心者，臘之爲祭祀豆實，次殺死差遲以供賓客，下殺死最遲以供君庖。不敬謂簡祭祀，略賓客。先神而後人，先人而後己，其序如此。〔註320〕

　　用民之力，歲不過三日。田裏不粥，墓地不請：粥，賣也。役不過三

〔註316〕《黃氏日抄》卷15讀《禮記二・檀弓下第四》，《四庫全書》本，第707冊，第428頁。

〔註317〕《黃氏日抄》卷15讀《禮記二・檀弓下第四》，《四庫全書》本，第707冊，第428頁。

〔註318〕《黃氏日抄》卷15讀《禮記二・檀弓下第四》，《四庫全書》本，第707冊，第433頁。

〔註319〕《黃氏日抄》卷15讀《禮記二・王制第五》，《四庫全書》本，第707冊，第441頁。

〔註320〕《黃氏日抄》卷16讀《禮記三・王制第五》，《四庫全書》本，第707冊，第445頁。

日，所以寬其力。田裏不粥，所以定其居。墓地有常，不請求餘處，所以寧其親。〔註321〕

五十始衰至九十，雖得人不煖矣：五十始衰，自此食肉，衣帛皆所以扶其衰。九十衰之極，養之尤宜無所不至。〔註322〕

五十杖於家，六十杖於鄉，七十杖於國，八十杖於朝，九十者，天子欲有問焉，則就其室，以珍從：杖者，所以扶其力而優其禮也。九十就其室問之，又以珍羞從而就養之，謂非復杖之可扶，難使之造朝也。〔註323〕

凡三王養老皆引年：引其年之高下以爲養禮之殺。〔註324〕

大夫祭器不假。祭器未成，不造燕器：大夫有田祿，祭器當自具。祭器未成，不造燕器者，當先神而後人。〔註325〕

《月令第六》

其祀戶，祭先脾：戶奇而在內，陽自內出之，象故祀於春。脾，土藏也。方春木盛尅之，故祭先脾以土養木。〔註326〕

季夏行春令，則穀實鮮落……行秋令則丘隰水潦，禾稼不熟，乃多女災。行冬令，則風寒不時，鷹隼蚤鷙，四鄙入保：鮮落，不待黃而落也。多女災，以純陰之氣過盛而反傷之也。〔註327〕

是月也，可以罷官之無事，去器之無用者：凡以應天地之實。〔註328〕

冰方盛，水澤腹堅。命取冰：寒極而冰盛，腹堅則其堅達於內，非特形

〔註321〕《黃氏日抄》卷16讀《禮記三・王制第五》，《四庫全書》本，第707冊，第448頁。

〔註322〕《黃氏日抄》卷16讀《禮記三・王制第五》，《四庫全書》本，第707冊，第456頁。

〔註323〕《黃氏日抄》卷16讀《禮記三・王制第五》，《四庫全書》本，第707冊，第456頁。

〔註324〕《黃氏日抄》卷16讀《禮記三・王制第五》，《四庫全書》本，第707冊，第457頁。

〔註325〕《黃氏日抄》卷16讀《禮記三・王制第五》，《四庫全書》本，第707冊，第458頁。

〔註326〕《黃氏日抄》卷16讀《禮記三・月令第六》，《四庫全書》本，第707冊，第463頁。

〔註327〕《黃氏日抄》卷16讀《禮記三・月令第六》，《四庫全書》本，第707冊，第475頁。

〔註328〕《黃氏日抄》卷16讀《禮記三・月令第六》，《四庫全書》本，第707冊，第485頁。

於水面而已。命取冰者，非特將以備暑，亦以達陽氣。〔註329〕

季冬行秋令，則白露早降，介蟲爲妖，四鄙入保；行春令，則胎夭多傷，國多固疾，命之曰逆；行夏令則水潦敗國，時雪不降，冰凍消釋：疾久而不瘳曰固。〔註330〕

《曾子問第七》

孔子曰：「諸侯適天子，必告於祖，奠於禰。冕而出視朝，命祝史告於社稷宗廟山川。乃命國家五官而後行，道而出。告者五日而遍，過是非禮也。凡告用牲幣，反亦如之」：出必告於祖，奠於禰，反亦如之，事死如事生也。又及於社稷山川者，推事親之道以事神也。諸侯受命於天子，爲宗廟社稷山川之主，將暫違去以適天子之國，禮宜洞達周遍若此。〔註331〕

曾子問曰：「相識？有喪服可以與於祭乎？」孔子曰：「緦不祭，又何助於人」：前所謂喪服者與祭，蓋喪祭也。此所謂祭，蓋吉祭也，故雖緦麻之輕，亦不與也。〔註332〕

曾子問曰：「取女，而有吉日而女死，如之何？」孔子曰：「壻齊衰而弔，既葬而除之。夫死亦如之」：以嘗請期，故齊衰而弔，然未成婦，故葬而除服。〔註333〕

曾子問曰：天子嘗禘郊社五祀之祭……孔子曰：「接祭而已矣。如牲至，未殺，則廢」：接祭，謂接續行事，遇變而遽不暇舒徐也。〔註334〕

曾子問曰：大夫之祭……所祭於死者無服則祭：位尊則以事而廢禮者少，位卑則以事而廢禮者多，重輕之別也。〔註335〕

〔註329〕《黃氏日抄》卷16讀《禮記三・月令第六》，《四庫全書》本，第707冊，第487頁。

〔註330〕《黃氏日抄》卷16讀《禮記三・月令第六》，《四庫全書》本，第707冊，第488頁。

〔註331〕《黃氏日抄》卷17讀《禮記四・曾子問第七》，《四庫全書》本，第707冊，第490頁。

〔註332〕《黃氏日抄》卷17讀《禮記四・曾子問第七》，《四庫全書》本，第707冊，第492頁。

〔註333〕《黃氏日抄》卷17讀《禮記四・曾子問第七》，《四庫全書》本，第707冊，第494頁。

〔註334〕《黃氏日抄》卷17讀《禮記四・曾子問第七》，《四庫全書》本，第707冊，第495頁。

〔註335〕《黃氏日抄》卷17讀《禮記四・曾子問第七》，《四庫全書》本，第707冊，第496頁。

《文王世子第八》

成王幼，不能涖阼。周公相，踐阼而治⋯⋯文王之爲世子也：涖以位言，踐以足履言，此輕重之別。〔註336〕

《禮運第九》

言偃復問曰：如此乎禮之急也至天下國家可得而正也：殽，讀如字。〔註337〕

故仕於公曰臣⋯⋯是謂君與臣同國：喪者所宜哀其凶，婚者所宜慶其嘉，故皆期年不使以優之。今反以衰裳入朝，或與家僕雜處，夫國之臣與家之僕雜處，故曰君與臣同國。〔註338〕

故聖人參於天地，並於鬼神，以治政也。處其所存，禮之序也；玩其所樂，民之治也。故天生時而地生財，人其父生而師教之，四者，君以正用之，故君者立於無過之地也：以政本天而殽地，故聖人參於天地以降於祖廟、山川、五祀，故聖人並於鬼神、天地、祖廟、山川、五祀，皆禮之至。理所存，聖人因其所存而處之以定體，是即爲禮之序。道德仁義、興作制度皆民之良心所樂，聖人因其所樂而玩之，且不紊其條理，是即爲民之治。天生時，地生財，人則父生而師教。人君位天地之中，居父師之上，夫何爲哉？以正用之而已。以正用其時奉之而不違，以正用其財理之而不傷，以正用其生厚之而不夭，以正用其教立之而不廢。正用者，順其自然之理而不過，所以立於無過之地。〔註339〕

《禮器第十》

禮有以多爲貴者：天子七廟，諸侯五，大夫三，士一。天子之豆二十有六，諸公十有六，諸侯十有二，上大夫八，下大夫六。諸侯七介、七牢，大夫五介、五牢。天子之席五重，諸侯之席三重，大夫再重，天子崩七月而葬，五重八翣；諸侯五月而葬，三重六翣；大夫三月而葬，再重四翣。此以多爲

〔註336〕《黃氏日抄》卷 18 讀《禮記五・文王世子第八》，《四庫全書》本，第 707 冊，第 502 頁。

〔註337〕《黃氏日抄》卷 18 讀《禮記五・禮運第九》，《四庫全書》本，第 707 冊，第 514 頁。

〔註338〕《黃氏日抄》卷 18 讀《禮記五・禮運第九》，《四庫全書》本，第 707 冊，第 517 頁。

〔註339〕《黃氏日抄》卷 18 讀《禮記五・禮運第九》，《四庫全書》本，第 707 冊，第 518 頁。

貴也：凡此尊者多而卑者少，故曰以多爲貴。〔註340〕

　　君子曰：「甘受和，白受采。忠信之人，可以學禮。苟無忠信之人，則禮不虛道。是以得其人之爲貴也」：質不先立於內，則禮不可行於外，道之爲言行也。〔註341〕

《郊特牲第十一》

　　諸侯不臣寓公，故古者寓公不繼世：寓公，失地之君寄寓於他國者也。以其當南面，故不臣之；以其失地，則不能自紹其先也，故不使繼世。〔註342〕

　　大夫有獻弗親。君有賜不面拜，爲君之答己也：諸侯雖有君道，然亦天子之臣，故於大夫有相答之禮。凡大夫有獻於君及君有賜於大夫，皆託於小臣以出入而不敢親面，慮煩君之答己也。〔註343〕

　　無大夫冠禮，而有其昏禮。古者，五十而後爵，何大夫冠禮之有？諸侯之有冠禮，夏之末造也：禮二十而冠，五十始爲大夫，未有既爲大夫而始冠者，故無冠禮。禮三十而娶，客有不得已而改娶者，故有其昏禮。天子之元子，諸侯之世子，古皆用士冠禮，後有年未及冠而君薨即嗣位者，故夏之末造始有諸侯冠禮。〔註344〕

　　凡祭，愼諸此。魂氣歸於天，形魄歸於地。故祭，求諸陰陽之義也。殷人先求諸陽，周人先求諸陰：此承上文釋求諸陰陽之義。先求陽者，尚聲；先求陰者，尚臭。〔註345〕

《內則第十二》

　　婦事舅姑，如事父母……右佩箴、管、線、纊，施縏帙，大觿、木燧、衿纓、綦屨：針貯以管，線貯以纊。〔註346〕

〔註340〕《黃氏日抄》卷18 讀《禮記五・禮器第十》，《四庫全書》本，第707 冊，第527 頁。

〔註341〕《黃氏日抄》卷18 讀《禮記五・禮器第十》，《四庫全書》本，第707 冊，第535 頁。

〔註342〕《黃氏日抄》卷 19 讀《禮記六・郊特牲第十一》，《四庫全書》本，第 707 冊，第 540 頁。

〔註343〕《黃氏日抄》卷 19 讀《禮記六・郊特牲第十一》，《四庫全書》本，第 707 冊，第 541 頁。

〔註344〕《黃氏日抄》卷 19 讀《禮記六・郊特牲第十一》，《四庫全書》本，第 707 冊，第 548 頁。

〔註345〕《黃氏日抄》卷 19 讀《禮記六・郊特牲第十一》，《四庫全書》本，第 707 冊，第 551 頁。

〔註346〕《黃氏日抄》卷 19 讀《禮記六・內則第十二》，《四庫全書》本，第 707 冊，

在父母舅姑之所，有命之，應唯敬對。進退周旋慎齊，陞降、出入、揖遊，不敢噦噫、嚏咳、欠伸、跛倚、睇視，不敢唾洟。寒不敢襲，癢不敢搔。不有敬事，不敢袒裼，不涉不撅，褻衣衾不見裏。父母唾洟不見，冠帶垢，和灰請漱；衣裳垢，和灰請浣；衣裳綻裂，紉箴請補綴。五日，則燂湯請浴，三日具沐。其間面垢，燂潘請靧；足垢，燂湯請洗。少事長，賤事貴，共帥時：揖讓而遊息也。胃受疾則噦，心受疾則噫，肺受疾則咳，鼻出聲爲嚏。志疲則欠，體疲則伸，偏立爲跛，依物爲倚，傾視爲睇。唾，口津。洟，鼻液。撅，揭衣也。褻衣，衾不見裏，爲其可穢。父母唾洟不見，即刷去之也。手洗曰漱，足洗曰浣。和，漬也。燂，溫也。潘，米瀾也。靧，洗面也。帥，循也。時，是也。噦、噫、嚏、咳則聲不恭，欠、伸、跛、倚、睇視則貌不恭，唾、洟則聲貌皆不恭，故每不敢爲也。不有敬事，如射之類，則不敢袒裼。不因涉水，則不敢揭衣，皆惡其褻也。且子之於親也，衣而寒燠則問之，體之苛癢則搔之。而於己，則寒不敢襲，癢不敢搔，以至父母之唾洟不見而已，則唾洟不敢。請漱浣，請補綴，請靧，請浴之類，無所不用其孝謹之至。〔註347〕

子婦有勤勞之事，雖甚愛之，姑縱之，而寧數休之。子婦未孝未敬，勿庸疾怨，姑教之；若不可教，而後怒之；不可怒，子放婦出，而不表禮焉：子婦有勤勞之事，己雖甚愛念之，姑且縱其爲之，而寧數休之，以彼共爲子婦之職，吾不可以姑息之，愛而奪其當爲之事也。子婦未孝未敬，亦勿庸怒之，姑惟教之，待其子不可教，雖子放婦出，猶爲之隱，不明其犯禮之過也。〔註348〕

適子庶子祇事宗子、宗婦，雖貴富，不敢以貴富入宗子之家，雖眾車徒舍於外，以寡約入。子弟猶歸器衣服裘衾車馬，則必獻其上，而後敢服用其次也。若非所獻，則不敢以入子宗子之門，不敢以貴富加於父兄宗族，若富，則具二牲，獻其賢者於宗子，夫婦皆齊而宗敬焉，終事而後敢私祭：不敢以貴富入宗子之家，不以支臨宗也。終事而後敢私祭，宗之親爲正統，己之親爲旁出也。凡以尊正統而一人心。〔註349〕

第 554 頁。

〔註347〕《黃氏日抄》卷 19 讀《禮記六・內則第十二》，《四庫全書》本，第 707 冊，第 556 頁。

〔註348〕《黃氏日抄》卷 19 讀《禮記六・內則第十二》，《四庫全書》本，第 707 冊，第 557 頁。

〔註349〕《黃氏日抄》卷 19 讀《禮記六・內則第十二》，《四庫全書》本，第 707 冊，

故妾雖老，年未滿五十，必與五日之御。將御者，齊，漱浣，慎衣服，櫛縰笄總，角拂髦，衿纓綦屨。雖婢妾，衣服飲食，必後長者。妻不在，妾御莫敢當夕：將御，必齊漱浣，所以致潔敬。婢妾，衣服飲食必後長者，不以賤廢上下之分。妾御不當夕，避上僭之嫌。〔註350〕

姆先，相曰：「母某敢用時日，祗見孺子。」夫對曰：「欽有帥。」父執子之右手，咳而名之。妻對曰：「記有成。」遂左還授師。子師辯告諸婦諸母名，妻遂適寢：欽有帥，欲有師，教而不敢怠，記有成，欲其成身而不敢忘，執右手，明將授之事。左還授師，順陽道。孩子咳之，則，故謂之孩咳而名之，示若而受其名。〔註351〕

《玉藻第十三》

閏月則闔門左扉，立於其中：扉，門扇。左，陽也，闔其左而由右者，閏非正也。〔註352〕

父命呼，唯而不諾，手執業則投之，食在口則吐之，走而不趨。親老，出不易方，復不過時：唯速於諾，走速於趨。〔註353〕

《喪服小記第十五》

婦當喪而出，則除之。爲父母喪，未練而出，則三年。既練而出。則已。未練而反，則期；既練而反，則遂之：女嫁則恩隆於夫家，被出則恩復隆於父母，得反則恩復隆於夫家。〔註354〕

大夫降其庶子，其孫不降其父。大夫不主士之喪：庶子之子不降其父，猶爲三年卑不可以降尊也。〔註355〕

　　　第559頁。
〔註350〕《黃氏日抄》卷19讀《禮記六·內則第十二》，《四庫全書》本，第707冊，
　　　　　第566頁。
〔註351〕《黃氏日抄》卷19讀《禮記六·內則第十二》，《四庫全書》本，第707冊，
　　　　　第567頁。
〔註352〕《黃氏日抄》卷20讀《禮記七·玉藻第十三》，《四庫全書》本，第707冊，
　　　　　第572頁。
〔註353〕《黃氏日抄》卷20讀《禮記七·玉藻第十三》，《四庫全書》本，第707冊，
　　　　　第586頁。
〔註354〕《黃氏日抄》卷20讀《禮記七·喪服小記第十五》，《四庫全書》本，第707
　　　　　冊，第595頁。
〔註355〕《黃氏日抄》卷20讀《禮記七·喪服小記第十五》，《四庫全書》本，第707
　　　　　冊，第598頁。

與諸侯爲兄弟者服斬：兄弟期喪而服斬衰者，以其爲君也。〔註356〕

《少儀第十七》

適有喪者曰比……聽役於司徒：比，去聲讀。〔註357〕

《學記第十八》

君子既知教之所由興，又知教之所由廢，然後可以爲人師也。故君子之教喻也，道而弗牽，強而弗抑，開而弗達。道而弗牽則和，強而弗抑則易，開而弗達則思。和易以思，可謂善喻矣：喻者，曉譬以義理，即教也。道之使有所嚮而弗牽挽之，使必從，故學之者和。強之使有所勉而弗偪抑之，使必進，故學之者易。開之使有所從入而不豁達之，一旦盡示其所難知，故學之者退而深思。和易以思，人將自得，善喻者如此。〔註358〕

《樂記第十九》

賓牟賈起，免席而請曰：「夫《武》之備戒之已久，則既聞命矣，敢問遲之，遲而又久，何也？」子曰：「居！吾語女。夫樂者，象成者也。總干而山立，武王之事也；發揚蹈厲，大公之志也。《武》亂皆坐，周召之治也。且夫《武》，始而北出，再成而滅商。三成而南，四成而南國是疆；五成而分，周公左，召公右；六成復綴，以崇天子。……則夫武之遲久，不亦宜乎：以崇天子爲句。云兵始出於天子，樂舞既成，復歸綴位以歸尊天子。援《家語》亦曰以崇其天子。〔註359〕

《雜記上第二十》

凡訃於其君，曰：君之臣某死。父、母、妻、長子，曰：君之臣某之某死。君訃於他國之君，曰：寡君不祿，敢告於執事。夫人，曰：寡小君不祿。大子之喪，曰：寡君之適子某死。大夫訃於同國，適者，曰：某不祿。訃於士，亦曰：某不祿；訃於他國之君，曰：君之外臣寡大夫某死。訃於適者，曰：吾子之外私寡大夫不祿，使某實。訃於士，亦曰：吾子之外私寡大夫某

〔註356〕《黃氏日抄》卷20讀《禮記七‧喪服小記第十五》，《四庫全書》本，第707冊，第601頁。

〔註357〕《黃氏日抄》卷20讀《禮記七‧少儀第十七》，《四庫全書》本，第707冊，第606頁。

〔註358〕《黃氏日抄》卷21讀《禮記八‧學記第十八》，《四庫全書》本，第707冊，第619頁。

〔註359〕《黃氏日抄》卷21讀《禮記八‧樂記第十九》，《四庫全書》本，第707冊，第636～637頁。

不祿，使某實。士訃於同國大夫，曰：某死。訃於士，亦曰：某死。訃於他國之君，曰：君之外臣某死。訃於大夫，曰：吾子之外私某死。訃於士，亦曰：吾子之外私某死：訃死而赴告也。士曰不祿，今君與大夫亦同，士稱者，告於他國，謙辭也。告於他國之君，故曰外臣；以他國之臣與死者有恩私，故曰外私。適者謂敵體之人。使某實，謂以實告。〔註360〕

大夫爲其父母、兄弟之未爲大夫者之喪，服如士服。士爲其父母兄弟之爲大夫者之喪，服如士服：喪服以麤者爲重，大夫之喪重於士，故生者貴而死者賤，則其服從死者，嫌若臨之也。生者賤而死者貴，則其服從生者，嫌若僭之也。〔註361〕

大夫之適子，服大夫之服。大夫之庶子爲大夫，則爲其父母服大夫服，其位與未爲大夫者齒。士之子爲大夫，則其父母弗能主也，使其子主之，無子，則爲之置後：大夫之適子雖爲士，得服大夫之服，尊適故也。至於庶子必身爲大夫，然後敢服其服，其位猶與諸子未爲大夫者齒，宗適故也。父爲士，子爲大夫，子死而父母不得主其喪者，士不得攝大夫也。其子得主之者，以其爲適，得服大夫之服也。爲之置後，即亦爲大夫之適子也。〔註362〕

祭稱孝子孝孫，喪稱哀子哀孫：祭所以追養，故稱孝；喪所以哭亡，故稱哀。〔註363〕

《雜記下第二十一》

免喪之外，行於道路，見似目瞿，聞名心瞿。弔死而問疾，顏色戚容必有以異於人也，如此，而後可以服其三年之喪。其餘，則直道而行之，是也：似謂貌似父母，名謂名同父母。瞿，惻隱貌。問弔而哀戚，故必有異於人，發於中者。如此，然後服三年之喪，能情文相稱，其餘直道而行，謂喪之輕者不必若是，其委折也。然三年之喪，發於中心之實，然亦直道也，雖喪之

〔註360〕《黃氏日抄》卷22讀《禮記九・雜記上第二十》，《四庫全書》本，第707冊，第642頁。

〔註361〕《黃氏日抄》卷22讀《禮記九・雜記上第二十》，《四庫全書》本，第707冊，第643頁。

〔註362〕《黃氏日抄》卷22讀《禮記九・雜記上第二十》，《四庫全書》本，第707冊，第643頁。

〔註363〕《黃氏日抄》卷22讀《禮記九・雜記上第二十》，《四庫全書》本，第707冊，第647頁。

輕者，其文亦未嘗無委折於其間。〔註364〕

姑姊妹，其夫死……而附於夫之黨：此言或者之說，非也。〔註365〕

孔子曰：管仲鏤簋管仲鏤簋而朱紘，旅樹而反坫，山節而藻梲。賢大夫也，而難爲上也。晏平仲祀其先人。豚肩不揜豆。賢大夫也，而難爲下也。君子上不僭上，下不偪下：山節，刻山於屋栱。藻梲，畫藻於短柱管仲奢而僭上，晏子簡而偪下。〔註366〕

君子有三患：未之聞，患弗得聞也；既聞之，患弗得學也；既學之，患弗能行也。君子有五恥：居其位，無其言，君子恥之；有其言，無其行，君子恥之；既得之而又失之，君子恥之；地有餘而民不足，君子恥之；眾寡均而倍焉，君子恥之：既得又失，謂進退不能以禮義。倍謂他人之功倍己。〔註367〕

外宗爲君夫人，猶內宗也：外宗，異姓親；內宗，同姓親。爲君皆服斬衰，爲夫人皆齊衰。〔註368〕

內亂不與焉，外患弗闢也：門內之事恩掩義，內亂不與者，所以重恩。門外之事義斷恩，外患弗闢者，所以重義。《公羊傳》曰闢內難而不闢外難。〔註369〕

哀公問子羔曰：「子之食奚當？」對曰：「文公之下執事也」：問其先人始食祿當何代？對以文公之下執事，是始於魯文也。〔註370〕

成廟則釁之，其禮：祝，宗人，宰夫，雍人，皆爵弁純衣。雍人拭羊，宗人視之，宰夫北面，於碑南，東上。雍人舉羊，升屋自中，中屋南面，刲

〔註364〕《黃氏日抄》卷22讀《禮記九‧雜記下第二十一》，《四庫全書》本，第707冊，第653～654頁。

〔註365〕《黃氏日抄》卷22讀《禮記九‧雜記下第二十一》，《四庫全書》本，第707冊，第658頁。

〔註366〕《黃氏日抄》卷22讀《禮記九‧雜記下第二十一》，《四庫全書》本，第707冊，第659頁。

〔註367〕《黃氏日抄》卷22讀《禮記九‧雜記下第二十一》，《四庫全書》本，第707冊，第660頁。

〔註368〕《黃氏日抄》卷22讀《禮記九‧雜記下第二十一》，《四庫全書》本，第707冊，第660頁。

〔註369〕《黃氏日抄》卷22讀《禮記九‧雜記下第二十一》，《四庫全書》本，第707冊，第661頁。

〔註370〕《黃氏日抄》卷22讀《禮記九‧雜記下第二十一》，《四庫全書》本，第707冊，第661頁。

羊，血流於前，乃降……成則釁之以豭豚：廟成而釁，釁者以血。血，陰也。寢成而考，考者飲酒。酒，陽也。〔註371〕

《喪大記第二十二》

凡哭尸於室者，主人二手承衾而哭：承死者之衾而哭，若欲攀援然。〔註372〕

小斂，主人即位於戶內，主婦東面，乃斂。卒斂，主人馮之踊，主婦亦如之。主人袒，說髦，括髮以麻；婦人髽帶麻於房中：髦者，幼時剪髮為之，至年長則垂著兩邊，明事親常有孺子之義。至親死，乃脫之。父喪脫左，母喪脫右。帶麻，謂婦人要絰。〔註373〕

《祭法第二十三》

埋少牢於泰昭……亡其地則不祭：泰昭，《孔叢子》作祖迎。〔註374〕

《祭義第二十四》

是故，先王之孝也，色不忘乎目，聲不絕乎耳，心志者欲不忘乎心。致愛則存，致慤則著。著存不忘乎心，安得不敬乎：色不忘乎目，常若承顏。聲不絕乎耳，常若聽命。心志嗜欲不忘乎心，事死如事生，事亡如事存也。著存則洋洋乎，如在其上，如在其左右，安得不敬乎！〔註375〕

祭日於壇，祭月於坎，以別幽明，以制上下。祭日於東，祭月於西，以別內外，以端其位。日出於東，月生於西。陰陽長短，終始相巡，以致天下之和：日為明，月為幽，壇在上，坎在下。日為陽，在外；月為陰，在內。屬乎陽者皆長，屬乎陰者皆短，一長一短，終則有始相巡，而未始相絕，故足以致天下之和。〔註376〕

〔註371〕《黃氏日抄》卷22 讀《禮記九‧雜記下第二十一》，《四庫全書》本，第707冊，第662頁。

〔註372〕《黃氏日抄》卷22 讀《禮記九‧喪大記第二十二》，《四庫全書》本，第707冊，第664頁。

〔註373〕《黃氏日抄》卷22 讀《禮記九‧喪大記第二十二》，《四庫全書》本，第707冊，第665頁。

〔註374〕《黃氏日抄》卷23 讀《禮記十‧祭法第二十三》，《四庫全書》本，第707冊，第677頁。

〔註375〕《黃氏日抄》卷23 讀《禮記十‧祭義第二十四》，《四庫全書》本，第707冊，第680頁。

〔註376〕《黃氏日抄》卷23 讀《禮記十‧祭義第二十四》，《四庫全書》本，第707冊，第684頁。

聖人以是為未足也，築為宮室，設為宗祧，以別親疏遠邇，教民反古復始，不忘其所由生也。眾之服自此，故聽且速也：宮室謂廟之宮室，宗親而邇者，祧疏而遠者。〔註377〕

二端既立，報以二禮。建設朝事，燔燎羶薌，見以蕭光，以報氣也。此教眾反始也。薦黍稷，羞肝肺首心，見間以俠甒，加以鬱鬯，以報魄也。教民相愛，上下用情，禮之至也：二端，氣為神，魄為鬼也。二禮，朝事報氣，薦黍稷報魄也。朝事，謂朝而事之。羶，天產之臭。薌，地產之臭。染蕭以膟膋，故有羶。和蕭以黍稷，故有薌蕭與膟膋。黍稷併合而見，故曰見以蕭光，光猶氣也。凡此皆以臭為主，而臭為陽，故曰報氣。氣以陽生而有所始，故曰教眾反始也。黍稷以器盛而進，故曰薦。肺肝首心，又各致其美，故曰羞。甒有兩，故曰俠。諸物見於俠甒之間，故曰見間，而又加之以鬱鬯之彝。凡此皆以味為主而味為陰，故曰報魄，魄以陰聚而有所愛，故曰教民相愛也。報氣求陽，是用情於上，報魄求陰，是用情於下。二禮之報，至此無以復加，故曰上下用情，禮之至也。〔註378〕

君子反古復始，不忘其所由生也，不忘其所由生也，是以致其敬，發其情，竭力從事，以報其親，不敢弗盡也：如上報氣、報魄，皆報親之事。〔註379〕

是故，昔者，天子為藉千畝，冕而朱紘，躬秉耒；諸侯為藉百畝，冕而青紘，躬秉耒。以事天地山川社稷先古，以為醴酪齊盛，於是乎取之，敬之至也：藉，籍田。先古，謂先祖，若先聖先師。醴，甘。酪，酸。〔註380〕

曾子曰：樹木以時伐焉，禽獸以時殺焉。夫子曰：「斷一樹，殺一獸，不以其時，非孝也。」孝有三：小孝用力，中孝用勞，大孝不匱。思慈愛忘勞，可謂用力矣。尊仁安義，可謂用勞矣。博施備物，可謂不匱矣。父母愛之，喜而弗忘；父母惡之，懼而無怨。父母有過，諫而不逆；父母既沒，必求仁者之粟以祀之，此之謂禮終：孝之小大，各以其分言也。於親生育之恩，則

〔註377〕《黃氏日抄》卷 23 讀《禮記十‧祭義第二十四》，《四庫全書》本，第 707
　　　　 冊，第 685 頁。
〔註378〕《黃氏日抄》卷 23 讀《禮記十‧祭義第二十四》，《四庫全書》本，第 707
　　　　 冊，第 685 頁。
〔註379〕《黃氏日抄》卷 23 讀《禮記十‧祭義第二十四》，《四庫全書》本，第 707
　　　　 冊，第 685 頁。
〔註380〕《黃氏日抄》卷 23 讀《禮記十‧祭義第二十四》，《四庫全書》本，第 707
　　　　 冊，第 686 頁。

思之而不忘；於己奉養之力則忘之而不思，故曰用力。仁所以愛親，義所以敬親，愛敬盡於事親，故曰用勞。〔註381〕

　　樂正子春下堂而傷其足……壹舉足而不敢忘父母，是故道而不徑，舟而不遊，不敢以先父母之遺體行殆。壹出言而不敢忘父母，是故惡言不出於口，忿言不反於身，不辱其身，不羞其親，可謂孝矣：據《荀子》云行而俯頃，非儡怯也，因以頃爲俯首一頃之間。如其說，則不必改字。道，大陸。徑，邪徑。遊者，浮水而渡。忿言，指在人之言也。惟己之惡，言不出於口，故人之忿言亦不反於身也。〔註382〕

《祭統第二十五》

　　夫祭有十倫焉……此之謂十倫：先後有序，故謂之倫，十倫各見下文。〔註383〕

　　夫祭有畀，煇胞翟閽者，惠下之道也。唯有德之君爲能行此，明足以見之，仁足以與之。畀之爲言與也，能以其餘畀其下者也。煇者，甲吏之賤也；胞者，肉吏之賤者也；翟者，樂吏之賤者也；閽者，守門之賤者也。古者不使刑人守門，此四守者，吏之至賤者也。尸又至尊，以至尊既祭之末，而不忘至賤，而以其餘畀之。是故，明君在上，則竟內之民無凍餒者矣。此之謂上下之際：畀，與也。煇鞾，碟皮革之官。胞即庖人。翟，教羽舞者；閽，主昏閉者。此第十倫見上下之際。〔註384〕

《表記第三十二》

　　子曰：先王諡以尊名，節以壹惠，恥名之浮於行也。是故君子不自大其事，不自尚其功，以求處情；過行弗率，以求處厚；彰人之善而美人之功，以求下賢。是故君子雖自卑，而民敬尊之：節以壹惠，謂死者雖身兼數善，諡者獨取一善而名以節。孝子慈孫惠愛無窮之心，寧使行有餘而名不足，毋寧使名之浮於行也。以求處情，謂不欲虛爲矯飾。情者，實也。行過弗率，

〔註381〕《黃氏日抄》卷23 讀《禮記十・祭義第二十四》，《四庫全書》本，第707冊，第687～688頁。

〔註382〕《黃氏日抄》卷23 讀《禮記十・祭義第二十四》，《四庫全書》本，第707冊，第688頁。

〔註383〕《黃氏日抄》卷23 讀《禮記十・祭統第二十五》，《四庫全書》本，第707冊，第695頁。

〔註384〕《黃氏日抄》卷22 讀《禮記九・祭統第二十五》，《四庫全書》本，第707冊，第697頁。

謂有過即改，不復循行。率者，循也。人之過也，多過於薄，有過而改，故曰以求處厚。〔註385〕

《緇衣第三十三》

子曰有國者章義癉惡……臣儀行，不重辭，不援其所不及，不煩其所不知，則君不勞矣。《詩》云：「上帝板板，下民卒癉。」《小雅》曰：「匪其止共，惟王之邛：臣有可儀之行，皆讀如字。不重辭，不尚言辭也。上帝，喻君。板板，猶反反。共，恭也。邛，窮也。〔註386〕

《奔喪第三十四》

齊衰望鄉而哭，大功望門而哭，小功至門而哭，緦麻即位而哭：服有輕重之別，故哭有遠近之差。言齊衰望鄉而哭，則斬衰不待望鄉而已哭可知。〔註387〕

《服問第三十六》

小功不易喪之練冠，如免，則絰其思緦小功之絰，因其初葛帶。緦之麻，不變小功之葛；小功之麻，不變大功之葛。以有本為稅：凡皆不以輕服變重服也。稅，變易也。麻以有本者為重，故得變易而稅焉。〔註388〕

《儒行第四十一》

儒有合志同方，營道同術：並立則樂，相下不厭；久不相見，聞流言不信；其行本方立義，同而進，不同而退。其交友有如此者：方，鄉也。同，志向也。營道者，經營道藝。同術者，同學術也。並立則樂，謂無忌。心相下不厭謂有遜志，久不相見。聞流言不信，謂相信之篤，不為讒言所動。本方，本於方正。〔註389〕

〔註385〕《黃氏日抄》卷26讀《禮記十三·表記第三十二》，《四庫全書》本，第707冊，第759頁。
〔註386〕《黃氏日抄》卷27讀《禮記十四·緇衣第三十三》，《四庫全書》本，第707冊，第767頁。
〔註387〕《黃氏日抄》卷27讀《禮記十四·奔喪第三十四》，《四庫全書》本，第707冊，第774頁。
〔註388〕《黃氏日抄》卷27讀《禮記十四·服問第三十六》，《四庫全書》本，第707冊，第777～778頁。
〔註389〕《黃氏日抄》卷27讀《禮記十四·儒行第四十一》，《四庫全書》本，第707冊，第789頁。

《射義第四十六》

是故古者天子以射選諸侯、卿、大夫、士。射者，男子之事也，因而飾之以禮樂也。故事之盡禮樂，而可數爲，以立德行者，莫若射，故聖王務焉。是故古者天子之制，諸侯歲獻貢士於天子，天子試之於射宮……未之有夫君臣習禮樂而以流亡者，未之有也：射者，士也。貢士者，諸侯也。或中或否，雖在士而有慶，有讓則在諸侯焉，故曰射者，射爲諸侯也。〔註390〕

孔子射於矍相之圃……修身以俟死者，不，在此位也。蓋去者半，處者半。序點又揚觶而語曰：「好學不倦，好禮不變，旄期稱道不亂者，不，在此位也。」蓋勤有存者：以「者不」爲句，云有如此者否，蓋問詞也。〔註391〕

應鏞《禮記纂義》（佚）

《經義考》著錄應鏞「《禮記纂義》二十卷」，朱氏未經眼〔註392〕，引陳澔語，曰「近世應氏集解於雜記、喪大、小記等篇皆闕而不釋。噫！愼終追遠，其關於人倫世道，非細故而可略哉？」〔註393〕此書已佚，以後諸家書目均未著錄。茲將《黃氏日抄》所引輯佚如下：

《曲禮上第一》

奉席如橋衡。請席何鄉，請衽何趾。席南鄉北鄉，以西方爲上；東鄉西鄉，以南方爲上：橋即橋梁，而衡即橫席，坐席也；衽，臥席也；鄉，面也；趾，足也；上謂席端也。〔註394〕

《曲禮下第二》

問國君之富，數地以對，山澤之所出。問大夫之富，曰有宰食力，祭器衣服不假。問士之富，以車數對，問庶人之富，數畜以對：有宰，謂有采邑之宰；食力，謂食民之賦稅。數地以對，山澤所出，蓋國君制賦有常，惟山澤所產無常，故數其所出以對曰。有宰見其不進猥務，曰食力；見其不爭民利，曰祭器；衣服不假，見其不侈於奉己而厚於奉先。士以車數見命賜之厚，

〔註390〕《黃氏日抄》卷29讀《禮記十六・射義第四十六》，《四庫全書》本，第707冊，第825頁。

〔註391〕《黃氏日抄》卷29讀《禮記十六・射義第四十六》，《四庫全書》本，第707冊，第825～826頁。

〔註392〕朱彝尊《經義考》卷142，乾隆二十年（1755）曝書亭刻本，第5頁。

〔註393〕朱彝尊《經義考》卷142，乾隆二十年（1755）曝書亭刻本，第5頁。

〔註394〕《黃氏日抄》卷14讀《禮記一・曲禮上第一》，《四庫全書》本，第707冊，第358頁。

庶人數畜見畜牧之勤。君子不苟於求富問對之間，有深意寓焉。〔註395〕

《檀弓上第三》

扶君，卜人師扶右，射人師扶左，君薨以是舉：王前巫後，史、卜、筮皆在左右，似不必改。〔註396〕

《檀弓下第四》

穆公問於子思曰：「爲舊君反服，古與？」子思曰：「古之君子，進人以禮，退人以禮，故有舊君反服之禮也。今之君子，進人若將加諸膝，退人若將隊諸淵，毋爲戎首，不亦善乎！又何反服之禮之有：戎首，謂爲他國主兵來攻伐。子思對魯穆公與孟子告齊宣王略相類。蓋世衰道微，君子多虐其臣，彼此之情渙散不屬，故警其君以上下相爲感應之理，若其所以自處不容如是之薄也。〔註397〕

《玉藻第十三》

士於君所言，大夫沒矣，則稱謚若字，名士，與大夫言，名士字大夫：字名，謂字其名，即稱字也。隱其名而稱其謚與字，所以謹分守存謙退，亦體其君尊賢悼往之心。〔註398〕

《喪服小記第十九》

爲父後者爲出母無服。無服也者，喪者不祭故也：適子當祭，不敢爲私喪廢祖父之祭，故不爲出母服。〔註399〕

《學記第十八》

大學始教，皮弁祭菜，示敬道也。宵雅肄三，官其始也，入學鼓篋，孫其業也；夏楚二物，收其威也。未卜禘，不視學，遊其志也。時觀而弗語，存其心也，幼者聽而弗問，學不躐等也。此七者，教之大倫也。《記》曰：「凡

〔註395〕《黃氏日抄》卷14讀《禮記一·曲禮上第二》，《四庫全書》本，第707冊，第382頁。

〔註396〕《黃氏日抄》卷15讀《禮記二·檀弓上第三》，《四庫全書》本，第707冊，第402頁。

〔註397〕《黃氏日抄》卷15讀《禮記二·檀弓下第四》，《四庫全書》本，第707冊，第417頁。

〔註398〕《黃氏日抄》卷20讀《禮記七·玉藻第十三》，《四庫全書》本，第707冊，第582頁。

〔註399〕《黃氏日抄》卷20讀《禮記七·喪服小記第十九》，《四庫全書》本，第707冊，第601頁。

學，官先事，士先志。」其此之謂乎：禘者，春祭之名，此謂比年之學，自正歲始和之後，即講祭菜鼓篋之儀，非待五年亦通。〔註400〕

張載《禮記說》（佚）

張載《禮記說》，朱彝尊未經眼〔註401〕。此書已佚，以後諸家書目均未著錄。茲將《黃氏日抄》所引輯佚如下：

《曲禮上第一》

君命召，雖賤人，大夫士必自御之：奉君命而召，雖所召者賤，使者當親御之。〔註402〕

《檀弓上第三》

孔子少孤，不知其墓……然後得合葬於防：其殯周密如葬，皆得之矣。〔註403〕

孔子之喪，二三子皆絰而出，群居則絰出則否：雖出外亦首絰，門人於孔子然也。若常禮，惟群居則絰，出外則否，舉常禮以明聖門之加厚也。〔註404〕

《月令第六》

中央土，其日戊巳：五氣順布而四時行，木火金水分主四時而土氣則無往而不在，故四時之間戊巳日各有九，先儒謂之寄王焉。火生土，土生金，季夏之末在火金之間，故於此言中央土，此即坤在西南致養之地，間於離兌離火也。兌，金也，坤在其間，中央土也。〔註405〕

《郊特牲第十一》

郊之用辛也，周之始郊日以至：自冬至日以樂降神為郊之始而未祀，既

〔註400〕《黃氏日抄》卷21讀《禮記八・學記第十八》，《四庫全書》本，第707冊，第617頁。
〔註401〕朱彝尊《經義考》卷141，乾隆二十年（1755）曝書亭刻本，第1頁。
〔註402〕《黃氏日抄》卷14讀《禮記一・曲禮上第一》，《四庫全書》本，第707冊，第371頁。
〔註403〕《黃氏日抄》卷15讀《禮記二・檀弓上第三》，《四庫全書》本，第707冊，第389頁。
〔註404〕《黃氏日抄》卷15讀《禮記二・檀弓上第三》，《四庫全書》本，第707冊，第399頁。
〔註405〕《黃氏日抄》卷16讀《禮記三・月令第六》，《四庫全書》本，第707冊，第475～476頁。

降神乃用辛日而祀，故曰迎長一之至。又曰郊之用辛也，周之始交陽以至。
〔註406〕

《學記第十八》

良冶之子，必學爲裘……可以有志於學矣：裘字當爲毬。〔註407〕

《祭法第二十三》

埋少牢於泰昭，祭時也；相近於坎壇，祭寒暑也。王宮，祭日也；夜明，祭月也；幽宗，祭星也；雩宗，祭水旱也；四坎壇，祭四時也。山林、川谷、丘陵，能出雲爲風雨，見怪物，皆曰神。有天下者，祭百神。諸侯，在其地則祭之，亡其地則不祭：相近，讀如字，王宮、夜明以下皆所祭壇名。日月星辰、風雨寒暑無特祭，皆從祀於郊，所謂日於壇，月於坎；日於東，月於西，皆不出祀之兆。言王宮、夜明、幽宗之類，皆指其祭位爾。寒暑無定，暑近日壇，寒近月坎，故曰相近於坎壇，祭寒暑也。注謂相近爲禳祈者，非。〔註408〕

《孔子閒居第二十九》

子夏曰：「民之父母，既得而聞之矣，敢問何謂五至？」孔子曰：「志之所至，詩亦至焉。詩之所至，禮亦至焉。禮之所至，樂亦至焉。樂之所至，哀亦至焉。哀樂相生。是故，正明目而視之，不可得而見也；傾耳而聽之，不可得而聞也；志氣塞乎天地，此之謂五至：詩者，志之所之也，故志之所至，詩亦至焉。興於詩，必立於禮，故詩之所至，禮亦至焉。立於禮，必成於樂，故禮之所至，樂亦至焉。樂極則哀生，故樂之所至，哀亦至焉。五者相因而生，相尋而至，視之而不得見，聽之而不得聞，蓋本於內心之所發，充之則塞乎天地，是爲禮樂之原。〔註409〕

《表記第三十二》

子言之：事君先資其言……子曰：事君大言入則望大利，小言入則望小

〔註406〕《黃氏日抄》卷 19 讀《禮記六・郊特牲第十一》，《四庫全書》本，第 707
冊，第 543 頁。

〔註407〕《黃氏日抄》卷 21 讀《禮記八・學記第十八》，《四庫全書》本，第 707 冊，
第 621 頁。

〔註408〕《黃氏日抄》卷 23 讀《禮記十・祭法第二十三》，《四庫全書》本，第 707
冊，第 677 頁。

〔註409〕《黃氏日抄》卷 24 讀《禮記十一・孔子閒居第二十九》，《四庫全書》本，第
707 冊，第 709 頁。

利；故君子不以小言受大祿，不以大言受小祿。《易》曰「不家食吉」：利非歸己之利，大言入則吾道可大行，是大利也。〔註410〕

《儒行第四十一》

儒有居處齊難。其坐起恭敬，言必先信，行必中正；道塗不爭險易之利，多夏不爭陰陽之和；愛其死以有待也，養其身以有為也。其備豫有如此者：齊者，齊莊。難者，恭慎不爭。陰陽之和，謂寒襖不自擇己便而妨人也。〔註411〕

王安石《禮記》說（佚）

王安石《禮記發明》一卷與《禮記要義》二卷，朱彝尊皆未經眼〔註412〕。此兩書已佚，以後諸家書目均未著錄。茲將《黃氏日抄》所引輯佚如下：

《曲禮上第一》

客若降等，執食興辭，主人興辭於客，然後客坐。主人延客祭，祭食，祭所先進。殽之序，遍祭之。三飯，主人延客食胾，然後辨殽。主人未辨。客不虛口：此據卑客食至，則必興辭以祭，則不敢先舉以胾，則不敢先嘗殽之偏，則不敢先飽。然客之謙，惟恐先乎主人，主人之厚於客，惟恐有所不足，雍容揖遜，愛敬有餘，孰得而少之哉？〔註413〕

弔喪弗能賻……見人弗能館，不問其所舍：惡口惠而實不至也。〔註414〕

《檀弓上第三》

孔子之喪，有自燕來觀者……子何觀焉：言若聖人葬人，庶有異聞，若人之葬聖人，與常人何異而子觀之。〔註415〕

《王制第五》

千里之外，設方伯。五國以為屬，屬有長；十國以為連，連有帥；三十

〔註410〕《黃氏日抄》卷26讀《禮記十三・表記第三十二》，《四庫全書》本，第707冊，第761頁。

〔註411〕《黃氏日抄》卷27讀《禮記十四・儒行第四十一》，《四庫全書》本，第707冊，第787頁。

〔註412〕朱彝尊《經義考》卷141，乾隆二十年（1755）曝書亭刻本，第3頁。

〔註413〕《黃氏日抄》卷14讀《禮記一・曲禮上第一》，《四庫全書》本，第707冊，第361～362頁。

〔註414〕《黃氏日抄》卷14讀《禮記一・曲禮上第一》，《四庫全書》本，第707冊，第367頁。

〔註415〕《黃氏日抄》卷15讀《禮記二・檀弓上第三》，《四庫全書》本，第707冊，第408頁。

國以爲卒，卒有正；二百一十國以爲州，州有伯，八州八伯。五十六正，百六十八帥，三百三十六長。八伯各以其屬，屬於天子之老二人，分天下以爲左右，曰二伯：屬，聯。連，比。卒，伍。州，聚也。正、帥、長，八伯之屬。八伯，又二伯之屬。千里之外設方伯，連、帥故宜有之，五國、十國、三十國亦宜或然，但州必二百一十國，恐不必然也。〔註416〕

《月令第六》

命樂師大合吹而罷：吹者，人氣，故用以迎陽氣。大合吹即罷，可以知其無燕矣。〔註417〕

新安《王氏禮記解》（佚）

新安《王氏禮記解》，朱彝尊未經眼〔註418〕。是書已佚，以後諸家書目均未著錄。茲將《黃氏日抄》所引輯佚如下：

《曲禮上第一》

君車將駕，則僕執策立於馬前。已駕，僕展軨效駕，奮衣由右上取貳綏，跪乘，執策分轡，驅之五步而立。君出就車，則僕並轡授綏。左右攘闢，車驅而騶。至於大門，君撫僕之手，而顧命車右就車。門閭、溝渠必步：馬緩行爲步。〔註419〕

馬晞孟《禮記解》（佚）

《宋史·藝文志》載馬晞孟《禮記解》七十卷〔註420〕。《經義考》著錄馬晞孟《禮記解》，朱氏未經眼，並引朱子之說，曰「方、馬二解，合當參考，僅有好處，不可以其新學而黜之」〔註421〕。是書已佚，以後諸家書目均未著錄。茲將《黃氏日抄》所引輯佚如下：

《曲禮上第一》

長者與之提攜，則兩手奉長者之手。負劍闢咡詔之，則掩口而對：就

〔註416〕《黃氏日抄》卷16讀《禮記三·王制第五》，《四庫全書》本，第707冊，第439頁。

〔註417〕《黃氏日抄》卷16讀《禮記三·月令第六》，《四庫全書》本，第707冊，第487頁。

〔註418〕朱彝尊《經義考》卷142，乾隆二十年（1755）曝書亭刻本，第12頁。

〔註419〕《黃氏日抄》卷14讀《禮記一·曲禮上第一》，《四庫全書》本，第707冊，第370～371頁。

〔註420〕《宋史·藝文志》，中華書局，1977年，第5050頁。

〔註421〕朱彝尊《經義考》卷141，乾隆二十年（1755）曝書亭刻本，第5頁。

而攜之，則捧其手；近而詔之，則掩口而對，皆事長之禮。〔註422〕

《曲禮下第二》

大夫士相見，雖貴賤不敵，主人敬客，則先拜客；客敬主人，則先拜主人：相見貴於相下，相下貴於相見。〔註423〕

《檀弓上第三》

始死，充充如有窮；既殯，瞿瞿如有求而弗得；既葬，皇皇如有望而弗至。練而慨然，祥而廓然：親始死，叫地號天，無所迨及，故曰如有窮。既殯，尸柩不可復見，冀其聲容之彷彿不可得，忽焉失之矣，故如有求而弗得，殯猶在宮。既葬於野則遠矣，入門弗見也，上堂弗見也，入室又弗見也，皇皇無所依託，故如有望而弗至，朞年而練，慨然追想，再朞年而祥，廓然廖寞。凡記孝子容節。〔註424〕

父母之喪，哭無時，使必之其返也：哭者，聲也，聲爲陽，所以能使魂氣之反。〔註425〕

《月令第六》

上丁，命樂正習舞……又命樂正入習樂；用丁者，文明故也。〔註426〕

是月之末，擇吉日，大合樂，天子乃率三公九卿諸侯大夫親往視之：樂，陽聲也。春，陽中也。大合月必待陽中之末，中聲之所正也。〔註427〕

天子命有司祈祀四海大川名源淵澤井泉：盛德在水，故遍祀之。〔註428〕

《文王世子第八》

其朝於公，內朝則東面北上，臣有貴者以齒。其在外朝，則以官，司士

〔註422〕《黃氏日抄》卷14讀《禮記一・曲禮上第一》，《四庫全書》本，第707冊，第356頁。

〔註423〕《黃氏日抄》卷14讀《禮記一・曲禮下第二》，《四庫全書》本，第707冊，第375頁。

〔註424〕《黃氏日抄》卷15讀《禮記二・檀弓上第三》，《四庫全書》本，第707冊，第391～392頁。

〔註425〕《黃氏日抄》卷15讀《禮記二・檀弓上第三》，《四庫全書》本，第707冊，第409頁。

〔註426〕《黃氏日抄》卷16讀《禮記三・月令第六》，《四庫全書》本，第707冊，第467頁。

〔註427〕《黃氏日抄》卷16讀《禮記三・月令第六》，《四庫全書》本，第707冊，第469頁。

〔註428〕《黃氏日抄》卷16讀《禮記三・月令第六》，《四庫全書》本，第707冊，第485頁。

爲之：內朝，路寢之庭；外朝，路寢門之外。庭北上，尊在內也。司士，掌班朝之位。內朝以齒公族有所伸，外朝以官公族有所屈。〔註429〕

《禮運第九》

言偃復問曰：「夫子之極言禮也，可得而聞與？」孔子曰：「我欲觀夏道，是故之杞，而不足徵也，吾得《夏時》焉。我欲觀殷道，是故之宋，而不足徵也，吾得《坤乾》焉。《坤乾》之義，《夏時》之等，吾以是觀之：杞，夏后；宋，殷後。《夏時》，夏四時，書名。《乾坤》，陰陽，書名，以坤爲首。《周官》太卜掌三易，二曰歸藏者，指此。先坤後乾，有交泰之義。《夏時》、《坤乾》二書，皆不行於世，所當闕疑，而以今夏正建寅與《周易》乾坤爲正耳。〔註430〕

《禮器第十》

君子曰無節於內者，觀物弗之察矣。欲察物而不由禮，弗之得矣。故作事不以禮，弗之敬矣；出言不以禮，弗之信矣。故曰：禮也者，物之致也：致，至也。禮者，萬物之極致。〔註431〕

《郊特牲第十一》

旅幣無方，所以別土地之宜，而節遠邇之期也。龜爲前列，先知也，以鍾次之，以和居參之也。虎豹之皮，示服猛也。束帛加璧，往德也：陳也，眾之所陳也。幣，庭寶也。鍾即金。貢金，鑄器爲鍾也。〔註432〕

天地合而後萬物興焉。夫昏禮，萬世之始也。取於異姓，所以附遠厚別也。幣必誠，辭無不腆。告之以直信，信，事人也；信，婦德也。壹與之齊，終身不改。故夫死不嫁：幣以將意，故無不誠。辭以導情，故無不腆。直信者正直誠信，婦人事人者也，事人必以信，故信爲婦德。〔註433〕

〔註429〕《黃氏日抄》卷 18 讀《禮記五·文王世子第八》，《四庫全書》本，第 707 冊，第 507 頁。

〔註430〕《黃氏日抄》卷 18 讀《禮記五·禮運第九》，《四庫全書》本，第 707 冊，第 514 頁。

〔註431〕《黃氏日抄》卷 18 讀《禮記五·禮器第十》，《四庫全書》本，第 707 冊，第 532～533 頁。

〔註432〕《黃氏日抄》卷 19 讀《禮記六·郊特牲第十一》，《四庫全書》本，第 707 冊，第 539 頁。

〔註433〕《黃氏日抄》卷 19 讀《禮記六·郊特牲第十一》，《四庫全書》本，第 707 冊，第 549 頁。

《表記第三十二》

　　子曰下之事上也，雖有庇民之大德，不敢有君民之心，仁之厚也。是故君子恭儉以求役仁，信讓以求役禮。……厥德不回，以受方國：役，爲也，又行也。此言下事上之義。名分一定而上下之禮不可易，故雖有君民之大德，不敢忘事君之小心。〔註434〕

《服問第三十六》

　　傳曰「有從輕而重」，公子之妻爲其皇姑。「有從重而輕」，爲妻之父母。「有從無服而有服」，公子爲其妻之父母：此皆從服，非正服而可變易者也。從輕而重，從無而有，以人情無所嫌而伸之也。從重而輕，從有而無，以人情有所嫌而屈之也。〔註435〕

陸佃《禮記》說（佚）

　　《宋史·藝文志》載陸佃《禮記解》四十卷〔註436〕、《述禮新說》四卷〔註437〕，朱彝尊稱其皆佚〔註438〕。朱說誠是，以後諸家書目均未著錄。茲將《黃氏日抄》所引輯佚如下：

《曲禮上第一》

　　人生而十年曰幼，學；二十曰弱，冠；三十曰壯，有室；四十曰強，而仕；五十曰艾，服官政；六十曰耆，指使；七十曰老，而傳；八十九十曰耄，七年曰悼。悼與耄，雖有罪，不加刑焉。百年曰期，頤：幼學，點幼字爲讀。幼言時，學言事也。其餘弱壯、強艾、耆期字仿此。艾，髮蒼白色，如艾也。耆，稽久之稱，稽久而將入於老也。指使，指事使人也。耄，昏忘。悼，憐愛；期者，人生以百年爲期。頤，養也。〔註439〕

　　將適舍，求毋固將上堂，聲必揚。戶外有二屨，言聞則入，言不聞則不入。將入戶，視必下。入戶奉扃，視瞻毋回；戶開亦開，戶闔亦闔；有後入

〔註434〕《黃氏日抄》卷26讀《禮記十三·表記第三十二》，《四庫全書》本，第707冊，第759頁。

〔註435〕《黃氏日抄》卷27讀《禮記十四·服問第三十六》，《四庫全書》本，第707冊，第777頁。

〔註436〕《宋史·藝文志》，中華書局，1977年，第5049頁。

〔註437〕《宋史·藝文志》，中華書局，1977年，第5050頁。

〔註438〕朱彝尊《經義考》卷141，乾隆二十年（1755）曝書亭刻本，第7頁。

〔註439〕《黃氏日抄》卷14讀《禮記一·曲禮上第一》，《四庫全書》本，第707冊，第353頁。

者，闔而勿遂。毋踐屨，毋踖席，摳衣趨隅。必愼唯諾：奉扃，謂小啓之以兩手奉戶，置扃處也。踐踏，踖躐。隅，角也。唯，應。諾，許也。〔註440〕

《檀弓上第三》

孔子少孤，不知其墓……其愼也，蓋殯也。問於郰曼父之母，然後得合葬於防：愼，讀如字，訓誠。〔註441〕

易墓非古也：易，如字。後世不用昭穆族葬，而別葬親於他所。〔註442〕

子夏既除喪而見，予之琴……先王製禮，不敢不至焉：見，謂見於孔子。二者雖情異，善同俱順禮。商也不敢過師，不敢不至，蓋學之之力也。然《家語》、《詩傳》皆言子夏喪畢，夫子與瑟援琴而弦，衎衎而樂。閔子騫喪畢，夫子與琴援琴而弦，切切而哀，與此不同。〔註443〕

喪事欲其縱縱爾，吉事欲其折折爾……君子蓋猶猶爾：折，讀如字。〔註444〕

子夏問諸夫子曰：居君之母與妻之喪，居處言語飲食衎爾：喪雖輕，惻隱不至則有之，未有居之而樂者。子夏失問，夫子是以不答。〔註445〕

魯哀公誄孔丘曰天下遺耆老，莫相與位焉。嗚呼哀哉，尼父：《左傳》所錄有屏餘一人之語，今記備之如此。〔註446〕

《檀弓下第四》

叔仲皮學子柳……使其妻繐衰而環絰：據文，子柳乃叔仲皮之師，其妻乃皮之妻，妻爲其夫叔仲皮衣斬衰而繆絰，而叔仲衍以告子柳，請以其妻爲兄繐衰而環絰，且言其妻嘗爲吾姊妹，亦服繐衰小功之服。然禮於夫之姑姊

〔註440〕《黃氏日抄》卷14讀《禮記一·曲禮上第一》，《四庫全書》本，第707冊，第356頁。

〔註441〕《黃氏日抄》卷15讀《禮記二·檀弓上第三》，《四庫全書》本，第707冊，第389頁。

〔註442〕《黃氏日抄》卷15讀《禮記二·檀弓上第三》，《四庫全書》本，第707冊，第399頁。

〔註443〕《黃氏日抄》卷15讀《禮記二·檀弓上第三》，《四庫全書》本，第707冊，第400頁。

〔註444〕《黃氏日抄》卷15讀《禮記二·檀弓上第三》，《四庫全書》本，第707冊，第402頁。

〔註445〕《黃氏日抄》卷15讀《禮記二·檀弓上第三》，《四庫全書》本，第707冊，第407頁。

〔註446〕《黃氏日抄》卷15讀《禮記二·檀弓上第三》，《四庫全書》本，第707冊，第411頁。

妹有服，於夫之兄弟無服。仲衍之請，非也。〔註447〕

歲旱，穆公召縣子而問然……市不亦可乎：問然之然，問其所以然。〔註448〕

《王制第五》

天子齋戒受諫……成歲事，制國用：百官齋戒受質，百官各又自受其質也。〔註449〕

《禮運第九》

故天不愛其道，地不愛其寶，人不愛其情……故此順之寶也：天不愛其道，以其道與我；地不愛其寶，以其寶與我；人不愛情，以其情與我。此豈有私與哉？亦以積纍之厚如上所云也，甘露、醴泉而下皆言其證應。〔註450〕

《郊特牲第十一》

鼎俎奇而籩豆偶……所以交於旦明之義也：旦明，指裸獻之時至朝而踐，則象朝時事親所進，則旦當如字，不必改為神也。〔註451〕

鄉人禓，孔子朝服而立於阼，存室神也：禓，讀如陽。謂儺有二名，曰儺，猶襄也，以御陰為義。曰禓，猶禬也，以抗陽為義。〔註452〕

天子大臘八……祭坊與水庸，事也。曰：「土反其宅，水歸其壑，昆蟲毋作，草木歸其澤。」……野夫黃冠。黃冠，草服也：坊，讀為祭坊。及水而以庸事相連，以庸為民功，曰庸之庸。〔註453〕

《內則第十二》

適子庶子祗事宗子宗婦，雖貴富，不敢以貴富入宗子之家，雖眾車徒舍

〔註447〕《黃氏日抄》卷15讀《禮記二‧檀弓下第四》，《四庫全書》本，第707冊，第433～434頁。

〔註448〕《黃氏日抄》卷15讀《禮記二‧檀弓下第四》，《四庫全書》本，第707冊，第434頁。

〔註449〕《黃氏日抄》卷16讀《禮記三‧王制第五》，《四庫全書》本，第707冊，第455頁。

〔註450〕《黃氏日抄》卷18讀《禮記五‧禮運第九》，《四庫全書》本，第707冊，第525頁。

〔註451〕《黃氏日抄》卷19讀《禮記六‧郊特牲第十一》，《四庫全書》本，第707冊，第538頁。

〔註452〕《黃氏日抄》卷19讀《禮記六‧郊特牲第十一》，《四庫全書》本，第707冊，第541頁。

〔註453〕《黃氏日抄》卷19讀《禮記六‧郊特牲第十一》，《四庫全書》本，第707冊，第545頁。

於外，以寡約入。子弟猶歸器衣服裘衾車馬……終事而後敢私祭：以子弟猶歸絕句，云不敢以貴富入宗子之家，以寡約入，雖子弟猶歸其家也。其器服雖吾貴富所有，亦必獻其上者於宗子。〔註454〕

搗珍，取牛羊麋鹿麕之肉必脄，每物與牛若一捶，反側之，去其餌，孰出之，去其皽，柔其肉：餌，煎餌之餌，言嘗以物為餌。〔註455〕

由命士以上及大夫之子……適子庶子食而見，必循其首：言子既見之後，凡旬一見。塚子則未食時先見，適子、庶子則食已乃見，急於正而緩於庶也。循其首者，撫之以示愛。〔註456〕

《玉藻第十三》

君命屈狄，再命褘衣，一命襢衣，士褖衣：褖，如翬音。〔註457〕

天子佩白玉而玄組綬，公侯佩山玄玉而朱組綬，大夫佩水蒼玉而純組綬，世子佩瑜玉而綦組綬，士佩瓀玟而縕組綬，孔子佩象環五寸而綦組綬：純與縕皆如字，純以絲為之，縕以纊為之。〔註458〕

《喪服小記第十五》

報葬者報虞，三月而後卒哭：報，不及期而葬者，報而後知之，故云報葬。即及期，則有會而無報。〔註459〕

陳器之道，多陳之而省納之可也，省陳之而盡納之可也：陳器之道，如其陳之數而納之正也，即雖多陳之而少納之，省陳之而盡納之，禮亦不禁，是之謂可。〔註460〕

緦小功，虞卒哭則免。既葬而不報虞，則雖主人皆冠，及虞則皆免。為

〔註454〕《黃氏日抄》卷19 讀《禮記六・內則第十二》，《四庫全書》本，第707冊，第558〜559頁。

〔註455〕《黃氏日抄》卷19 讀《禮記六・內則第十二》，《四庫全書》本，第707冊，第565頁。

〔註456〕《黃氏日抄》卷19 讀《禮記六・內則第十二》，《四庫全書》本，第707冊，第568頁。

〔註457〕《黃氏日抄》卷20 讀《禮記七・玉藻第十三》，《四庫全書》本，第707冊，第581頁。

〔註458〕《黃氏日抄》卷20 讀《禮記七・玉藻第十三》，《四庫全書》本，第707冊，第583頁。

〔註459〕《黃氏日抄》卷20 讀《禮記七・喪服小記第十五》，《四庫全書》本，第707冊，第597頁。

〔註460〕《黃氏日抄》卷20 讀《禮記七・喪服小記第十五》，《四庫全書》本，第707冊，第600〜601頁。

兄弟既除喪已。及其葬也，反服其服，報虞卒哭則免。如不報虞則除之，遠葬者比反哭者皆冠，及郊而後免反哭：報，告報之報。過時而葬者，禮使後其虞以責子道。〔註461〕

《雜記上第二十》

內子以鞠衣、褒衣、素紗，下大夫以襢衣，其餘如士。復，諸侯以褒衣冕服，爵弁服，夫人稅衣揄狄，狄稅素沙。復西上：內子，卿之適妻。下大夫，謂下大夫之妻。鞠衣，卿妻之衣；褒衣，始爲命婦，見加賜之衣；素紗，若今紗縠，所以裏衣者也。其餘如士謂鞠衣、襢衣之外，其餘褖衣則如士妻之服也。復謂初死時呼之，冀招復其魂魄也。褒衣亦謂諸侯始加賜衣服，褒之言進也。冕服則上公五、侯伯四、子男三；爵弁則爵色之弁也。夫人稅衣揄狄者，言用稅衣上至揄狄，蓋侯伯夫人自揄狄而下，子男夫人自闕狄而下，卿妻自鞠衣而下，大夫妻襢衣而下，士妻稅衣而已。五者之服，惟夫人得備狄稅素沙者，言上自揄狄，下至稅衣，皆用素紗、白縠爲裏。復必西上者，北面而西上，西北皆陰，求諸幽故也。復，欲其生氣之來，故皆用其生時之上衣，多少則各隨其命數。〔註462〕

《雜記下第二十一》

子游曰既祥，雖不當縞者必縞，然後反服：縞，祥祭之服。此言親喪雖既除，猶有他喪未除，今以祥故，無所不用縞，然後反他喪之服。〔註463〕

子柳之母死，相者由左。泄柳死，其徒由右相。由右相，泄柳之徒爲之也：由右相，雖非古亦在，可以然之。域言自某始者，記失禮之始。凡言爲之者，君子亦有取焉，如鑿巾以飯，公羊賈爲之也；由右相，泄柳之徒爲之也，七月而禘，獻子爲之也。〔註464〕

恤由之喪，哀公使孺悲之。孔子學《士喪禮》，《士喪禮》於是乎書：《士喪禮》見《儀禮》。〔註465〕

〔註461〕《黃氏日抄》卷20讀《禮記七・喪服小記第十五》，《四庫全書》本，第707冊，第601～602頁。

〔註462〕《黃氏日抄》卷22讀《禮記九・雜記上第二十》，《四庫全書》本，第707冊，第644頁。

〔註463〕《黃氏日抄》卷22讀《禮記九・雜記下第二十一》，《四庫全書》本，第707冊，第654頁。

〔註464〕《黃氏日抄》卷22讀《禮記九・雜記下第二十一》，《四庫全書》本，第707冊，第658頁。

〔註465〕《黃氏日抄》卷22讀《禮記九・雜記下第二十一》，《四庫全書》本，第707

《喪大記第二十二》

君裹槨虞筐，大夫不裹槨，士不虞筐：裹槨，裹其內；虞筐，虞其外。〔註466〕

《祭義第二十四》

古者，天子諸侯必有養獸之官。及歲時，齊戒沐浴而躬朝之。犧牷祭牲，必於是取之，敬之至也。君召牛，納而視之，擇其毛而卜之，吉，然後養之。君皮弁素積，朔月，月半，君巡牲，所以致力，孝之至也：始養，言獸。召而視之，言牛。巡言牲，犧言色之純，牷言體之完。躬朝之者，謂人君齋戒沐浴，躬受養獸官之朝。〔註467〕

天子巡守，諸侯待於竟。天子先見百年者。八十九十者東行，西行者弗敢過，西行東行者弗敢過。欲言政者，君子就之可也：不敢過，即上文所謂車徒闕。〔註468〕

《哀公問第二十七》

公曰寡人固！不固焉……禮其政之本與：以寡人固為句。〔註469〕

《投壺第四十》

魯令弟子辭曰：毋憮，毋敖，毋偝立，毋踰言，偝立踰言，有常爵。薛令弟子辭曰：毋憮，毋敖，毋踰言，若是者浮。魯，同姓之親；薛，異姓之親。記魯，令著所以待同姓之禮；記薛，令著所以待異姓之禮。〔註470〕

《儒行第四十一》

儒有上不臣天子，下不臣諸侯；慎靜而尚寬，強毅以與人，博學以知服……其規為有如此者：以博學以知為句。〔註471〕

冊，第660頁。

〔註466〕《黃氏日抄》卷22 讀《禮記九·喪大記第二十二》，《四庫全書》本，第707冊，第675頁。

〔註467〕《黃氏日抄》卷23 讀《禮記十·祭義第二十四》，《四庫全書》本，第707冊，第686頁。

〔註468〕《黃氏日抄》卷23 讀《禮記十·祭義第二十四》，《四庫全書》本，第707冊，第690頁。

〔註469〕《黃氏日抄》卷24 讀《禮記十一·哀公問第二十七》，《四庫全書》本，第707冊，第704頁。

〔註470〕《黃氏日抄》卷27 讀《禮記十四·投壺第四十》，《四庫全書》本，第707冊，第786頁。

〔註471〕《黃氏日抄》卷27 讀《禮記十四·儒行第四十一》，《四庫全書》本，第707

《射義第四十六》

孔子射於瞿相之圃……又使公罔之裘，序點，揚觶而語。公罔之裘揚觶而語曰：「幼壯孝弟，耆耋好禮，不從流俗，修身以俟死者，不，在此位也。」蓋去者半，處者半。序點又揚觶而語曰：「好學不倦，好禮不變，旄期稱道不亂者，不，在此位也。」蓋勤有存者：揚觶將以飲不勝者。《鄉射》云不勝者進北面，坐，取豐上之觶，立，卒觶是也，唯賢者發而不失正鵠，故曰不在此位。位，指不勝而飲觶之位也。聞公罔之裘之言而去者，蓋不能保其必勝而先去也，故曰發而不失正鵠者，唯賢者乎？若夫不肖之人，則彼將安能中公罔之裘。揚觶蓋以待初射之用，序點又揚觶，蓋以待再射之用。《鄉射》曰設豐實觶如施之，此當序點所揚之觶也。夫禮必再射以備幸中，故序點所言又進於公罔之裘一等。〔註472〕

《聘義第四十八》

子貢問於孔子曰……孚尹旁達，信也；氣如白虹，天也；精神見於山川，地也；圭璋特達，德也。天下莫不貴者，道也，《詩》云：「言念君子，溫其如玉。」故君子貴之也：孚，信也；尹，正也。〔註473〕

賈蒙《禮記輯解》（佚）

《經義考》著錄賈蒙《禮記輯解》，引《天台縣志》之說，曰「賈蒙，字正叔，著《禮記輯解》，視衛湜、岳珂為要，舊有抄本在儀真，見《黃氏書錄》」〔註474〕。《黃氏書錄》，即指《黃氏日抄》。《黃氏日抄》讀《禮記》序，曰「天台賈蒙繼之（衛湜、岳珂），始選取二十六家，視衛、岳為要，而其採取亦互有不同。其書又惟儀真郡學有錄本，世罕得其傳」〔註475〕。是書已佚，以後諸家書目均未著錄。茲將《黃氏日抄》所引輯佚如下：

《內則第十二》

凡養老，有虞氏以燕禮……周人冕而祭，玄衣而養老：記王制有此，此

　　冊，第789頁。

〔註472〕《黃氏日抄》卷29讀《禮記十六·射義第四十六》，《四庫全書》本，第707冊，第825～826頁。

〔註473〕《黃氏日抄》卷29讀《禮記十六·聘義第四十八》，《四庫全書》本，第707冊，第832頁。

〔註474〕朱彝尊《經義考》卷142，乾隆二十年（1755）曝書亭刻本，第11頁。

〔註475〕《黃氏日抄》卷14讀《禮記一》，《四庫全書》本，第707冊，第350頁。

與《王制》文略異。凡自七十以上與凡父母在，子雖老不坐，是也。〔註476〕

《玉藻第十三》

　　肆束及帶，勤者有事則收之，走則擁之：天子素帶朱裏終辟而素代終辟（而衍字。諸侯字，疑脱。）大夫素帶辟垂，練帶率下辟，居士錦帶，弟子縞帶，並紐約，用組三寸，長齊於帶。紳長制，士三尺，有司二尺有五寸。子游曰：三分帶下，紳居二焉，紳韠結三齊。大夫大帶四寸，雜帶。君朱綠，大夫玄華，士緇辟，二寸，再繚四寸。凡帶，有率無箴功。肆束及帶，勤者有事則收之，走則擁之。〔註477〕

《雜記下第二十一》

　　凡侍祭喪者，告賓祭薦而不食：侍祭喪，謂相禮者。薦，謂脯醢。祭薦，謂祭以脯醢也。凡吉祭，則告賓祭薦，既祭而食之。喪祭不主飲食，故相告者告賓，但祭其薦而不食。〔註478〕

　　當袒，大夫至，雖當踊至不改成踊：此謂士有喪，當袒踊。而大夫來弔，則絕踊而拜之。士來弔，則成踊而後拜。〔註479〕

《喪大記第二十二》

　　袍必有表，不禪，衣必有裳，謂之一稱：袍必有表，內外相稱；衣必有裳，上下相稱。〔註480〕

《祭法第二十三》

　　祭法：有虞氏禘黃帝而郊嚳，祖顓頊而宗堯。夏后氏亦禘黃帝而郊鯀，祖顓頊而宗禹。殷人禘嚳而郊冥，祖契而宗湯。周人禘嚳而郊稷，祖文王而宗武王：堯禪舜，舜禪禹，其禪一也。虞既宗堯，夏乃不宗舜。舜生於瞽瞍，禹生於鯀，其生一也。夏既郊鯀，虞乃不郊瞽瞍。虞夏，商所祖者，廟之太

〔註476〕《黃氏日抄》卷19讀《禮記六·內則第十二》，《四庫全書》本，第707冊，第563頁。

〔註477〕《黃氏日抄》卷20讀《禮記七·玉藻第十三》，《四庫全書》本，第707冊，第583～584頁。

〔註478〕《黃氏日抄》卷22讀《禮記九·雜記下第二十一》，《四庫全書》本，第707冊，第652頁。

〔註479〕《黃氏日抄》卷22讀《禮記九·雜記下第二十一》，《四庫全書》本，第707冊，第654頁。

〔註480〕《黃氏日抄》卷22讀《禮記九·喪大記第二十二》，《四庫全書》本，第707冊，第669頁。

祖，周所祖者，乃不以廟之太祖。后稷而以文王意起。〔註481〕

《中庸第三十一》

天命之謂性，率性之謂道，修道之謂教：天命即天道也，以其化育流行，賦與萬物，故謂之命。萬物稟而受，則謂之性。蓋無一理之不具，而一毫人欲之私未有興焉。語其大目則仁、義、禮、智是也。率，循也，循其性之自然而不雜乎人欲之私，是之謂道，若君臣、父子、夫婦、兄弟、朋友之倫，與凡事物當然之理是也。修，品節之也。聖人修道以教天下，使之遏人欲、存天理，是所謂教，禮、樂、刑、政，皆其具也。〔註482〕

《表記第三十二》

子曰無辭不相接也……再三瀆，瀆則不告：自「君子隱而顯」至此為一章，大指皆言敬。〔註483〕

仁者右也，道者左也……考道以為無失：自「仁者，天下之表」至此一章，皆泛論仁義。〔註484〕

是故君子服其服，則文以君子之容……子不稱其服：此章自「仁有數」至此，言仁之難成，惟君子勉之有道，則不難成。〔註485〕

子言之曰後世雖有作者……其孰能如此乎：自「君子之所謂仁者，其難乎」至此，言君子之仁兼乎尊親，然後可以為民父母，因歷言四代之道。〔註486〕

子曰君子不以口譽人……子曰情欲信，辭欲巧：自「君子不以辭盡人」至此，皆言接人之義。〔註487〕

〔註481〕《黃氏日抄》卷 23 讀《禮記十・祭法第二十三》，《四庫全書》本，第 707 冊，第 676～677 頁。

〔註482〕《黃氏日抄》卷 25 讀《禮記十二・中庸第三十一》，《四庫全書》本，第 707 冊，第 721～722 頁。

〔註483〕《黃氏日抄》卷 26 讀《禮記十三・表記第三十二》，《四庫全書》本，第 707 冊，第 755 頁。

〔註484〕《黃氏日抄》卷 26 讀《禮記十三・表記第三十二》，《四庫全書》本，第 707 冊，第 757 頁。

〔註485〕《黃氏日抄》卷 26 讀《禮記十三・表記第三十二》，《四庫全書》本，第 707 冊，第 758～759 頁。

〔註486〕《黃氏日抄》卷 26 讀《禮記十三・表記第三十二》，《四庫全書》本，第 707 冊，第 761 頁。

〔註487〕《黃氏日抄》卷 26 讀《禮記十三・表記第三十二》，《四庫全書》本，第 707 冊，第 763 頁。

子曰君子敬則用祭器……下不黷於上：此章自「昔三代明王」至此，言事天、事君至敬而不敢黷，故有卜筮，因言卜筮之用。〔註488〕

《服問第三十六》

君所主，夫人、妻、大子適婦。大夫之適子為君，夫人，大子，如士服。君之母，非夫人，則群臣無服。唯近臣及僕驂乘從服，唯君所服，服也：夫人、大子、適婦，三者國之所重，故君特為之主喪。夫人即妻，又曰妻者，以見大夫以下，亦然也。大夫之適子為君，夫人、大子有服者，諸侯之子世襲，故遠嫌不敢為天子服，大夫之子不世襲無嫌，故可為諸侯服也。如士服，期服也。君母，非夫人，其臣不為之服，惟僕御從之服，適庶之辨也。〔註489〕

《喪服四制第四十九》

凡禮之大體，體天地，法四時……仁義禮智，人道具矣：四制謂喪服之中有以恩制、義制、節制、權制四者之別。〔註490〕

譚惟寅《中庸義》（佚）

《經義考》著錄譚惟寅《中庸義》，朱彝尊稱其已佚〔註491〕。朱說誠是，以後諸家書目均未著錄。茲將《黃氏日抄》所引輯佚如下：

《中庸第三十一》

其次致曲……唯天下至誠為能化：曲，致其委曲，非直造徑造之謂也。

〔註492〕

倪思《中庸集義》（佚）

《宋史・藝文志》著錄倪思《中庸集義》一卷〔註493〕，朱彝尊稱其已佚

〔註488〕《黃氏日抄》卷26讀《禮記十三・表記第三十二》，《四庫全書》本，第707冊，第764頁。

〔註489〕《黃氏日抄》卷27讀《禮記十四・服問第三十六》，《四庫全書》本，第707冊，第778頁。

〔註490〕《黃氏日抄》卷29讀《禮記十六・喪服四制第四十九》，《四庫全書》本，第707冊，第832頁。

〔註491〕朱彝尊《經義考》卷152，乾隆二十年（1755）曝書亭刻本，第2頁。

〔註492〕《黃氏日抄》卷25讀《禮記十二・中庸第三十一》，《四庫全書》本，第707冊，第742頁。

〔註493〕《宋史・藝文志》，中華書局，1977年，第5051頁。

〔註494〕。朱說誠是，以後諸家書目均未著錄。茲將《黃氏日抄》所引輯佚如下：

《中庸第三十一》

衽金革，死而不厭，北方之強也，而強者居之：衽，衣衿也。金，鐵也。革，皮也。以皮聯鐵為衣甲，被之於身，如衣衿然，故曰衽。〔註495〕

劉彝《禮記中義》（佚）

朱彝尊稱劉彝《禮記中義》四十卷已佚〔註496〕。朱說誠是，以後諸家書目均未著錄。茲將《黃氏日抄》所引輯佚如下：

《文王世子第八》

凡祭與養老，乞言合語之禮，皆小樂正詔之於東序：合語，禮在後，此君臣所以合同而誠意所以浹洽然，則合語殆親密歓語之意。〔註497〕

《內則第十二》

男不言內，女不言外……外內不共井，不共湢浴，不通寢席，不通乞假。男女不通衣裳……夜行以燭，無燭則止。道路，男子由右，女子由左：湢，浴室。男子由右，地道尊也，此言男女遠嫌防微之禮。〔註498〕

《玉藻第十三》

至於八月不雨，君不舉。年不順成，君衣布搢本，關梁不租，山澤列而不賦，土功不興，大夫不得造車馬焉：衣布，謂若衛文公大布之衣。搢本，謂天子之笏名珽，諸侯之笏名荼，士竹笏，其本飾之以象。今以凶年，自貶去珽、荼佩、士笏而但搢插其竹，本無象飾也。列言遮列，但遮列使不得非時而取，而不取其賦也。《春秋》書正月至於七月不雨，見咎徵也。《三傳》不達聖人之意，乃曰不為災，故不書。旱豈有不雨者七月而不為災？此曰至於八月不雨，君不舉者，後儒惑於《三傳》也，不然，則誤且謬矣。〔註499〕

〔註494〕朱彝尊《經義考》卷152，乾隆二十年（1755）曝書亭刻本，第9頁。

〔註495〕《黃氏日抄》卷25讀《禮記十二・中庸第三十一》，《四庫全書》本，第707冊，第726頁。

〔註496〕朱彝尊《經義考》卷141，乾隆二十年（1755）曝書亭刻本，第3頁。

〔註497〕《黃氏日抄》卷18讀《禮記五・文王世子第八》，《四庫全書》本，第707冊，第503頁。

〔註498〕《黃氏日抄》卷19讀《禮記六・內則第十二》，《四庫全書》本，第707冊，第556頁。

〔註499〕《黃氏日抄》卷20讀《禮記七・玉藻第十三》，《四庫全書》本，第707冊，

《少儀第十七》

事君者量而後入，不入而後量。凡乞假於人，爲人從事者亦然。然，故上無怨而下遠罪也：量，謂度己之才與君之德。乞假、從事，皆量可知。〔註500〕

項安世《中庸說》（佚）

《宋史·藝文志》著錄項安世《中庸說》一卷〔註501〕，朱彝尊未經眼〔註502〕。是書已佚，以後諸家書目均未著錄。茲將《黃氏日抄》所引輯佚如下：

《內則第十二》

舅沒則姑老，冢婦所祭祀賓客，每事必請於姑，介婦請於冢婦。舅姑使冢婦毋怠，不友無禮於介婦。舅姑若使介婦，毋敢敵耦於冢婦，不敢並行，不敢並命，不敢並坐：以「使冢婦無怠不友無禮於介婦」通爲一句。怠也，不友也，無禮也，皆已毋字統之。〔註503〕

十有五年而笄……凡女拜，尚右手：鄭氏注《周禮》肅拜云，若今婦人擪，蓋古之拜如今之揖，折腰而已。介冑之士不拜，故以肅爲禮，以其不可以折腰也。然則其儀特斂手向身，微作曲勢耳！鄭氏所謂擪者，蓋如此，此正令時婦人揖禮也。據鄭氏說，則漢時婦人之拜不過如此。或者乃謂唐武氏始尊婦人，不令拜伏，則妄矣。周天元令婦拜天台作男子拜，則雖外國婦人舊亦不作男子拜也，況古者男子之拜但如今人之揖，則婦人之拜安得已如今之伏？大抵今之男子以古男子之拜爲揖，故其拜也加以跪伏爲稽顙之容。今之婦人亦以古婦人之拜爲揖，故其拜也加拳曲作虛坐之勢，此經言尚右手者。特言斂手右向，如孔子拱而尚右之尚，非若今人用手按膝作跪也。男之尚左亦然。古跪自是一禮，與拜、與伏不相干。〔註504〕

第 573 頁。

〔註500〕《黃氏日抄》卷20讀《禮記七·少儀第十七》，《四庫全書》本，第707冊，第 609 頁。

〔註501〕《宋史·藝文志》，中華書局，1977年，第5052頁。

〔註502〕朱彝尊《經義考》卷152，乾隆二十年（1755）曝書亭刻本，第9頁。

〔註503〕《黃氏日抄》卷19讀《禮記六·內則第十二》，《四庫全書》本，第707冊，第 558 頁。

〔註504〕《黃氏日抄》卷19讀《禮記六·內則第十二》，《四庫全書》本，第707冊，第 570 頁。

《祭法第二十三》

祭法：有虞氏禘黃帝而郊嚳……祖文王而宗武王：此經生用其師說推次而上，非必有明文可據。《禮記》文體如此者多，如有虞氏官五十，夏百，殷二百，周三百，亦是以數相推，考實難矣。〔註505〕

《祭義第二十四》

先王之所以祭天下者五……是故，至孝近乎王，至弟近乎霸。至孝近乎王，雖天子，必有父，至弟近乎霸，雖諸侯，必有兄。先王之教，因而弗改，所以領天下國家也：近王，近霸。〔註506〕

崔靈恩《三禮義宗》（佚）

《隋書・經籍志》著錄崔靈恩《三禮義宗》三十卷〔註507〕，《宋史・藝文志》著錄爲三十卷〔註508〕，朱彝尊稱其已佚，下引王方慶說，曰「梁崔靈恩撰《三禮義宗》，但捃摭前儒，因循故事」〔註509〕。是書已佚，以後諸家書目均未著錄。茲將《黃氏日抄》所引輯佚如下：

《郊特牲第十一》

卜郊，受命於祖廟……太廟之命，戒百姓也：卜日以至日爲主，不吉，乃用他日。〔註510〕

呂祖謙《禮記詳節》（佚）

《經義考》著錄呂祖謙《禮記詳節》，朱彝尊稱其已佚〔註511〕。朱說誠是，以後諸家書目均未著錄。茲將《黃氏日抄》所引輯佚如下：

《內則第十二》

五帝憲，三王乞言：憲者，瞻儀容，觀起居，不待乞言，三王則從容欸

〔註505〕《黃氏日抄》卷 23 讀《禮記十・祭法第二十三》，《四庫全書》本，第 707 冊，第 676 頁。

〔註506〕《黃氏日抄》卷 23 讀《禮記十・祭義第二十四》，《四庫全書》本，第 707 冊，第 683 頁。

〔註507〕《隋書・經籍志》，中華書局，1973 年，第 924 頁。

〔註508〕《宋史・藝文志》，中華書局，1977 年，第 5048 頁。

〔註509〕朱彝尊《經義考》卷 163，乾隆二十年（1755）曝書亭刻本，第 2 頁。

〔註510〕《黃氏日抄》卷 19 讀《禮記六・郊特牲第十一》，《四庫全書》本，第 707 冊，第 543 頁。

〔註511〕朱彝尊《經義考》卷 142，乾隆二十年（1755）曝書亭刻本，第 2 頁。

曲忠敬誠愨。〔註 512〕

凡養老，五帝憲，三王有乞言。五帝憲，養氣體而不乞言，有善則記之爲惇史。三王亦憲，既養老而後乞言，亦微其禮，皆有惇史：憲，法也。惇，厚也。五帝憲，謂朝夕與老者親炙，其仁義之容、道德之光，自得於觀感不言之際。至三王始有乞言之禮，然五帝雖止從容養其氣體，未嘗乞言；偶有善言，亦記之於惇史。三王雖乞言，亦憲法，其動容之間，至於乞言，亦不敢以迫切耗其氣，須從容款曲伺間乘暇，開端發問而微其禮焉，所得之言亦皆有惇史以記之焉。古者之史不一。閫內者曰女史，朝廷者曰國史。若惇史，則記載養老之史，取惇厚之義。〔註 513〕

《大傳第十六》

牧之野，武王之大事也……不以尊臨卑也：不以卑臨尊，此漢儒之說而非追王之本意。大王、王季、文王乃武王之祖父，豈待追王而後尊？雖未追王而以祖父下臨其子孫，亦豈得謂之卑臨尊？蓋三王皆肇基之主而追王之，且尊歸於祖父，亦理之當然耳！〔註 514〕

《學記第十八》

此七者，教之大倫也：九分是動容周旋，灑掃應對，一分在誦說。今全在誦說，了無涵蓄工夫，皆反本之論。〔註 515〕

學者有四失，教者必知之。人之學也，或失則多，或失則寡，或失則易，或失則止。此四者，心之莫同也。知其心，然後能救其失也。教也者，長善而救其失者也：或失則多才，有餘者或失則寡才，不足者或失則易，俊快者或失則止。鈍，滯者。〔註 516〕

《中庸第三十一》

致中和，天地位焉，萬物有焉：自其天地之位而以中言之，自其萬物之

〔註 512〕《黃氏日抄》卷 40 讀《本朝諸儒理學書八·東萊先生文集》，《四庫全書》本，第 708 冊，第 169～170 頁。

〔註 513〕《黃氏日抄》卷 19 讀《禮記六·內則第十二》，《四庫全書》本，第 707 冊，第 564 頁。

〔註 514〕《黃氏日抄》卷 20 讀《禮記七·大傳第十六》，《四庫全書》本，第 707 冊，第 602～603 頁。

〔註 515〕《黃氏日抄》卷 40 讀《本朝諸儒理學書八·東萊先生文集》，《四庫全書》本，第 708 冊，第 169～170 頁。

〔註 516〕《黃氏日抄》卷 21 讀《禮記八·學記第十八》，《四庫全書》本，第 707 冊，第 619 頁。

育而以和言之，朱氏如此區別，固未見有害也。深觀其所來，則天地之所以位，萬物之所以育，蓋有不可析者。子思曰致中和，天地位焉，萬物育焉。〔註517〕

李格非《禮記精義》（佚）

《宋史‧藝文志》著錄李格非《禮記精義》十六卷〔註518〕，朱彝尊未經眼，又引衛湜說，曰：「李文叔《精義》就《曲禮》、《檀弓》、《王制》、《喪服小記》、《大傳》、《少儀》、《學記》、《樂記》、《雜記》、《喪大記》、《祭法》十一篇中，隨所見爲之義」〔註519〕。朱說誠是，以後諸家書目均未著錄。茲將《黃氏日抄》所引輯佚如下：

《王制第五》

凡執禁以齊眾，不赦過。有圭璧金璋，不粥於市。命服命車，不粥於市。宗廟之器，不粥於市。犧牲不粥於市。戎器不粥於市。用器不中度，不粥於市。兵車不中度，不粥於市。布帛精粗不中數，幅廣狹不中量，不粥於市。奸色亂正色，不粥於市。錦文珠玉成器，不粥於市。衣服飲食，不粥於市。五穀不時，果實未熟，不粥於市。木不中伐，不粥於市。禽獸魚鱉不中殺，不粥於市。關執禁以譏，禁異服，識異言：禁以齊眾，犯而赦之，則犯者多，故雖過亦不赦。圭璧至戎器，上所用在私者，粥則慢。禮用器，至正色，上所制，違制者粥則亂政。錦文至飲食，粥則靡俗。五穀不時至禽魚不中殺，粥則傷物，故治市之法皆禁之。關者，市物所由入之門，故先譏呵之，並出入之異言、異服者。〔註520〕

陳祥道《禮記講義》（佚）

朱彝尊《經義考》著錄陳祥道《禮記講義》二十四卷，稱未經眼〔註521〕。此書已佚，以後諸家書目均未著錄。茲將《黃氏日抄》所引輯佚如下：

〔註517〕《黃氏日抄》卷25讀《禮記十二‧中庸第三十一》，《四庫全書》本，第707冊，第723頁。

〔註518〕《宋史‧藝文志》，中華書局，1977年，第5050頁。

〔註519〕朱彝尊《經義考》卷141，乾隆二十年（1755）曝書亭刻本，第3頁。

〔註520〕《黃氏日抄》卷16讀《禮記三‧王制第五》，《四庫全書》本，第707冊，第454頁。

〔註521〕朱彝尊《經義考》卷141，乾隆二十年（1755）曝書亭刻本，第4頁。

《曲禮上第一》

夫禮者所以定親疏，決嫌疑，別同異，明是非也：兩物相似爲疑，以此兼彼爲嫌。〔註522〕

侍坐於長者，屨不上於堂，解屨不敢當階。就屨，跪而舉之，屏於側。鄉長者而屨，跪而遷屨，俯而納屨：解屨必屏於側；取屨必隱闢；納屨而向長者，遷之必跪；納之必俯，則屨之脫納，皆有儀矣。〔註523〕

《曲禮下第二》

死曰薨，復曰某甫矣。既葬見天子曰類見。言諡曰類：復曰某甫，呼其字以招魂，冀復生也。既葬見天子與請諡，皆曰類，以非朝聘之常，故謂之類，如祀天而非郊者曰類於上帝之類，故古注以類爲象。〔註524〕

凡祭，有其廢之莫敢舉也……淫祀無福：謹常祀而毋瀆禮。〔註525〕

生曰父曰母曰妻，死曰考曰妣曰嬪。壽考曰卒，短折曰不祿：嬪，婦人有法度者之稱。早死曰短，中絕曰折。生主親，死主敬，老而死則盡也，少而死不幸。〔註526〕

《檀弓上第三》

孔子曰拜而後稽顙……三年之喪，吾從其至者：拜而後稽顙，先致敬也；稽顙而後拜，先致哀也。三年之喪，當先稽顙。〔註527〕

晉獻公將殺其世子申生，公子重耳謂之曰：「子蓋言子之志於公乎？」世子曰：「不可，君安驪姬，是我傷公之心也。」曰：「然則蓋行乎？」世子曰：「不可，君謂我欲弒君也，天下豈有無父之國哉！吾何行如之？」使人辭於狐突曰：「申生有罪，不念伯氏之言也，以至於死，申生不敢愛其死。

〔註522〕《黃氏日抄》卷14讀《禮記一·曲禮上第一》，《四庫全書》本，第707冊，第352頁。

〔註523〕《黃氏日抄》卷14讀《禮記一·曲禮上第一》，《四庫全書》本，第707冊，第360頁。

〔註524〕《黃氏日抄》卷14讀《禮記一·曲禮下第二》，《四庫全書》本，第707冊，第379頁。

〔註525〕《黃氏日抄》卷14讀《禮記一·曲禮下第二》，《四庫全書》本，第707冊，第382頁。

〔註526〕《黃氏日抄》卷14讀《禮記一·曲禮下第二》，《四庫全書》本，第707冊，第383頁。

〔註527〕《黃氏日抄》卷15讀《禮記二·檀弓上第三》，《四庫全書》本，第707冊，第388頁。

雖然，吾君老矣，子少，國家多難，伯氏不出而圖吾君，伯氏苟出而圖吾君，申生受賜而死」。再拜稽首，乃卒。是以爲共世子也：驪姬，獻公所獲驪戎女。申生母早卒，驪姬嬖焉。重耳，申生異母弟，後立爲晉文公。狐突，申生之傅，舅犯之父。子少謂驪姬之子。奚齊不出，謂狐突自伐皋落氏，反後懼而稱疾。驪姬欲立其子奚齊，故譖世子申生，將殺之，重耳勸其自辨，又勸其行，皆不肯而縊，諡曰恭。諡法：敬順事上曰恭。申生於親可言而不言，懼傷公之心，於義可逃而不逃，謂天下豈有無父之國？以至忘其躬之不閱而且卹其國之多難，可謂恭矣，然不免陷父於不義，故未得爲孝。〔註528〕

曾子寢疾，病……反席位安而沒：童子以其非禮而發問，事師以義也。曾元見其疾革而不忍易，事父以恩也。曾子必易簀而即沒，雖死猶勤於禮也。瞿然而呼者，意曾子聞童子之言而吹氣有歎而然之之意，再曰華而睆。與童子又言之以答曾子，曾子即命曾元起易之也。〔註529〕

《王制第五》

天子三公、九卿、二十七大夫、八十一元士：孔子聞郯子之言，謂天子失官，學在四夷，猶信孟子答北宮錡之問，謂其詳不可得聞，諸侯已皆去其籍，此書所載與書之《周官》及《明堂位》所載建官之數各不同，不必切切求合。〔註530〕

《文王世子第八》

五廟之孫，祖廟未毀，雖爲庶人，冠、取妻必告，死必赴，練祥則告。族之相爲也，宜弔不弔，宜免不免，有司罰之。至於賵賻承含，皆有正焉：承，承於身者謂之承。凡玉可爲渠眉疏璧者皆承也。〔註531〕

《禮運第九》

故禮之於人也，猶酒之有糵也，君子以厚，小人以薄：善爲酒者，戒其

〔註528〕《黃氏日抄》卷 15 讀《禮記二·檀弓上第三》，《四庫全書》本，第 707 冊，第 390 頁。

〔註529〕《黃氏日抄》卷 15 讀《禮記二·檀弓上第三》，《四庫全書》本，第 707 冊，第 391 頁。

〔註530〕《黃氏日抄》卷 16 讀《禮記三·王制第五》，《四庫全書》本，第 707 冊，第 439～440 頁。

〔註531〕《黃氏日抄》卷 18 讀《禮記五·文王世子第八》，《四庫全書》本，第 707 冊，第 508 頁。

爲醯，務其爲醇。善爲人者，戒其爲小人，務其爲君子。〔註532〕

《郊特牲第十一》

鼎俎奇而籩豆偶，陰陽之義也。籩豆之實，水土之品也。不敢用褻味而貴多品，所以交於旦明之義也：鼎俎之實以天產爲主，而天產，陽屬，故其數奇。籩豆之實以地產爲主，而地產，陰屬，故其數偶。不敢用褻味，所以內盡志而貴多品，所以外盡物。〔註533〕

大夫而饗君，非禮也。大夫強而君殺之，義也；由三桓始也。天子無客禮，莫敢爲主焉。君適其臣，升自阼階，不敢有其室也。覲禮，天子不下堂而見諸侯。下堂而見諸侯，天子之失禮也，由夷王以下：大夫強而君殺之，如齊殺無知，衛殺州吁，宋殺長萬，陳殺三良。大夫強，君由是弱，有殺之者更以爲義。其強則三家有以啓之，故曰自三桓始也。〔註534〕

天子大蠟八⋯⋯黃冠草服也：蠟之爲祭，所以報本反始，息老送終也。合聚萬物而饗之，非特八神；而所重者八，以其尤有功於田也。皮弁素服而祭者，蠟祭四方百物也；黃衣黃冠而祭者，臘祭先祖五祀也。蠟以息老物，故服送終之服而以皮弁素服；臘以息民，故服田夫之服而以黃衣黃冠。二祭蓋相連，而蠟其總名。〔註535〕

《內則第十二》

子能食食，教以右手。能言，男唯女俞，男鞶革女鞶絲：鞶，帶也。
〔註536〕

《明堂位第十四》

鸞車，有虞氏之路也。鉤車，夏后氏之路也。大路，殷路也。乘路，周路也。有虞氏之旗，夏后氏之綏，殷之大白，周之大赤。夏后氏駱馬，黑鬣。殷人白馬，黑首，周人黃馬，蕃鬣。夏后氏，牲尚黑，殷白牡，周騂

〔註532〕《黃氏日抄》卷18 讀《禮記五・禮運第九》，《四庫全書》本，第707冊，第523頁。

〔註533〕《黃氏日抄》卷19 讀《禮記六・郊特牲第十一》，《四庫全書》本，第707冊，第538頁。

〔註534〕《黃氏日抄》卷19 讀《禮記六・郊特牲第十一》，《四庫全書》本，第707冊，第539～540頁。

〔註535〕《黃氏日抄》卷19 讀《禮記六・郊特牲第十一》，《四庫全書》本，第707冊，第545～546頁。

〔註536〕《黃氏日抄》卷19 讀《禮記六・內則第十二》，《四庫全書》本，第707冊，第568頁。

剛。泰，有虞氏之尊也。山罍，夏后氏之尊也。著，殷尊也。犧象，周尊也。爵，夏后氏以，殷以琖，周以爵。灌尊，夏后氏以雞夷，殷以斝，周以黃目。其勺，夏后氏以龍勺，殷以疏勺，周以蒲勺。土鼓蕢桴葦籥，伊耆氏之樂也。拊搏玉磬揩擊，大琴大瑟，中琴小瑟，四代之樂器也：鸞車，車有鸞，和爲行節也。鉤車：鉤，曲也，謂車有曲輿，蓋曲其前闌也。大路，木路；乘路，玉路。此四代車路之別。旂之制，始於舜，《子華子》云舜建太常。綏者，旂旒之繫於繩而垂者也。殷尙白，周尙赤。此四代旂常之別。白馬黑鬛曰駱，馬以毛物爲主，而鬛又毛之長者，故以鬛言。夏尙黑，故用黑鬛駱，白黑相間也。蕃，赤也。凡言馬，夏黑，殷白，周騂剛赤色。此三代牛牲之別。泰，瓦尊。山罍，畫爲山雲之形。著者，尊無足而底著地。犧象者，畫犧與象爲尊之飾。此四代尊之別。琖，鍾之小者，謂卑淺若盞然，故名盞。斝，稼也，畫爲禾稼。爵，象雀，有足而尾。此三代爵之別。灌尊，灌鬯之尊也。雞夷，即雞彝刻木爲雞形而畫雞於彝斝，畫禾稼、黃目鏤目而飾以金。勺，灌尊，所以用以酌酒者也。龍勺，勺爲龍頭。疏勺，謂通刻勺頭爲雉頭也。蒲勺，謂刻勺爲鳧頭，其口微開，如蒲草本合而末微開。此三代灌尊及勺之別。土鼓，築土爲鼓。蕢桴，以塊爲桴。葦籥，截葦爲籥。籥者，如笛而三孔。伊耆氏，古之本始禮樂者。拊取聲淺，搏取聲深。揩猶戛，謂戛柷。擊，謂擊敔，皆所以節樂者。此四代之樂之別，又推其始於伊耆氏者也。車也，旂也，牲也，尊也，爵也，勺也，樂也，皆前代帝王之制，魯兼用之，記者侈言之，施之周公之廟，猶曰報功，施之魯國，難乎免於僭矣。〔註537〕

《大傳第十六》

庶子不祭，明其宗也。庶子不得爲長子三年，不繼祖也：庶子上不敢瀆其祖，下不敢重其嗣，尊歸於宗也。〔註538〕

《樂記第十九》

大章，章之也至周之樂，盡矣：大章，堯樂名，言堯德章明。咸池，黃帝樂名，言能感物而潤澤之。韶，舜樂名，言能紹堯。夏，禹樂名。夏，大

〔註537〕《黃氏日抄》卷 20 讀《禮記七・明堂位第十四》，《四庫全書》本，第 707
　　　　冊，第 591～592 頁。
〔註538〕《黃氏日抄》卷 20 讀《禮記七・大傳第十六》，《四庫全書》本，第 707 冊，
　　　　第 605 頁。

也，言禹能成治水之大功。殷樂名濩，周樂名武。五帝之樂莫著於黃帝，至堯修而用之，然後一代之樂備，故曰大章章之也，咸池備矣。樂備於堯而舜紹之，至三王無復餘蘊，故曰韶，繼也。夏，大也；殷周之樂盡矣。〔註539〕

賓牟賈起，免席而請曰……不亦宜乎：以崇天爲句。駟，駟驖之駟。〔註540〕

《祭法第二十三》

天下有王分地……庶人無廟，死曰鬼：《祭法》言天子至士立廟之制，多與禮異，其言壇墠等威之辨，理或有之。〔註541〕

《中庸第三十一》

天命之謂性，率性之謂道，修道之謂教：理是泛言天地間公共之理。性是言在我之理，只此一理，受於天而爲我所有，故謂之性。〔註542〕

人莫不飲食也，鮮能知味也：人莫不飲食，是日用不可闕處。但人鮮能知其味，譬如道乃我之所固有，惟是人不自求知之所以行矣而不著，習矣而不察。〔註543〕

夫微之顯，誠之不可揜如此夫：

齊是齊其念慮之不同，明是明潔其身。洋洋，是此理昭然流動，充滿於上下左右間，此是鬼神陰陽之發見昭著處，蓋體物而不遺之驗也。

此理雖隱微而甚顯，以陰陽之往來屈伸皆是眞實而無妄，所以發見之不可揜如此。〔註544〕

《表記第三十二》

子言之：君子之所謂義者……故諸侯勤以輔事於天子：天子事上帝，諸

〔註539〕《黃氏日抄》卷21讀《禮記八·樂記第十九》，《四庫全書》本，第707冊，第628頁。

〔註540〕《黃氏日抄》卷21讀《禮記八·樂記第十九》，《四庫全書》本，第707冊，第635～636頁。

〔註541〕《黃氏日抄》卷23讀《禮記十·祭法第二十三》，《四庫全書》本，第707冊，第677～678頁。

〔註542〕《黃氏日抄》卷25讀《禮記十二·中庸第三十一》，《四庫全書》本，第707冊，第721頁。

〔註543〕《黃氏日抄》卷25讀《禮記十二·中庸第三十一》，《四庫全書》本，第707冊，第724頁。

〔註544〕《黃氏日抄》卷25讀《禮記十二·中庸第三十一》，《四庫全書》本，第707冊，第732～733頁。

侯事天子〔註545〕。

范鍾《禮記解》（佚）

《經義考》著錄有范鍾《禮記解》，朱彝尊稱其已佚〔註546〕。朱說誠是，以後諸家書目均未著錄。茲將《黃氏日抄》所引輯佚如下：

《雜記下第二十一》

大功之末，可以冠子，可以嫁子。父，小功之末，可以冠子，可以嫁子，可以取婦。己，雖小功既卒哭，可以冠，取妻，下殤之小功，則不可：五服之制，各有月數。月數之內，自無吉事，故曰接弁冕也。〔註547〕

胡瑗《中庸義》（佚）

胡瑗（993～1059），字翼之，泰州如皋（今江蘇省泰州市）人，著有論著多種，可惜大多失傳，只有與阮逸合撰的《皇祐新樂圖記》，以及由學生手錄的《周易口義》和《洪範口義》流傳至今。《宋史・藝文志》著錄胡瑗《中庸義》一卷〔註548〕，朱彝尊未經眼〔註549〕。是書已佚，以後諸家書目均未著錄。茲將《黃氏日抄》所引輯佚如下：

《中庸第三十一》

夫微之顯，誠之不可揜如此夫：鬼神，以形言之則天地，以氣言之則陰陽，以主宰言之則鬼神。鬼神無形，故視之弗見；無聲，故聽之弗聞；無體，故物爲體，視其所以生，所以成，莫非鬼神之功，故天下之人不可遺忘，以神無聲無形，故其來也不可億度。人當敬事之不暇，況可厭射之乎？〔註550〕

周諝《禮記解》（佚）

《經義考》著錄周諝《禮記解》，朱彝尊未經眼〔註551〕。是書已佚，以後諸家書目均未著錄。茲將《黃氏日抄》所引輯佚如下：

〔註545〕《黃氏日抄》卷26讀《禮記十三・表記第三十二》，《四庫全書》本，第707冊，第759頁。
〔註546〕朱彝尊《經義考》卷142，乾隆二十年（1755）曝書亭刻本，第9頁。
〔註547〕《黃氏日抄》卷22讀《禮記九・雜記下第二十一》，《四庫全書》本，第707冊，第657頁。
〔註548〕《宋史・藝文志》，中華書局，1977年，第5049頁。
〔註549〕朱彝尊《經義考》卷151，乾隆二十年（1755）曝書亭刻本，第3頁。
〔註550〕《黃氏日抄》卷25讀《禮記十二・中庸第三十一》，《四庫全書》本，第707冊，第732～733頁。
〔註551〕朱彝尊《經義考》卷141，乾隆二十年（1755）曝書亭刻本，第4頁。

《王制第五》

凡四海之內九州……諸侯之附庸不與：州二百一十國與內縣九十三國，非實有其國，特計其地之所能容。〔註552〕

八十者一子不從政，九十者其家不從政。廢疾非人不養者一人不從政。父母之喪，三年不從政。齊衰大功之喪，三月不從政。將徙於諸侯，三月不從政。自諸侯來徙家，期不從政：一子，一人。若不從政，則老者、廢疾者有所養。居喪不從政，則生者得以盡其哀。戚將徙者不從政，所以寬之也。始來者不從政，所以安之也。〔註553〕

天子之縣內方千里者，爲方百里者百……方十里者九十六：此以天子縣內千里籌開方法，亦非實有此國也。〔註554〕

《禮器第十》

君子曰：禮之近人情者，非其至者。郊血，大饗腥，三獻爓，至一獻孰：郊，祭天也。大饗，袷祭先王也。三獻，祭社稷五祀也。一獻，祭群小祀也。用血，非人情；用腥，去人情稍近。爓，謂沈肉於湯，爲近人情。用熟肉，於人情最近。獻以血，非近人情者也，而反以事天；獻以肉乃近人情者也，而反以事群小祀，故曰禮之近人情者，非禮之至也。〔註555〕

是故君子之於禮也，非作而致其情也，此有由始也。是故七介以相見也，不然則已愨；三辭三讓而至，不然則已蹙。故魯人將有事於上帝，必先有事於頖宮。晉人將有事於河，必先有事於惡池。……樂有相步，溫之至也：惡，惡沱，蓋呼沱也。〔註556〕

《郊特牲第十一》

郊特牲，而社稷大牢。天子適諸侯，諸侯膳用犢，諸侯適天子，天子賜之禮大牢。貴誠之義也。故天子牲孕弗食也，祭帝弗用也：祭天一牲，

〔註552〕《黃氏日抄》卷16讀《禮記三‧王制第五》，《四庫全書》本，第707冊，第438頁。

〔註553〕《黃氏日抄》卷16讀《禮記三‧王制第五》，《四庫全書》本，第707冊，第457頁。

〔註554〕《黃氏日抄》卷16讀《禮記三‧王制第五》，《四庫全書》本，第707冊，第459頁。

〔註555〕《黃氏日抄》卷18讀《禮記五‧禮器第十》，《四庫全書》本，第707冊，第532頁。

〔註556〕《黃氏日抄》卷18讀《禮記五‧禮器第十》，《四庫全書》本，第707冊，第532頁。

祭社稷反三牲；諸侯膳天子一牲，天子禮諸侯亦反三牲。是所貴不在物而在誠也。夫誠者，純一而未散者也。牲孕則散矣，故天子弗食而祭帝弗用也。〔註 557〕

君再拜稽首……肉袒，服之盡也：服，屈服也。拜，取屈服之義也。以天子不可屈之勢而爲之稽首肉袒，則天下莫不知有尊也。〔註 558〕

《玉藻第十三》

天子搢珽方正於天下也。諸侯荼，前詘後直，讓於天子也。大夫前詘後詘，無所不讓也：荼，茅之秀。笏飾以荼，猶玉飾以蒲。〔註 559〕

許升《禮記文解》（佚）

《經義考》著錄有許升《禮記文解》，朱氏稱其已佚〔註 560〕。是書已佚，以後諸家書目均未著錄。茲將《黃氏日抄》所引輯佚如下：

《禮器第十》

有以少爲貴者：天子無介，祭天特牲。天子適諸侯，諸侯膳以犢。諸侯相朝，灌用鬱鬯，無籩豆之薦。大夫聘禮以脯醢。天子一食，諸侯再，大夫士三，食力無數。大路繁纓一就，次路繁纓七就。圭璋特，琥璜爵。鬼神之祭單席。諸侯視朝，大夫特，士旅之。此以少爲貴也：天子無介，祭天用特。天子之膳，諸侯非不能備多品也，而用止一犢。諸侯相朝主國，非不能備豆籩也，而灌止用鬯。繁纓美於多就，而大路一就。琥璜用於爵幣而圭璋則特。凡皆以少爲貴。〔註 561〕

趙汝談《禮記注》（佚）

《經義考》著錄趙汝談《禮記注》，朱氏稱其已佚〔註 562〕。是書已佚，以後諸家書目均未著錄。茲將《黃氏日抄》所引輯佚如下：

〔註 557〕《黃氏日抄》卷 19 讀《禮記六・郊特牲第十一》，《四庫全書》本，第 707 冊，第 537 頁。

〔註 558〕《黃氏日抄》卷 19 讀《禮記六・郊特牲第十一》，《四庫全書》本，第 707 冊，第 552 頁。

〔註 559〕《黃氏日抄》卷 20 讀《禮記七・玉藻第十三》，《四庫全書》本，第 707 冊，第 575 頁。

〔註 560〕朱彝尊《經義考》卷 142，乾隆二十年（1755）曝書亭刻本，第 4 頁。

〔註 561〕《黃氏日抄》卷 18 讀《禮記五・禮器第十》，《四庫全書》本，第 707 冊，第 527～528 頁。

〔註 562〕朱彝尊《經義考》卷 142，乾隆二十年（1755）曝書亭刻本，第 4 頁。

《中庸第三十一》

郊社之禮，所以事上帝也。宗廟之禮，所以祀乎其先也？明胡郊社之禮，禘嘗之義，治國其如示之掌乎：左昭右穆者，死者之昭穆也。群昭群穆者，生者之昭穆也。序昭穆，序生者之昭穆。〔註563〕

邵困《禮解》（佚）

《經義考》著錄邵困《禮解》，朱氏未經眼，引衛湜說，曰「金華邵困，字萬宗，解《曲禮》、《王制》、《樂記》、《大學》、《中庸》五篇」〔註564〕。是書已佚，以後諸家書目均未著錄。茲將《黃氏日抄》所引輯佚如下：

《王制第五》

大國三卿皆命於天子……上士二十七人：大國欲其權不侔上，故三卿皆命於天子。小國欲其權足以制下，故二卿皆命於其君。次國處大國小國之間，故二卿命於天子，一卿命於其君。大夫言下，不言上，以上大夫即卿。士言上不言中下，以中下士有時而缺。〔註565〕

輔廣《禮記解》（佚）

《經義考》著錄輔廣《禮記解》，朱氏未經眼，引衛湜說，曰「慶源輔漢卿取注疏方氏、馬氏、陸氏、胡氏諸說，仿《呂氏讀詩記》編集，間有己說」〔註566〕。是書已佚，以後諸家書目均未著錄。茲將《黃氏日抄》所引輯佚如下：

《少儀第十七》

不疑在躬，不度民械，不願於大家，不訾重器：械，機械。〔註567〕

賓客主恭，祭祀主敬，喪事主哀，會同主詡，軍旅思險，隱情以虞：軍旅思險者，臨事而懼；隱情以虞者，好謀而成。〔註568〕

〔註563〕《黃氏日抄》卷25讀《禮記十二·中庸第三十一》，《四庫全書》本，第707冊，第735～736頁。
〔註564〕朱彝尊《經義考》卷142，中華書局，1998年，第748頁。
〔註565〕《黃氏日抄》卷16讀《禮記三·王制第五》，《四庫全書》本，第707冊，第440頁。
〔註566〕朱彝尊《經義考》卷142，中華書局，1998年，第748頁。
〔註567〕《黃氏日抄》卷20讀《禮記七·少儀第十七》，《四庫全書》本，第707冊，第607頁。
〔註568〕《黃氏日抄》卷20讀《禮記七·少儀第十七》，《四庫全書》本，第707冊，第612頁。

蔣繼周《禮記大義》（佚）

《經義考》著錄蔣繼周《禮記大義》七卷，朱彝尊稱其已佚〔註569〕。朱說誠是，以後諸家書目均未著錄。茲將《黃氏日抄》所引輯佚如下：

《禮運第九》

昔者仲尼與於蠟賓，事畢，出遊於觀之上，喟然而歡。仲尼之歡，蓋歡魯也。言偃在側曰：「君子何歡？」孔子曰：「大道之行也，與三代之英，丘未之逮也，而有志焉」：蠟，索也。歲十二月之祭名，言遍索。鬼神之有功於民者，祭之以報也。賓者，助祭之臣。助祭者必有飲食以勞之，故謂之賓也。觀者，闕門。英，謂俊選之尤者。此記爲夫子與言偃問答，謂聖人思欲還上古之風，不可得而猶思其次也。〔註570〕

夫禮之初，始諸飲食，其燔黍捭豚，污尊而抔飲，蕢桴而土鼓，猶若可以致其敬於鬼神。及其死也，升屋而號，告曰：「皋！某復」。然後飯腥而苴孰。故天望而地藏也，體魄則降，知氣在上，故死者北首，生者南鄉，皆從其初：捭，擘也。燔黍擘豚者，古未有釜甑，釋米捭肉加於燒石之上而食之。污尊，鑿地爲尊。抔飲，手掬而飲。桴鼓，槌也。蕢，草也。蕢桴，謂以草爲桴。土鼓，謂築土爲鼓。升屋而號，招魂也。皋，緩其辭而引其聲。某，稱死者名。復，使死者之魂復歸其身。飯腥，謂含用生米，象上古未有火化之法。苴孰，謂遣奠包熟肉，象中古火化之利。天望，謂望天招魂以和氣在上也。地藏，謂葬地藏戶以體魄，則降也。上古鼎飪未具而燔捭以爲食壘，酌未設而污抔以爲飲聲，樂未備而蕢土以爲歡，以此而接乎鬼神。自其一念之成而施之有餘也，乃若升屋之號、皋復之告、飯腥苴孰以繼其孝養之事，天望地藏以發其悽愴之思，則雖禮教未備而天理之發露於人心者，亦自然如此。此其爲禮之初也。〔註571〕

故聖王修義之柄、禮之序，以治人情。故人情者，聖王之田也。修禮以耕之，陳義以種之，講學以耨之，本仁以聚之，播樂以安之：此以農喻聖人之治人情也。人情感物而動，必有梗吾和平之化者，故修禮以治之，謂之耕。禮由義起，其初未有淺深厚薄之宜，故陳義以治之，謂之種。學足

〔註569〕朱彝尊《經義考》卷142，中華書局，1998年，第747頁。
〔註570〕《黃氏日抄》卷18讀《禮記五・禮運第九》，《四庫全書》本，第707冊，第512～513頁。
〔註571〕《黃氏日抄》卷18讀《禮記五・禮運第九》，《四庫全書》本，第707冊，第514～515頁。

以辨其是非，謂之辨。仁足以滋其盛大，謂之聚。樂足以樂其成功，謂之安。〔註572〕

故禮也者，義之實也。協諸義而協，則禮雖先王未之有，可以義起也。義者，藝之分，仁之節也。協於藝，講於仁，得之者強。仁者，義之本也，順之體也，得之者尊：謂禮者義之實，又曰義者藝之分、仁之節，是禮之資於義者多也。謂藝之分，仁之節矣，又曰義之本，順之體，是禮之資於仁者重也。禮出於義，則在我有自然之強；禮出於仁，則在我有自然之尊。〔註573〕

楊時《中庸解》（佚）

《經義考》著錄楊時《中庸解》，朱彝尊未經眼〔註574〕。是書已佚，以後諸家書目均未著錄。茲將《黃氏日抄》所引輯佚如下：

《中庸第三十一》

致中和，天地位焉，萬物育焉：中，故天地位焉；和，故萬物育焉。〔註575〕

陳華祖《中庸提綱》（佚）

《經義考》著錄陳華祖《中庸提綱》，朱氏稱其已佚，下引《溫州府志》，曰「華祖，字理常，永嘉人，舉遺逸，爲翰林國史院檢閱官。」〔註576〕朱說誠是，以後諸家書目均未著錄。茲將《黃氏日抄》所引輯佚如下：

《中庸第三十一》

萬物並育而不相害至此天地之所以爲大也：祖述者，道而法在其中。憲章者，法而道在其中。律天時者，大則顯晦屈伸。襲水土者，小則采山釣水。細底，道理爲本，爲內；龐底爲末，爲外。〔註577〕

〔註572〕《黃氏日抄》卷18讀《禮記五·禮運第九》，《四庫全書》本，第707冊，第523～524頁。

〔註573〕《黃氏日抄》卷18讀《禮記五·禮運第九》，《四庫全書》本，第707冊，第524頁。

〔註574〕朱彝尊《經義考》卷151，中華書局，1998年，第795頁。

〔註575〕《黃氏日抄》卷25讀《禮記十二·中庸第三十一》，《四庫全書》本，第707冊，第723頁。

〔註576〕朱彝尊《經義考》卷153，中華書局，1998年，第801頁。

〔註577〕《黃氏日抄》卷25讀《禮記十二·中庸第三十一》，《四庫全書》本，第707冊，第748～749頁。

錢文子《中庸集傳》（佚）

　　《宋史・藝文志》著錄錢文子《中庸集傳》一卷〔註578〕，朱彝尊稱其已佚〔註579〕。是書已佚，以後諸家書目均未著錄。茲將《黃氏日抄》所引輯佚如下：

《中庸第三十一》

　　是故君子動而世爲天下道，行而世爲天下法，言而世爲天下則。遠之則有望，近之則不厭。《詩》曰：「在彼無惡，在此無射。庶幾夙夜，以永終譽！」君子未有不如此而蚤有譽於天下者：三重，謂於三者重難之不敢輕也。〔註580〕

陳汲《周禮辨疑》（佚）

　　《經義考》著錄陳汲《周禮辨疑》，朱彝尊稱其已佚〔註581〕。朱說誠是，以後諸家書目均未著錄。茲將《黃氏日抄》所引輯佚如下：

　　設官之多：或謂鄉遂設官最冗。六鄉之民不過七萬五千家，今設官至萬八千九百三十人，爲大夫者百八十六人。六遂之民亦不過七萬五千家，而設官乃三千九百九十八人，爲大夫者四十人。鄉遂共十五萬家，官吏乃至二萬三千人。十五萬家之所入能幾何而足以養二萬三千官吏？〔註582〕

　　都宗人掌都祭祀之禮　家宗人掌家祭祀之禮凡以神仕者無數：六官中惟《春官》典禮職事無可疑者，然司服掌外朝之服，當與內司服並在《天官》。典瑞掌玉器之藏，當與掌節並在《地官》。司常、巾、車、典、路，亦當在《夏官》，今列《春官》者以禮儀所係。〔註583〕

　　都司馬掌都之車馬兵甲戒令以聽於國司馬　家司馬各使其臣以正於公司馬：司馬一官與軍政者半，不與者半。自大司馬至行司馬，自諸子至旅賁氏，自司甲至稾人，自校人至圉師，其他則環人、戎右、戎僕、都家司馬，皆與戎事者也。自掌固至掌疆，則司疆界者也。自服不氏至掌畜，則掌鳥獸者也。自太僕至隸僕，則左右侍御僕從者也。自職方氏至撢人，則掌輿地及

〔註578〕《宋史・藝文志》，中華書局，1977年，第5051冊。
〔註579〕朱彝尊《經義考》，中華書局，1998年，第801頁。
〔註580〕《黃氏日抄》卷25讀《禮記十二・中庸第三十一》，《四庫全書》本，第707冊，第747～748頁。
〔註581〕朱彝尊《經義考》卷123，乾隆二十年（1755）曝書亭刻本，第11頁。
〔註582〕《黃氏日抄》卷30讀《周禮》，《四庫全書》本，第707冊，第834～835頁。
〔註583〕《黃氏日抄》卷30讀《周禮》，《四庫全書》本，第707冊，第843～844頁。

四方諸侯外夷者也。小子掌祭祀，則係焉司馬爟；掌行火，則係焉候人；掌賓客，則係焉挈壺氏；掌司夜，則係焉司士；掌朝儀，則係焉弁師。掌冠弁，則係焉與夫齊右之屬，射人之屬則又係焉。夫既曰典軍政而官府錯居，互相關係。〔註 584〕

陳傅良《周禮》說（佚）

《宋史‧藝文志》著錄陳傅良《周禮說》一卷〔註 585〕，朱彝尊未經眼，下引趙希弁說，曰「《周禮說》三卷，朝奉郎秘書少監陳傅良所進，舊刊於《止齋文集》中，曹叔遠別爲一書而刻之，且爲之說」〔註 586〕。另陳傅良還與徐元德合撰《周官制度精華》，《玉海》著錄爲二十卷，稱「陳傅良、徐元德撰」〔註 587〕，此書朱彝尊未經眼，引朱子說，曰「上半冊陳君舉，下半冊徐元德」〔註 588〕。《周禮說》與《周官制度精華》皆佚，以後諸家書目均未著錄。茲將《黃氏日抄》所引輯佚如下：

官之交互：如大史、內史掌六典、八灋、八則、八柄之貳，宜屬《天官》，乃屬《春官》。大小行人、司儀掌客，宜屬《春官》，乃屬《秋官》。宰夫掌臣民之復逆矣，則大僕、小臣，御僕之掌復逆，宜屬《天官》，乃屬《夏官》。宰夫掌治朝之位矣，則司士正朝儀之位，宜屬《天官》，乃屬《夏官》。《地官》掌邦畿之事，凡造都邑、建社稷、設封疆，既悉掌之矣，而掌固、司險掌疆候，人又見於《夏官》。《天官》掌財賦之事，自天府至掌皮，既悉領之矣。而泉廩人、倉人，又見於《地官》。自膳夫至臘人，不過充君之庖者，悉領於《天官》。至外朝百官之廩祿，府、史、胥、徒之稍食，蕃上宿衛之給，乃見於《地官》。自內司服至屨人，凡王宮服飾之用，悉領於《天官》，而司服、司常、典瑞、巾車之屬，乃見《春官》。此其分職，皆有不可曉者。〔註 589〕

染人　追師　屨人　夏采：冢宰一職，惟宰制天子左右之人，一則環衛之人，二則供奉飲膳、酒漿之人，三則出納財賄之人，四則宮中使令之人。又曰自玉府、內府而下，今皆入內藏庫；自宮人、掌舍而下，今皆入修內司；

〔註 584〕《黃氏日抄》卷 30 讀《周禮》，《四庫全書》本，第 707 冊，第 846 頁。
〔註 585〕《宋史‧藝文志》，中華書局，1977 年，第 5050 頁。
〔註 586〕朱彝尊《經義考》卷 123，乾隆二十年（1755）曝書亭刻本，第 4 頁。
〔註 587〕王應麟《玉海》，江蘇古籍出版社，上海書店，1987 年，第 39 卷，第 740 頁。
〔註 588〕朱彝尊《經義考》卷 123，乾隆二十年（1755）曝書亭刻本，第 4 頁。
〔註 589〕《黃氏日抄》卷 30 讀《周禮》，《四庫全書》本，第 707 冊，第 835 頁。

自醫師、食醫而下，今皆入御藥院；自膳人、庖人而下，今皆屬御前供奉官。〔註590〕

春人　饎人　槁人皆主食：《地官》掌教難曉。以屬官考之，自鄉老至比長，自遂人至鄰長，皆鄉遂之官。自封人至充人，皆疆場畜牧之官。自載師至均人，皆掌財賦征役之官。自司市至泉府，皆掌市井。自司門至掌節，皆掌門關。自旅師、草人、稻人、虞衡以至掌染草、炭、荼、蜃極於場人、囿人，無非山林川澤田疇之官，幾近六十官。所謂教官者，師氏、保氏、司諫、調人、司救、鼓人，不過六七而已，其他則整頓田疇，分擘郊里，征斂財賦，掌管山澤、紀綱、市井、管鑰、門關而已。當時謂之教典，何也？〔註591〕

司勳掌六鄉賞地之法：獨屬之司馬者，以軍賞不踰時，免司存散隔，回覆壅底之患。〔註592〕

薛平仲《周禮序官考》（佚）

《經義考》著錄薛衡《周禮序官考》，朱氏未經眼〔註593〕。此書已佚，以後諸家書目均未著錄。茲將《黃氏日抄》所引輯佚如下：

軍將皆命卿：六官中特司馬掌兵，餘卿無與，竊恐不然。六鄉之民皆以什伍為軍，則六鄉皆為軍將。若獨司馬一卿為軍將，豈他鄉之民不為兵耶！豈司馬兼將他鄉之兵耶！必不然也。〔註594〕

張栻《南軒先生語錄》（佚）

《宋史·藝文志》未著錄《南軒先生語錄》。《南軒先生語錄》已佚，以後諸家書目均未著錄。茲將《黃氏日抄》所引輯佚如下：

《論語類》

學而時習，不特效人之善，如觀天行健，則自強不息之類皆是也。

射不主皮與為力而射者不同科。

論敬鬼神而遠之，因言橫渠掛夫子像，見而不拜，又不可遂卷起。

夢見周公，五峰謂必曾於畫像中見之，所以夢見。

〔註590〕《黃氏日抄》卷30讀《周禮》，《四庫全書》本，第707冊，第837～838頁。
〔註591〕《黃氏日抄》卷30讀《周禮》，《四庫全書》本，第707冊，第840～841頁。
〔註592〕《黃氏日抄》卷30讀《周禮》，《四庫全書》本，第707冊，第844頁。
〔註593〕朱彝尊《經義考》卷123，乾隆二十年（1755）曝書亭刻本，第8頁。
〔註594〕《黃氏日抄》卷30讀《周禮》，《四庫全書》本，第707冊，第844頁。

　　論夫子與上大夫、下大夫言云最是更端處難，蓋以爲一時之間既與上言又與下言也。

　　論鄉原自以爲是便休，是以終身爲原人。

　　龜山云惠及窮困之人，是爲天祿之終。

　　猶之與人，訓猶爲若。〔註595〕

《中庸類》

　　君子居易以俟命，非專俟其通。〔註596〕

《易類》

　　蠱之上九不事王侯，只是不立其朝爾，人卻言天子不得臣，諸侯不得友，是無人倫。〔註597〕

《詩類》

　　振鷺取其潔，亦謂其翔而後集。〔註598〕

《禮類》

　　曾子易簀，季孫以人情賜之，曾子以人情受之，若以此終則不可。

　　冠禮見於母，母拜之，只不坐受，其禮皆謂之拜。今小兒便穿秉，是以名器爲戲玩，既冠可也。

　　喪祭既不用浮屠，早晚臨之類不可不備。

　　神主，神所依，主字無出處，但恐古者貴賤有少別爾。〔註599〕

《春秋》

　　德壽問長勺之戰，對曰曹劌所論，特血氣之勇，所以易竭，若報父兄之怨，雖百鼓不竭。〔註600〕

〔註595〕《黃氏日抄》卷39讀《本朝諸儒理學書七·南軒先生文集》，《四庫全書》本，
　　　　　第708冊，第151～152頁。
〔註596〕《黃氏日抄》卷39讀《本朝諸儒理學書七·南軒先生文集》，《四庫全書》本，
　　　　　第708冊，第152頁。
〔註597〕《黃氏日抄》卷39讀《本朝諸儒理學書七·南軒先生文集》，《四庫全書》本，
　　　　　第708冊，第152頁。
〔註598〕《黃氏日抄》卷39讀《本朝諸儒理學書七·南軒先生文集》，《四庫全書》本，
　　　　　第708冊，第152頁。
〔註599〕《黃氏日抄》卷39讀《本朝諸儒理學書七·南軒先生文集》，《四庫全書》本，
　　　　　第708冊，第152頁。
〔註600〕《黃氏日抄》卷39讀《本朝諸儒理學書七·南軒先生文集》，《四庫全書》本，
　　　　　第708冊，第152頁。

《孟子》

氣次焉：次焉者，繼之謂也。無是餒也，不可使此餒也。〔註601〕

《道學》

或逞利欲，不知天地不只生爾一個，何不將此身在天地間公共看。

恐利害倉卒之間錯了路歧。

延對須直言，蓋士人初見君父此時可欺，則無往而非欺。

附麗匪人如黥如劓，雖欲湔洗而痕迹尚在，夫人得而指之，不復爲完人矣。

遭人謗，謗得是，固當改；謗得不是，必思何以致此。〔註602〕

《性理》

良心豈無發見之時，引而伸之，涵養而充之，天理自明，人欲自消，因循怠惰，此人欲所以肆也。

吳晦叔說惻隱，曰有所惻然隱於吾心，東萊曰此正如說隱著腳相似。〔註603〕

《本朝諸子》

濂溪學問如此而舉世不知，爲南安掾程太中始知，可見無分毫矜誇，方是樸實下工夫人。

溫公自陝歸洛以俸餘賈布洛布，賈高即以陝賈買之，先生曰不如伊川塌麥，有來問麥，賈者曰依市賈，欲損之，不答，先生曰若減賈便是近名。

康節云君子贏得做君子，小人枉了做小人，先生言贏得是有利心，不若改云君子本分做君子。

康節與韓魏公遊龍門，憩櫟林見墜枝而知其將伐，磨而不磷，涅而不緇，須還孔子，吾人只當學子路。龜山晚年一出，自處地位高大。

龜山見明道歸，再與摠老語，摠老曰必曾遇異人來，更不敢與爭辨。

南軒初見五峰，五峰辭以疾，以其家學佛，再見乃授業焉。

〔註601〕《黃氏日抄》卷39讀《本朝諸儒理學書七·南軒先生文集》，《四庫全書》本，第708冊，第153頁。

〔註602〕《黃氏日抄》卷39讀《本朝諸儒理學書七·南軒先生文集》，《四庫全書》本，第708冊，第153頁。

〔註603〕《黃氏日抄》卷39讀《本朝諸儒理學書七·南軒先生文集》，《四庫全書》本，第708冊，第153頁。

文海事伯恭，錯承受，昔溫公作《通鑑》似不爲無益，前輩猶謂其枉用心。

陸子靜謂不當編《程氏遺書》，晦叔曰如其言，六經可燒，先生曰是。〔註604〕

《古君臣》

霍光天資重厚，如朝謁進止，常不差尺寸，似乎知學者。

《唐太宗政要》中載孔明語，云吾心如秤，不能爲人作輕重。

一士大夫不畏死，常風浪中過鄱陽湖，晦庵聞之，曰當時入湖中當得甚高節。先生曰元晦說極是，若舍生只得死何用？琴張欲弔宗魯，孔子曰齊豹之盜，孟縶之賊，女何弔焉？琴張只見宗魯死，便以爲難事，不知其不義也。子路爲孔悝死，始初不知所擇，雖謂之不得其死也可，自古不曾見聖人被役。

人有靜而死不亂者，有赴死如歸而死不亂者，有信其死去之西天而死不亂者。

武昭儀稱制，褚遂良諫不聽，孰若高宗初幸尼寺，取才人入宮之時，大臣一言可去，與楊妃事同。

維州事李德裕初固不當受，牛僧孺後所處亦非彼悉怛謀，乃慕義而來，當先與吐蕃約以金帛贖其罪，然後歸之致堂。讀史論維州本中國地，德裕受之是。

陸宣公奏議善開明人主，及爲相，卻與爲詞臣不同。當奏白而行之，不從則去，不應復抗疏累千言。若宣公只是詞臣，無宰相才。

本朝人物范文正公，本朝第一等人，《寄元均帖》云此去南陽，亦且讀書涉道，貴深退即自樂，非升沉之可搖也。忠宣公豈能及？觀其救蔡確，謂逆曾參反而之言，違老氏好還之戒，又語同列以不當開此路，是論一己利害，平生心術見於此矣。司馬溫公改新法，或勸其防後患，曰天若祚宋，必無此事，更不論一己利害，君相不當惡士大夫之好名，惟朋友相切磋，則不當好名耳！

鄒道卿貶昭州，氣終不衰；胡澹庵大節極好；趙忠簡人品甚高，黨籍至忠簡始除；江聖錫不妄假人以詞色，得大臣體；李巽嚴議論如雪中檜柏。〔註605〕

〔註604〕《黃氏日抄》卷39讀《本朝諸儒理學書七‧南軒先生文集》，《四庫全書》本，第708冊，第153～154頁。

〔註605〕《黃氏日抄》卷39讀《本朝諸儒理學書七‧南軒先生文集》，《四庫全書》本，

《治道》

莫易於宰相形便勢利，有人可以任事；莫難於宰相少有私意，便隔絕矣。施設不過舉其大綱先使官闕得其人，君子聚於朝中，人皆可化而爲善，小人得用，中人皆被引去。

大農盡知州郡之財，盡數括取而不恤州郡之有無官兵，俸給於何取之。

祖宗朝置江南六路，發運與錢六十萬貫爲糴本，如某路某州熟則依時價糴之，某路某州旱潦則發幾千萬石，減價糴之，故京師不告勞而江南終無水旱饑荒之厄。前此茶鹽皆無鈔，只是某州綱船到，則發鹽載回某州，賣本錢歸發運司，利則潤州郡。自胡師文爲發運，以本錢爲羨，餘獻之，其後卻就諸州再括六十萬石爲糴本而法始弊。

屯田：用軍中子弟，分之田畝，假之農具。更一說可募百姓。

當今天下之勢，擇一人帥建康，兼兩淮制置；一人帥興元兼四川制置；一人帥荊南兼襄漢制。使自選屬治兵積穀，劉共父在建康甚好，更得元晦發脫，得必又顯煥，伯恭可佐之。因又及治內，汪聖錫可參政，元晦可禦史中丞兼侍讀，伯恭可諫議大夫兼侍講，敵人聞之必喪膽，太平可期矣。

東漢無數君子，其亡尤速。〔註606〕

《立朝》

先生每登對必自盟，曰切不可見上喜便隨順。

張說除簽書，先生極論其不可，又責宰相虞允文，曰宦官執政自京戬始，近習執政自相公始。允文謂同僚難論列，先生曰張九齡論牛仙客，陸贄論裴延齡，非同僚耶！允文不能答。曾覿除某官，中書舍人趙雄當制在假，先生戲其爲樊須，雄由是深怨，與允文表裏譖先生於上，謂其目獻壽爲胡舞，欲竄之。上於是出先生知袁州。〔註607〕

《政事》

戒約州縣以誠相待，或言武人難爲御，先生曰不如開懷待之。〔註608〕

第 708 冊，第 154～155 頁。

〔註606〕《黃氏日抄》卷 39 讀《本朝諸儒理學書七・南軒先生文集》，《四庫全書》本，第 708 冊，第 155 頁。

〔註607〕《黃氏日抄》卷 39 讀《本朝諸儒理學書七・南軒先生文集》，《四庫全書》本，第 708 冊，第 155～156 頁。

〔註608〕《黃氏日抄》卷 39 讀《本朝諸儒理學書七・南軒先生文集》，《四庫全書》本，第 708 冊，第 156 頁。

《訓門人》

不爲吳晦叔誌墓，云依妻家。

《答鄭自明書》云工於論人者，察己常疏，狃於能直者所發多弊。〔註609〕

《文章》

作詩不可直說破，須婉而成章。

退之聖德頌先斷腰膂處，子由非之，先生曰退之筆力高，欲藩鎮聞之耳！
〔註610〕

《異端》

宗果問先生如何是一以貫之，時先生年甚少，曰某今未敢便與爾說，一
以貫之，且道如何是忠恕？宗果歎服。

不接僧道，曰公廳豈見異教之所？〔註611〕

《雜類》

弓調然後求勁，馬服然後求良，士必誠愨，然後求智慧，傅夢泉對先生云。

門人、門生乃學者所稱。〔註612〕

羅博文《延平先生語錄》（又名《欽佩錄》，佚）

據《黃氏日抄》，《延平先生語錄》爲「羅仲素先生之從孫羅博文所編，
本名《欽佩錄》」。《宋史·藝文志》未著錄。《延平先生語錄》已佚，以後諸
家書目均未著錄。茲將《黃氏日抄》所引輯佚如下：

羅先生少從審律先生吳國華學，從見龜山，乃知舊學之差，三日驚汗浹
背，曰幾枉過了一生。於是謹守龜山之學，數年後方心寬體胖。〔註613〕

以踐履爲聞知。〔註614〕

〔註609〕《黃氏日抄》卷39讀《本朝諸儒理學書七·南軒先生文集》，《四庫全書》本，
　　　　　第708冊，第156頁。

〔註610〕《黃氏日抄》卷39讀《本朝諸儒理學書七·南軒先生文集》，《四庫全書》本，
　　　　　第708冊，第156頁。

〔註611〕《黃氏日抄》卷39讀《本朝諸儒理學書七·南軒先生文集》，《四庫全書》本，
　　　　　第708冊，第156頁。

〔註612〕《黃氏日抄》卷39讀《本朝諸儒理學書七·南軒先生文集》，《四庫全書》本，
　　　　　第708冊，第156頁。

〔註613〕《黃氏日抄》卷43讀《本朝諸儒書十一上·延平先生語錄》，《四庫全書》本，
　　　　　第708冊，第230頁。

〔註614〕《黃氏日抄》卷43讀《本朝諸儒書十一上·延平先生語錄》，《四庫全書》本，
　　　　　第708冊，第230頁。

人之持身當以孔子爲法，孔子相去千載，既不可得而親之，所可見者獨《論語》耳！〔註615〕

上述所輯，是《黃氏日抄》保存的已經亡佚的經解和理學資料，其中有的《宋史・藝文志》亦未著錄，如石𧼇《四書疑義》、吳觀《四書疑義》、邵甲《禮記解》等，《黃氏日抄》有補充《宋史・藝文志》缺錄之功，可以起到改寫宋代學術史的作用；有的雖有輯本，如皇侃《禮記義疏》有《玉函山房輯佚書》本、曹粹中《放齋詩說》有張壽鏞輯本，而《黃氏日抄》所引有二書輯本不存者，《日抄》又有補充輯佚書之功。

另，《宋史・藝文志》未著錄劉養晦《孝經解》，朱彝尊稱其已佚〔註616〕。朱說誠是，諸家書目均未著錄。《黃氏日抄》卷九十有《劉養晦〈孝經解〉序》〔註617〕，是《黃氏日抄》又有存目之功。

第二節　可補今本者

《黃氏日抄》所引書籍有的流傳至今，在這些書籍中，《日抄》所引內容有爲今本不存者，茲摘錄如下：

王質《詩總聞》（存）

《四庫全書》著錄王質《詩總聞》，《黃氏日抄》所引有《四庫全書》本不存者，摘錄如下：

《豳風・七月》

一之日二之日：一之日至四之日，皆以陽長而言之。〔註618〕

《小雅・鹿鳴之什》

華黍六詩：西漢亡一人之獄是也。〔註619〕

呂祖謙《呂氏家塾讀詩記》（存）

《四庫全書》著錄呂祖謙《呂氏家塾讀詩記》，《黃氏日抄》所引有《四

〔註615〕《黃氏日抄》卷43讀《本朝諸儒書十一上・延平先生語錄》，《四庫全書》本，第708冊，第230頁。
〔註616〕朱彝尊《經義考》卷226，乾隆二十年（1755）曝書亭刻本，第7頁。
〔註617〕《黃氏日抄》卷90《劉養晦〈孝經解〉序》，《四庫全書》本，第708冊，第963頁。
〔註618〕《黃氏日抄》卷4讀《毛詩》，《四庫全書》本，第707冊，第44頁。
〔註619〕《黃氏日抄》卷4讀《毛詩》，《四庫全書》本，第707冊，第48頁。

庫》本不存者，摘錄如下：

《國風‧王風》

大車谷則異室一章：能使南女有別者。〔註620〕

《小雅‧鹿鳴之什》

華黍六詩：《國語》叔孫穆子聘晉伶簫詠歌鹿鳴之三。鹿鳴三篇既可與簫相和而歌，則南陔以下豈不可與笙相和而歌乎？故亡爲失亡之亡。〔註621〕

戴溪《續呂氏家塾讀詩記》（存）

《四庫全書》著錄戴溪《續呂氏家塾讀詩記》，《黃氏日抄》所引有《四庫》本不存者；《四庫》本有取自《黃氏日抄》者，內容如下：

《召南‧采蘋》

有齊季女：與昏義合。〔註622〕

摽有梅：求我庶士擇婿之詞，父母之心也。〔註623〕按：《四庫》本此條下雙行小注稱「案此篇在《永樂大典》所缺卷內，今據《黃震日抄》補入」。

《國風‧唐風》

無衣：己不請命於天子，其大夫乃爲之請命乎天子之使？蓋武公自嫌強大，不肯少屈，使其大夫風天子之使而取之。觀其詩辭傲然可憤，豈曰無衣自詭強盛也，不若子之衣以敵體相輕也。衣者，天子之衣，豈使臣之衣？當是時晉猶未強，非得天子之命服，誠不可以久安，非武公謙辭也。外示強大，中實歉然，眞情所見不可掩也。〔註624〕按：《四庫》本此條下雙行小注稱「案此篇在《永樂大典》所缺卷內，今據《黃震日抄》補入」。

楊時《易說》（不全存）

楊時《易說》，《宋史‧藝文志》未著錄，朱彝尊謂其《易說》散見於《大易粹言》一書。〔註625〕《大易粹言》係宋人方聞一所編，《黃氏日抄》所引有《四庫全書》本《大易粹言》中楊時《易說》不存者，摘錄如下：

〔註620〕《黃氏日抄》卷4讀《毛詩》，《四庫全書》本，第707冊，第37頁。
〔註621〕《黃氏日抄》卷4讀《毛詩》，《四庫全書》本，第707冊，第48頁。
〔註622〕《黃氏日抄》卷4讀《毛詩》，《四庫全書》本，第707冊，第30頁。
〔註623〕《黃氏日抄》卷4讀《毛詩》，《四庫全書》本，第707冊，第30頁。
〔註624〕《黃氏日抄》卷4讀《毛詩》，《四庫全書》本，第707冊，第41頁。
〔註625〕朱彝尊《經義考》卷21，乾隆二十年（1755）曝書亭刻本，第7頁。

《上經・師卦》

丈人：丈者，黍龠、尺引之積。〔註626〕

《下經・益卦》

六三益之用凶事無咎：用用凶事者，亡所以保其存，凶所以有其吉。故曰：固有之也。〔註627〕

《下經・夬卦》

居德則忌：以德厚自居，則忌之所集。〔註628〕

《繫辭上》

夫易廣矣大矣之易簡之善配至德：至德爲中庸之至德。〔註629〕

張栻《易說》（存）

《經義考》著錄張栻《易說》十一卷，朱彝尊未經眼，下引董眞卿說，曰「栻，字敬夫，南軒先生，廣漢人，諡宣公。《易說》十一卷，乾坤闕。學出五峰胡氏，以周程爲宗。」〔註630〕是書今存。《黃氏日抄》所引有《四庫全書》本不存者，摘錄如下：

《繫辭上》

剛柔相摩以下：易所以斡旋造化之間。〔註631〕

子曰易其至矣乎之道義之門：因其存而存之。〔註632〕

《繫辭下》

開而當名，辨物正言斷辭，則備矣：行健爲乾之類，當其名也。名既當，則剛柔之物辨矣。言天下至賾之類，正其言也。言既正，則辭之所指者可斷矣。〔註633〕

胡銓《春秋集善》（存）

《宋史・藝文志》著錄胡銓《春秋集善》十三卷〔註634〕，《文獻通考・

〔註626〕《黃氏日抄》卷6讀《易》，《四庫全書》本，第707冊，第80頁。
〔註627〕《黃氏日抄》卷6讀《易》，《四庫全書》本，第707冊，第90頁。
〔註628〕《黃氏日抄》卷6讀《易》，《四庫全書》本，第707冊，第90頁。
〔註629〕《黃氏日抄》卷6讀《易》，《四庫全書》本，第707冊，第98頁。
〔註630〕朱彝尊《經義考》卷28，中華書局，1998年，第161頁。
〔註631〕《黃氏日抄》卷6讀《易》，《四庫全書》本，第707冊，第97頁。
〔註632〕《黃氏日抄》卷6讀《易》，《四庫全書》本，第707冊，第98頁。
〔註633〕《黃氏日抄》卷6讀《易》，《四庫全書》本，第707冊，第100頁。
〔註634〕《宋史・藝文志》，中華書局，1977年，第5063頁。

經籍考》著錄胡銓《春秋集善》十一卷〔註635〕，朱彝尊稱其已佚〔註636〕。是書今存。《黃氏日抄》所引有《四庫全書》本不存者，摘錄如下：

文公

（文公十有七年）齊侯伐我西鄙……公至自谷：文公立十有八年，大夫盟會十八九，獨此書公盟，亦見大夫之張也。〔註637〕

宣公

（宣公元年）夏，季孫行父如齊：宣篡立，未列於會，故如齊納賂以請會。其下書「齊人取田」，則納賂明矣。行父之惡如此而室無私積，近於公孫之布被。〔註638〕

（宣公二年）秋九月乙丑，晉趙盾弒其君夷皋：盾弒逆之迹見於不討賊，所以正其罪，不得言爲法受惡。〔註639〕

（宣公三年）宋師圍曹：宋文弒立已爲亂，階而欲治人之亂，故《春秋》不書曹師而特書宋師。〔註640〕

（宣公）四年春王正月，公及齊侯平莒及郯。莒人不肯。公伐莒取向：郯、莒有怨，公黨於郯而偏於莒，此莒人所以不肯平，又伐莒而取其邑。〔註641〕

（宣公七年）冬，公會晉侯、宋公、衛侯、鄭伯、曹伯於黑壤：自文公以來，中國無盟主，終晉靈之世，未嘗一合諸侯。至此成公立五年，始有黑壤之會而大夫不與焉。聖人皆書其爵，庶幾諸侯復桓、文之業，攘夷楚而尊中國也。〔註642〕

〔註635〕馬端臨《文獻通考・經籍考》卷10，華東師範大學出版社，1985年，第268頁。
〔註636〕朱彝尊《經義考》卷184，乾隆二十年（1755）曝書亭刻本，第10頁。
〔註637〕《黃氏日抄》卷10讀《春秋四・文公》，《四庫全書》本，第707冊，第214頁。
〔註638〕《黃氏日抄》卷10讀《春秋四・宣公》，《四庫全書》本，第707冊，第216頁。
〔註639〕《黃氏日抄》卷10讀《春秋四・宣公》，《四庫全書》本，第707冊，第219頁。
〔註640〕《黃氏日抄》卷10讀《春秋四・宣公》，《四庫全書》本，第707冊，第221頁。
〔註641〕《黃氏日抄》卷10讀《春秋四・宣公》，《四庫全書》本，第707冊，第222頁。
〔註642〕《黃氏日抄》卷10讀《春秋四・宣公》，《四庫全書》本，第707冊，第224頁。

陳傅良《春秋後傳》（存）

《宋史・藝文志》著錄陳傅良《春秋後傳》十二卷。是書今存，《黃氏日抄》所引有《四庫》本不存者，摘錄如下：

僖公

（僖公十有五年）冬，宋人伐曹：諸侯相加兵，自莊公十九年未之有也。於是再見，宋襄爲之也。

胡安國《春秋傳》（存）

《宋史・藝文志》著錄胡安國《春秋傳》三十卷〔註643〕，是書今存。《黃氏日抄》所引有《四庫》本不存者，摘錄如下：

桓公

（桓公）十有三年春二月，公會紀侯、鄭伯……燕師敗績：齊合三國以攻紀，魯鄭援紀而與之戰。〔註644〕

宣公

（宣公十有七年）己未，公會晉侯、衛侯、曹伯、邾子同盟於斷道。秋，公至自會：郤克征會於齊，齊婦人笑其跛，齊大夫赴盟而見執，則此盟爲謀齊。〔註645〕

哀公

（哀公十有三年）於越入吳：吳嘗破越，遂有輕楚之心。及既破楚，又有驕齊之志。既勝齊師，復與晉人爭長，自謂莫之敵也，而越已入其國都矣。吳侵中國而越滅之，越又不監而楚滅之，楚又不監而秦滅之，秦又不監而漢滅之。〔註646〕

戴溪《春秋講義》（存）

《宋史・藝文志》著錄戴溪《春秋講義》四卷〔註647〕，朱彝尊稱其已佚

〔註643〕《宋史・藝文志》，中華書局，1977年，第5062頁。
〔註644〕《黃氏日抄》卷7讀《春秋一・桓公》，《四庫全書》本，第707冊，第131頁。
〔註645〕《黃氏日抄》卷10讀《春秋四・宣公》，《四庫全書》本，第707冊，第235頁。
〔註646〕《黃氏日抄》卷13讀《春秋七・哀公》，《四庫全書》本，第707冊，第346頁。
〔註647〕《宋史・藝文志》，中華書局，1977年，第5064頁。

〔註648〕。《黃氏日抄》所引有《四庫》本不存者；《四庫》本有取自《黃氏日抄》者，內容如下：

桓公

（桓公）十有四年春正月，公會鄭伯於曹：魯隱與宋爲怨，故一意與鄭爲好。〔註649〕

僖公

（僖公十有六年）冬十有二月公會齊侯、宋公、陳侯、衛侯、鄭伯、許男、邢侯、曹伯於淮：鄫未嘗與會盟，且未聞有他難，獨以魯婚姻之故，至勞諸侯，其會亦不足觀已。齊威衣裳兵車之會蓋終於此，所謂東略者。〔註650〕按：《四庫》本此條稱「從黃震《日抄》補」〔註651〕。

（僖公二十有八年）冬，公會晉侯、齊侯……公朝於王所：使宋人賂齊以告楚，分曹衛之田以畀宋，私許復曹、衛以撓楚人之黨，顯執宛春以激子玉之怒。凡此皆譎也。〔註652〕

（僖公三十年）介人侵蕭：宰周公王朝之貴，豈得下聘列國？〔註653〕

成公

（成公二十有一年）：公會晉侯、齊侯、宋公、衛侯、鄭伯、曹伯、莒子、邾子於商任：欒盈實奔楚，非晉所得錮也。商任之會是，非徒無益而又害之。〔註654〕按：《四庫》本此條稱「從黃震《日抄》補」〔註655〕。

劉敞《春秋》說（存）

《宋史·藝文志》著錄劉敞《春秋傳》十五卷、《春秋權衡》十七卷、《春

〔註648〕朱彝尊《經義考》卷190，乾隆二十年（1755）曝書亭刻本，第3頁。
〔註649〕《黃氏日抄》卷7讀《春秋一·桓公》，《四庫全書》本，第707冊，第132頁。
〔註650〕《黃氏日抄》卷9讀《春秋三·僖公》，《四庫全書》本，第707冊，第177頁。
〔註651〕戴溪《春秋講義》，《四庫全書》本，第155冊，第62頁。
〔註652〕《黃氏日抄》卷9讀《春秋三·僖公》，《四庫全書》本，第707冊，第190頁。
〔註653〕《黃氏日抄》卷9讀《春秋三·僖公》，《四庫全書》本，第707冊，第192頁。
〔註654〕《黃氏日抄》卷11讀《春秋五·成公》，《四庫全書》本，第707冊，第280頁。
〔註655〕戴溪《春秋講義》，《四庫全書》本，第132頁。

秋說例》十一卷、《春秋意林》二卷〔註656〕。《春秋說例》，《玉海》著錄爲二卷〔註657〕，《中興書目》著錄其爲一卷〔註658〕，然朱彝尊稱其已佚〔註659〕。《黃氏日抄》所引有《四庫全書》本《春秋傳》、《春秋權衡》、《春秋說例》、《春秋意林》不存者，摘錄如下：

　　桓公

　　（桓公十有四年）秋八月壬申，御廩災。乙亥，嘗：見災而懼可矣，豈可廢宗廟之祭？〔註660〕

　　莊公

　　（莊公二十有二年）癸丑，葬我小君文姜：婦人，從夫者也，不尸善名，不當別謚，如宋共姜者爲得禮，如文姜者私謚也。〔註661〕

陸淳《春秋》說（存）

　　《四庫全書》著錄陸淳《春秋微旨》、《春秋集傳纂例》，《黃氏日抄》所引有《四庫全書》本《春秋微旨》、《春秋集傳纂例》不存者，摘錄如下：

　　桓公

　　（桓公）五年春正月，甲戌，乙丑，陳侯鮑卒：甲戌下脫文。〔註662〕

孫復《春秋》說（不全存）

　　《宋史·藝文志》著錄孫復《春秋尊王發微》十二卷、《春秋總論》一卷〔註663〕。《春秋總論》已佚，諸家書目均未著錄。《四庫全書》著錄《春秋尊王發微》，《黃氏日抄》所引有《四庫》本不存者，摘錄如下：

　　僖公

　　（僖公三十有三年）夏四月辛巳，晉人及姜戎敗秦師於殽：晉文卒未踰

〔註656〕《宋史·藝文志》，中華書局，1977年，第5058頁。
〔註657〕王應麟《玉海》卷40，江蘇古籍出版社、上海書店，1987年，第760頁。
〔註658〕《中興館閣書目輯考一卷》，《中國歷代書目叢刊》本，現代出版社，1987年，第376頁。
〔註659〕朱彝尊《經義考》卷180，乾隆二十年（1755）曝書亭刻本，第4頁。
〔註660〕《黃氏日抄》卷7讀《春秋一·桓公》，《四庫全書》本，第707冊，第132頁。
〔註661〕《黃氏日抄》卷8讀《春秋二·莊公》，《四庫全書》本，第707冊，第149頁。
〔註662〕《黃氏日抄》卷7讀《春秋一·桓公》，《四庫全書》本，第707冊，第124頁。
〔註663〕《宋史·藝文志》，中華書局，1977年，第5058頁。

年，秦由僻陋乘中國之無霸，越數千里以伐鄭，其無晉也甚矣！書曰敗秦師，所以甚秦之惡而與晉之勝也。〔註664〕

文公

（文公九年）楚人伐鄭。公子遂會晉人、宋人、衛人、許人救鄭：楚自城濮之役不敢加兵於鄭，今伐鄭者，晉文既沒，中國不振故也。〔註665〕

襄公

（襄公六年）莒人滅鄶：立異姓而遂書滅，不惟於義不明，亦何以爲訓？此蓋莒人因鄶不順其立異姓而滅之。〔註666〕

葉夢得《春秋》說（不全存）

《宋史・藝文志》著錄葉夢得《春秋讞》三十卷、《春秋考》三十卷、《春秋傳》二十卷、《石林春秋》八卷、《春秋指要總例》二卷〔註667〕，其中《春秋考》、《春秋讞》，朱氏稱其已佚〔註668〕。《石林春秋》、《春秋指要總例》已佚，諸家書目均未著錄。《四庫全書》著錄《春秋傳》、《春秋考》、《春秋三傳讞》，《黃氏日抄》所引有《四庫》本不存者，摘錄如下：

僖公

（僖公九年）九月戊辰諸侯盟於葵丘：襄王之立，非惠王意而惠后猶存，襄王未知，得終安其位，此霸主之所當憂。王亦出內臣以臨之，無易樹子載之，初命如是而僅終喪，猶有子帶之難，則齊侯之慮不得不預也。〔註669〕

（僖公三十有一年）夏四月，四卜郊，不從。乃免牲，猶三望：呂不韋之書曰此平王之末造，惠公請於周而假寵於周公，是平王爲之也，然猶有降殺焉，故郊不以日至而以上辛，禘不以祖之所自出而以文王望。不通方望之祀而以三望，門不兼五門之制而以天子皋門爲庫門，應門爲雉門，雖爲之別

〔註664〕《黃氏日抄》卷9讀《春秋三・僖公》，《四庫全書》本，第707冊，第195頁。
〔註665〕《黃氏日抄》卷10讀《春秋四・文公》，《四庫全書》本，第707冊，第206頁。
〔註666〕《黃氏日抄》卷11讀《春秋五・襄公》，《四庫全書》本，第707冊，第265～266頁。
〔註667〕《宋史・藝文志》，中華書局，1977年，第5062頁。
〔註668〕朱彝尊《經義考》卷183，乾隆二十年（1755）曝書亭刻本，第11頁。
〔註669〕《黃氏日抄》卷9讀《春秋三・僖公》，《四庫全書》本，第707冊，第170頁。

而孔子不與，曰魯之郊禘非禮也，周公其衰矣。〔註670〕

襄公

（襄公十有四年）秋，楚公子貞帥師伐吳：經書楚伐吳而已，傳稱吳敗楚師於皋舟，不足據也。〔註671〕

呂祖謙《春秋》說（不全存）

《宋史・藝文志》著錄呂祖謙《春秋集解》三十卷、《左傳類編》六卷〔註672〕，其中《春秋集解》，朱氏未經眼；《左傳類編》朱氏稱其已佚〔註673〕。《春秋集解》、《左傳類編》已佚，諸家書目均未著錄。《四庫全書》著錄《春秋左氏傳說》、《春秋左氏傳續說》、《詳注東萊左氏博議》，《黃氏日抄》所引呂祖謙《春秋》說有《四庫全書》本三書不存者，摘錄如下：

桓公

（桓公八年）秋伐邾：微者也，其事不可得而詳也。天子在上，諸侯擅相侵伐，君子以爲無王，此《春秋》所以作也。〔註674〕

莊公

（莊公）八年春王正月，師次於郎……秋，師還：師次於郎以俟陳人、蔡人，陳人、蔡人卒不至，故甲午復治兵，至夏而後師及齊師圍郕也。〔註675〕

（莊公九年）八月庚申，及齊師戰於乾時，我師敗績：書「我師敗績」，則凡例謂「內不書敗」者謬矣。〔註676〕

僖公

（僖公三十有三年）狄侵齊：文公一死，便來侵擾，春秋時若非霸主時

〔註670〕《黃氏日抄》卷9讀《春秋・僖公》，《四庫全書》本，第707冊，第193頁。
〔註671〕《黃氏日抄》卷11讀《春秋五・襄公》，《四庫全書》本，第707冊，第273頁。
〔註672〕《宋史・藝文志》，中華書局，1977年，第5064頁。
〔註673〕朱彝尊《經義考》卷173，乾隆二十年（1755）曝書亭刻本，第6頁。
〔註674〕《黃氏日抄》卷8讀《春秋二・桓公》，《四庫全書》本，第707冊，第128頁。
〔註675〕《黃氏日抄》卷8讀《春秋二・莊公》，《四庫全書》本，第707冊，第141頁。
〔註676〕《黃氏日抄》卷8讀《春秋二・莊公》，《四庫全書》本，第707冊，第142頁。

復整頓，如何成中國？〔註 677〕

宣公

（宣公十年）楚子伐鄭：自宣四年以後，鄭遂南北兩屬。〔註 678〕

襄公

（襄公二年）冬，仲孫蔑會晉荀罃……遂城虎牢：城虎牢所以服鄭而拒楚，鄭服則楚自遠，荀罃城之是也，非取其地而有之也，故不係之鄭。〔註 679〕

（襄公）六年春王正三月，壬午，杞伯姑容卒：杞入《春秋》，至此始名。邾、滕、杞，微國，其卒或名，或不名，國微不備禮乎？〔註 680〕

昭公

（昭公二十有四年）婼至自晉：婼不言叔孫，前見也。〔註 681〕

哀公

（哀公十有二年）：自宣公初稅畝，井田之法由此而壞，故言初至。成公作丘甲、丘甸之賦，益以改作而民病甚矣。至哀公用田賦，又改法而重賦，重於稅畝、丘甲之為也。〔註 682〕

（哀公十有三年）公會晉侯及吳子於黃池：言及者，會兩霸之辭也。
〔註 683〕

張洽《春秋集注》（存）

朱彝尊稱張洽二十六卷《春秋集傳》已佚〔註 684〕。此書今存，《黃氏日

〔註 677〕《黃氏日抄》卷 9 讀《春秋三·僖公》，《四庫全書》本，第 707 冊，第 196 頁。

〔註 678〕《黃氏日抄》卷 10 讀《春秋四·宣公》，《四庫全書》本，第 707 冊，第 229 頁。

〔註 679〕《黃氏日抄》卷 11 讀《春秋五·襄公》，《四庫全書》本，第 707 冊，第 261 頁。

〔註 680〕《黃氏日抄》卷 11 讀《春秋五·襄公》，《四庫全書》本，第 707 冊，第 265 頁。

〔註 681〕《黃氏日抄》卷 12 讀《春秋六·昭公》，《四庫全書》本，第 707 冊，第 310 頁。

〔註 682〕《黃氏日抄》卷 13 讀《春秋七·哀公》，《四庫全書》本，第 707 冊，第 344 頁。

〔註 683〕《黃氏日抄》卷 13 讀《春秋七·哀公》，《四庫全書》本，第 707 冊，第 345 頁。

〔註 684〕朱彝尊《經義考》卷 189，乾隆二十年（1755）曝書亭刻本，第 1 頁。

抄》所引有《四庫》本不存者，摘錄如下：

莊公

（莊公二十有五年）秋，大水，鼓、用牲於社、於門：大水九，此特書鼓用牲。〔註685〕

成公

（成公四年）公如晉：晉景公勝齊而驕，故魯欲叛之也。〔註686〕

定公

（定公十有二年）十有二月，公圍成。公至自圍成：墮三都，毀其所恃以爲固者，所以制陪臣、抑私家而復強幹弱枝之勢也。仲由之舉此議，蓋因南蒯、侯犯之叛而爲三家忠謀，使強臣不敢恃強以叛君，陪臣不敢負固以跋扈而上下皆順。然侯犯、南蒯皆以叛爲季氏、叔氏之害，故郈、費皆墮，獨公斂處父方恃強以敗陽虎而孟孫用之，故二邑雖墮而成獨不服，雖定公圍之而卒不克也。聖人雖用於魯而季氏三月之餘受女樂而違孔子，孟孫惑於僞不知之說，陰與公斂處父比。成既方命而聖人去魯，豈非天哉？〔註687〕

趙鵬飛《春秋經筌》（存）

《四庫全書》著錄趙鵬飛《春秋經筌》，《黃氏日抄》所引有《四庫全書》本不存者，摘錄如下：

莊公

（莊公二十有六年）曹殺其大夫：公才至自伐戎而曹遂殺其大夫，是魯爲曹伐戎，戎有辭於曹，曹殺其大夫以悅戎也。〔註688〕

僖公

（僖公九年）九月戊辰，諸侯盟於葵丘：襄王即位，適丁齊威（桓）之方霸，威（桓）公於是帥東諸侯會宰周公於葵丘，宣天子五禁以令諸侯，是

〔註685〕《黃氏日抄》卷11讀《春秋五·莊公》，《四庫全書》本，第707冊，第152頁。

〔註686〕《黃氏日抄》卷11讀《春秋五·成公》，《四庫全書》本，第707冊，第243頁。

〔註687〕《黃氏日抄》卷13讀《春秋七·定公》，《四庫全書》本，第707冊，第327～328頁。

〔註688〕《黃氏日抄》卷8讀《春秋二·莊公》，《四庫全書》本，第707冊，第152頁。

會實爲春秋之冠，王室賴之多矣。〔註689〕

（僖公三十年）介人侵蕭：子遂如京師而遂如晉，則是魯以事鄰國之禮事周也。魯蓋以宰周公之來本乎晉侯，以我朝王而致，故既已聘周，不可不如晉以報其私焉，是聘使之勤出於周而勞問之恩歸於晉也。然自隱至莊，天王聘魯者五，卒無一介之使如周，則今日公子遂之行已爲非常之禮，尙何則其如晉耶？〔註690〕

文公

（文公十有八年）莒弒其君庶其：三家之強雖自僖公而僖公之世未嘗敢專也。至文公之世，孟氏則叔孫敖爲戚之會、乖隴之盟；叔孫氏則得臣會晉伐沈，敗狄於咸；季氏則行父如陳、如晉，帥師城邑。至東門氏則襄仲見於經者凡九，非會則盟，非盟則如，非如則伐，其橫尤甚於三家。然極其源，皆由文公怠懦不君也。即位之初，霸主之會，鄰國之好，未嘗親之率以大夫往。閏月不告月，常月不視朔，怠懦庸昏不出寢門，何以爲國宜？諸大夫互結私援，外事大國，內懷國人而自封植，公室寢弱而權移於人也。一身未暝，二子爲戮，妃妾不能相保，終春秋之世，權不能復收而魯遂以微，文公不能逭其責也。〔註691〕

成公

（成公十年）丙午，晉侯獳卒：晉自蟲牢始得諸侯，宋公一言不順即命魯、衛伐之。既而晉以齊厚於己，反前日所取於齊以予魯之田，復以予齊，故諸侯貳晉。〔註692〕

昭公

（昭公二十有八年）公如晉，次於乾侯：晉之六卿，即魯之三家也。前日扈之盟，既乞貨於季氏，今其忍背賂以傷其類哉？故徒次於前後而不得入。〔註693〕

〔註689〕《黃氏日抄》卷8讀《春秋二·僖公》，《四庫全書》本，第707冊，第170頁。

〔註690〕《黃氏日抄》卷9讀《春秋三·僖公》，《四庫全書》本，第707冊，第192頁。

〔註691〕《黃氏日抄》卷10讀《春秋四·文公》，《四庫全書》本，第707冊，第215～216頁。

〔註692〕《黃氏日抄》卷11讀《春秋五·成公》，《四庫全書》本，第707冊，第250頁。

〔註693〕《黃氏日抄》卷12讀《春秋六·昭公》，《四庫全書》本，第707冊，第313

定公

（定公十有二年）十有二月，公圍成。公至自圍成：三都之叛，三家患之，則墮三都固三家之利也，是以季路一言而叔孫墮郈，季氏墮費。而說者乃以爲孔子爲之。噫！聖人豈如是之謬哉？公山不擾以費叛，召子欲往，益將教公山氏臣於季氏，教季氏臣於公，教公朝於天子，以魯先之，天下皆然，是東周之從而興也。豈苟爲季氏墮費而滋季氏之勢乎？此好勇不顧之謀，蓋出於季路，審矣！故夫墮三都者，爲三家除患爾！何益於魯？三家病，則魯之利；三家之患除，則勢復張。墮郈、墮費，謂之忠於二家，則可謂之忠於魯，則不可至於圍成，則失計大矣。得之未必歸公，失之實損於魯，郈、費之墮，說者以爲孔子，此豈亦孔子爲之與？〔註694〕

（定公十有四年）夏，北宮結來奔：於時諸大夫紛擾，三五而奔，三五而叛。宋華亥、向寧、華定奔陳，復相率而叛。邾庶其畀我及黑肱？相踵來奔，或竊邑以來，樂大心一出，四子從之。其叛也，五子爲旅，趙鞅一叛而三大夫角立。其歸也，二子出叛。今衛之亂，叔戍趙陽歧途而奔，繼而北宮結奔魯，公孟彄奔鄭。是豈一一得罪於君？相扼不勝，魚貫而出，又風俗之一變也。〔註695〕

蘇轍《春秋集解》（存）

《宋史・藝文志》著錄蘇轍《春秋集傳》十二卷〔註696〕。是書今存，《黃氏日抄》所引有《三蘇全書》〔註697〕本《春秋集解》不存者，摘錄如下：

僖公

（僖公二十有一年）秋，宋公、楚子、陳侯、蔡侯、鄭伯、許男、曹伯會於盂。執宋公以伐宋。冬，公伐邾。楚人使宜申來獻捷。十有二月癸丑，公會諸侯盟於薄，釋宋公：公伐邾者，邾嘗從宋伐齊，魯救之，不克。又鄫，魯之親也，而邾執鄫子用之，故怨邾，特邾與宋盟，未敢伐，今宋爲楚

頁。
〔註694〕《黃氏日抄》卷13讀《春秋七・定公》，《四庫全書》本，第707冊，第328頁。
〔註695〕《黃氏日抄》卷13讀《春秋七・定公》，《四庫全書》本，第707冊，第330頁。
〔註696〕《宋史・藝文志》，中華書局，1977年，第5059頁。
〔註697〕《三蘇全書》，語文出版社，2001年。

所伐，故乘間而伐邾。〔註698〕

定公

（定公七年）齊國夏帥師伐我西鄙：魯事晉而齊叛之，故伐我。〔註699〕

高閌《息齋春秋集注》（存）

《文獻通考·經籍考》著錄高閌《息齋春秋集注》「十四卷」〔註700〕，朱氏未經眼〔註701〕。是書今存，《四庫》本《息齋春秋集注》有取自《黃氏日抄》者，摘錄如下：

成公

（成公二十有一年）：公會晉侯、齊侯、宋公、衛侯、鄭伯、曹伯、莒子、邾子於商任：范鞅欲使盈無所容於世，故盈發憤，卒興此大亂。此以私敗公，足爲戒也。〔註702〕按：《四庫》本此條稱「從黃震《日抄》補入」。

崔子方《春秋經解》（存）

《宋史·藝文志》著錄崔子方《春秋經解》「十二卷」〔註703〕，朱彝尊稱其已「佚」〔註704〕。是書今存，《四庫》本《春秋經解》「自僖公十四年秋至三十二年、襄公十六年夏至三十一年，《永樂大典》並闕，則取黃震《日抄》所引及本例補之」〔註705〕。《四庫》本《春秋經解》取自《黃氏日抄》者如下：

僖公

（僖公）十有五年春王正月公如齊：至是始用五年一朝之制，同於事天子之禮矣。〔註706〕

〔註698〕《黃氏日抄》卷9讀《春秋三·僖公》，《四庫全書》本，第707冊，第181頁。

〔註699〕《黃氏日抄》卷13讀《春秋七·定公》，《四庫全書》本，第707冊，第323頁。

〔註700〕馬端臨《文獻通考·經籍考》卷10，華東師範大學出版社，1985年，第261頁。

〔註701〕朱彝尊《經義考》卷186，乾隆二十年（1755）曝書亭刻本，第2頁。

〔註702〕《黃氏日抄》卷11讀《春秋五·成公》，《四庫全書》本，第707冊，第280頁。

〔註703〕《宋史·藝文志》，中華書局，1977年，第5061頁。

〔註704〕朱彝尊《經義考》卷183，乾隆二十年（1755）曝書亭刻本，第1頁。

〔註705〕《四庫全書總目·經部·春秋類二·春秋經解》，中華書局，1981年，第217頁。

〔註706〕《黃氏日抄》卷9讀《春秋三·僖公》，《四庫全書》本，第707冊，第175

（僖公）十有七年春，齊人、徐人伐英氏。夏，滅項：敗徐豈英氏有力乎？〔註707〕

（僖公十有七年）冬十有二月乙亥，齊侯小白卒：齊威（桓）之霸，自莊十六年盟於幽，至僖十六年會於淮，凡十有二會，而孔子稱威公（桓公）九合諸侯者，舉其不以兵車者而已。莊十六年九國盟於幽，二十七年五國又盟於幽，僖元年六國會於檉，二年四國盟於貫，五年八國會王世子於首止，七年五國盟於寧母，八年王人與七國會於洮，九年宰周公與七國會於葵丘，十三年七國會於咸。凡九合諸侯，不以兵車。〔註708〕

（僖公二十有二年）夏，宋公、衛侯、許男、滕子伐鄭：宋公釋乎執而遽伐鄭，所以怒楚而致戰也。〔註709〕

（僖公二十有五年）宋殺其大夫：豈嗣君三年喪畢，既臨事而治泓戰之罪，諸大夫有以眾死者乎？〔註710〕

（僖公二十有七年）乙巳，公子遂帥師入杞：春接其君，秋入其國，以內為過，於杞無譏。〔註711〕

（僖公二十有七年）冬，楚人、陳侯、蔡侯、鄭伯、許男圍宋。十有二月甲戌，公會諸侯，公會諸侯，盟於宋：是時齊威（齊桓）既沒，楚人肆橫，執宋公，伐宋國，敗宋師，獻宋捷，圍宋邑，不道於宋已甚。今又圍宋，宋之盟猶薄之盟爾！〔註712〕

（僖公二十有八年）冬，公會晉侯、齊侯、宋公、蔡侯、鄭伯、陳子、莒子、邾人、秦人於溫。天王狩於河陽。壬申，公朝於王所：河陽之狩，三家皆謂再致天王，似誤矣。溫之會，天王未嘗與，自為河陽之狩耳！何以言

頁。
〔註707〕《黃氏日抄》卷9讀《春秋三·僖公》，《四庫全書》本，第707冊，第175頁。
〔註708〕《黃氏日抄》卷9讀《春秋三·僖公》，《四庫全書》本，第707冊，第179頁。
〔註709〕《黃氏日抄》卷9讀《春秋三·僖公》，《四庫全書》本，第707冊，第182頁。
〔註710〕《黃氏日抄》卷9讀《春秋三·僖公》，《四庫全書》本，第707冊，第185頁。
〔註711〕《黃氏日抄》卷9讀《春秋三·僖公》，《四庫全書》本，第707冊，第187頁。
〔註712〕《黃氏日抄》卷9讀《春秋三·僖公》，《四庫全書》本，第707冊，第187頁。

之？彼踐土之盟，加朝之日於盟之上，知既盟而朝，同在癸丑之日，則王在
踐土明矣。此則先書溫之會，又書狩於河陽，然後書壬申朝於王所，三者似
異日，則溫之會，天王不在溫亦明矣。然河陽遠矣，王適以諸侯會溫之時而
遠爲河陽之狩，是王實欲會諸侯，假狩之名以行爾。溫者，河陽之地也。於
諸侯會，以其邑言；於天子狩，以其地言。晉文行霸，帥諸侯朝王以尊周室。
《春秋》予之，此所以志公之朝也。〔註713〕

（僖公三十年）晉人、秦人圍鄭：鄭不會翟泉之盟，時秦、晉方睦，故
相與圍之。〔註714〕

襄公

（襄公三十年）晉人、齊人、宋人、衛人、鄭人、曹人、莒人、邾人、
滕人、薛人、杞人、小邾人會於澶淵，宋災故：直爲宋災之故而爲會，其無
補於宋明矣。〔註715〕按：《四庫》本稱「此條從黃震《日抄》檢補」。

葉夢得《禮記解》（存）

《經義考》著錄葉夢得《禮記解》，朱彝尊未經眼〔註716〕。是書今存，《黃
氏日抄》所引有石林遺書本《禮記解》不存者，摘錄如下：

《經解第二十六》

故朝覲之禮，所以明君臣之義也……以舊禮爲無所用而去之者，必有亂
患：春見曰朝，秋見曰覲，大曰聘，小曰問。壻曰昏，以昏時迎婦也。妻曰
因，因而隨之也。坊謂隄防。禮之所從來者已久，故曰舊。〔註717〕

呂大臨《禮記》說（不全存）

《文獻通考》著錄有呂大臨《芸閣禮記解》十卷〔註718〕，《中興館閣書
目》著錄爲一卷〔註719〕，朱彝尊稱未經眼〔註720〕。《宋史·藝文志》著錄呂

〔註713〕《黃氏日抄》卷9讀《春秋三·僖公》，《四庫全書》本，第707冊，第190
頁。

〔註714〕《黃氏日抄》卷9讀《春秋三·僖公》，《四庫全書》本，第707冊，第192
頁。

〔註715〕《黃氏日抄》卷11讀《春秋五·襄公》，《四庫全書》本，第707冊，第289
頁。

〔註716〕朱彝尊《經義考》卷141，乾隆二十年（1755）曝書亭刻本，第8頁。

〔註717〕《黃氏日抄》卷24讀《禮記十一·經解第二十六》，《四庫全書》本，第707
冊，第701～702頁。

〔註718〕馬端臨《文獻通考·經籍考》，華東師範大學出版社，1985年，第205頁。

〔註719〕《中國歷代書目叢刊》，現代出版社，1987年，第370頁。

大臨《禮記傳》第 16 卷〔註 721〕，朱氏亦未經眼〔註 722〕。《禮記解》已佚，諸家書目均未著錄。《禮記傳》今存，《黃氏日抄》所引有清宣統三年（1911）《清麓叢書·續編》本不存者，摘錄如下：

《曲禮上第一》

禮聞取於人，不聞取人。禮聞來學，不聞往教：取於人，謂就師求道。取人，謂屈人從己。禮聞取於人，不聞取人，主學者言。聞來學，不聞往教，主教者言。學者當屈己從人，教者不當枉己就人。〔註 723〕

道德仁義，非禮不成，教訓正俗，非禮不備。分爭辨訟，非禮不決。君臣上下父子兄弟，非禮不定。宦學事師，非禮不親。班朝治軍，蒞官行法，非禮威嚴不行。禱祠祭祀，供給鬼神，非禮不誠不莊。是以君子恭敬撙節退讓以明禮：成，謂節文以成之。宦，謂學爲仕。學，謂學道藝。求福曰禱，求得曰祠。撙有自抑之意。此七者皆有待於禮。恭敬，明禮之實；撙節，明禮之文；退讓，明禮之用。七者之禮必備，此三者然後可明。〔註 724〕

《曲禮下第二》

支子不祭，祭必告於宗子：所以嚴宗廟，合族屬。〔註 725〕

《月令第六》

其數五：天五生地，地十成之，但言五者，五中數也。〔註 726〕

朱熹《名臣言行錄》（存）

《四庫全書》著錄朱熹纂集的《名臣言行錄》，《黃氏日抄》所引有《四庫全書》本不存者，摘錄如下：

1. 王曾：王沂公曾力薦呂夷簡，卒爲其操入室之戈。〔註 727〕

〔註 720〕朱彝尊《經義考》卷 141，乾隆二十年（1755）曝書亭刻本，第 6 頁。
〔註 721〕《宋史·藝文志》，中華書局，1977 年，第 5049 頁。
〔註 722〕朱彝尊《經義考》卷 141，乾隆二十年（1755）曝書亭刻本，第 6 頁。
〔註 723〕《黃氏日抄》卷 14 讀《禮記一·曲禮上第一》，《四庫全書》本，第 707 冊，第 352 頁。
〔註 724〕《黃氏日抄》卷 14 讀《禮記一·曲禮上第一》，《四庫全書》本，第 707 冊，第 352 頁。
〔註 725〕《黃氏日抄》卷 14 讀《禮記一·曲禮下第二》，《四庫全書》本，第 707 冊，第 382 頁。
〔註 726〕《黃氏日抄》卷 16 讀《禮記三·月令第六》，《四庫全書》本，第 707 冊，第 476 頁。
〔註 727〕《黃氏日抄》卷 50 讀《（正）史五·名臣言行錄》，《四庫全書》本，第 708

2. 薛奎：欲繩天下，事無細大，一入規矩，不可其意，輒憂愧臥家。
　　〔註728〕

3. 呂夷簡：薦韓、范、文潞公。〔註729〕

4. 陳堯佐：鑿太行之險。〔註730〕

5. 晏殊：與范仲淹、韓琦、富弼同任而面斥張耆。〔註731〕

6. 宋庠：奏罷寺觀，祈福奏絕，內降私恩。
　　初，公解省試皆第一。及廷對，太后又易其弟，祈居第十而擢公第
　　一。〔註732〕

7. 程琳：治蜀有聲。為三司，不肯併民稅名目，不肯募商賈漕米，皆為
　　久遠慮。守延州，不受元昊之誘。元昊死，諫上分攜三將之議以昭大
　　信。〔註733〕

8. 龐籍：為開封判官，拒尚美人；稱教旨，奏范諷不遵禮法。
　　其為相，力主狄武襄平儂智高，南方以寧。出將入相，功效卓然，而
　　成就司馬公之益尤大。〔註734〕

9. 狄青：帶銅面具大小二十五戰勝元昊；易虎翼旗勝党項。
　　過故鄉，下車趨謁縣令。〔註735〕

10. 吳育：方元昊欲叛，獨公謂不若因之賜國號，後卒如其議。〔註736〕

冊，第328頁。
〔註728〕《黃氏日抄》卷50讀《(正)史五・名臣言行錄》，《四庫全書》本，第708
　　　　冊，第328頁。
〔註729〕《黃氏日抄》卷50讀《(正)史五・名臣言行錄》，《四庫全書》本，第708
　　　　冊，第329頁。
〔註730〕《黃氏日抄》卷50讀《(正)史五・名臣言行錄》，《四庫全書》本，第708
　　　　冊，第329頁。
〔註731〕《黃氏日抄》卷50讀《(正)史五・名臣言行錄》，《四庫全書》本，第708
　　　　冊，第329頁。
〔註732〕《黃氏日抄》卷50讀《(正)史五・名臣言行錄》，《四庫全書》本，第708
　　　　冊，第329頁。
〔註733〕《黃氏日抄》卷50讀《(正)史五・名臣言行錄》，《四庫全書》本，第708
　　　　冊，第329～330頁。
〔註734〕《黃氏日抄》卷50讀《(正)史五・名臣言行錄》，《四庫全書》本，第708
　　　　冊，第331頁。
〔註735〕《黃氏日抄》卷50讀《(正)史五・名臣言行錄》，《四庫全書》本，第708
　　　　冊，第331頁。
〔註736〕《黃氏日抄》卷50讀《(正)史五・名臣言行錄》，《四庫全書》本，第708
　　　　冊，第331頁。

11. 王德用：軍吏訴黑米，公呼專副。〔註737〕

12. 田錫：錫請封禪。〔註738〕

13. 李及：王文正公謂公重厚能守，瑋規模也。〔註739〕

14. 孔道輔：責宰相呂夷簡視猶前日妖蛇。治馮士元獄，以張士遜故，略全程琳一線情，即坐黜感憤死焉。〔註740〕

15. 尹洙：公論郭後事，四賢之一也。

涇原宜援也，夏竦以專罪之；洛水城不當築也，鄭戩以沮格罪之。孫用借俸錢已還無欠也，劉湜承時宰意，鞫置獄以盜贓，幾殺之。〔註741〕

16. 余靖：諫用張堯佐提點開封府事。

始經制儂賊事，賊平，撫綏嶺海肅然。其後交趾寇邕州，公復移檄而定，南方之寧又多其力。〔註742〕

17. 王質：訟、婚無貲者，與之俸；爲盜迫寒者，與之衣；以術鉤私盜鑄錢者，譏之，使緩其獄。凡犯法非害於物者，皆矜恕之。〔註743〕

18. 孫復：范公、富公薦之天子，爲直講行無隱而不彰。

張貴妃幼隨其父堯封常執事先生左右，既貴，數遣使致禮先生，先生閉門拒之，終其身修於家而不壞於天子之庭，無侵尋富貴心。〔註744〕

19. 歐陽修：使河東，則議麟州不可廢。

議河決，則謂橫隴工大難開，六塔河狹小不能受，大河惟當增堤濬淤以免民患。在兵府，考兵屯地理，更爲圖籍；在政府，考官、兵、吏、

〔註737〕《黃氏日抄》卷50讀《(正)史五‧名臣言行錄》，《四庫全書》本，第708冊，第331頁。

〔註738〕《黃氏日抄》卷50讀《(正)史五‧名臣言行錄》，《四庫全書》本，第708冊，第332頁。

〔註739〕《黃氏日抄》卷50讀《(正)史五‧名臣言行錄》，《四庫全書》本，第708冊，第332頁。

〔註740〕《黃氏日抄》卷50讀《(正)史五‧名臣言行錄》，《四庫全書》本，第708冊，第332頁。

〔註741〕《黃氏日抄》卷50讀《(正)史五‧名臣言行錄》，《四庫全書》本，第708冊，第332頁。

〔註742〕《黃氏日抄》卷50讀《(正)史五‧名臣言行錄》，《四庫全書》本，第708冊，第333頁。

〔註743〕《黃氏日抄》卷50讀《(正)史五‧名臣言行錄》，《四庫全書》本，第708冊，第333頁。

〔註744〕《黃氏日抄》卷50讀《(正)史五‧名臣言行錄》，《四庫全書》本，第708冊，第334頁。

財，集爲總目。〔註745〕

20. 文彥博：爲參政請往貝州督戰，潛穴城以擒王則。〔註746〕

21. 趙槩：冷清詐稱皇子，考得其實而誅之。〔註747〕

22. 吳奎：公爲諫官，褫奪僥倖，舊恩如郭承祐，戚屬如張堯佐皆彈劾不避。

退考其私，則族有義莊，子無居宅。〔註748〕

23. 張方平：兵既用，公勸屯河東，示形勢，入寇則自麟府不十日搗其穴，不聽。

畫濬汴漕之策。

辟王安石於貢院。〔註749〕

24. 胡宿：論貢舉，當用舊制。方群臣議更法開邊，公一一力爭。〔註750〕

25. 蔡襄：（治福州）禁浮圖、巫妖。

治開封、治三司皆號精明。惟知泉州，罪章拱之，卒爲士論所少。

〔註751〕

26. 王素：帥西邊，吏士歡呼，寇不敢犯。〔註752〕

27. 劉敞：宦者石全彬除觀察使，則直封還其詞頭。

文潞公欲加龍昌期五品服，則又力爭，言無不從。

治長安，所至寬簡而肅清。〔註753〕

〔註745〕《黃氏日抄》卷 50 讀《（正）史五・名臣言行錄》，《四庫全書》本，第 708 冊，第 335～336 頁。

〔註746〕《黃氏日抄》卷 50 讀《（正）史五・名臣言行錄》，《四庫全書》本，第 708 冊，第 336 頁。

〔註747〕《黃氏日抄》卷 50 讀《（正）史五・名臣言行錄》，《四庫全書》本，第 708 冊，第 336 頁。

〔註748〕《黃氏日抄》卷 50 讀《（正）史五・名臣言行錄》，《四庫全書》本，第 708 冊，第 336 頁。

〔註749〕《黃氏日抄》卷 50 讀《（正）史五・名臣言行錄》，《四庫全書》本，第 708 冊，第 336～337 頁。

〔註750〕《黃氏日抄》卷 50 讀《（正）史五・名臣言行錄》，《四庫全書》本，第 708 冊，第 337 頁。

〔註751〕《黃氏日抄》卷 50 讀《（正）史五・名臣言行錄》，《四庫全書》本，第 708 冊，第 337 頁。

〔註752〕《黃氏日抄》卷 50 讀《（正）史五・名臣言行錄》，《四庫全書》本，第 708 冊，第 337 頁。

〔註753〕《黃氏日抄》卷 50 讀《（正）史五・名臣言行錄》，《四庫全書》本，第 708

28. 唐介：時充國公主夜開皇城門、樞密陳升之連姻內侍，公皆抗言之。
〔註754〕

29. 彭思永：帥成都，盜賊為絕；帥河朔，驕兵大戢。〔註755〕

30. 呂公著：不肯與西夏地，賜詔乾德而夏人服。大臣韓維、諫臣王觀之罷，皆爭之。〔註756〕

31. 呂希哲：晚年名益重，遠近師尊之，陳忠肅至拜公堂下。
公習靜，至轎卒溺死，不為動。〔註757〕

32. 蘇軾：呂大防、劉摯調停之說起，穎濱爭之。又四年，李清臣用而紹述之說起，新法復行，穎濱爭不勝，天下事去矣。〔註758〕

33. 韓維：自英宗時力排濮議，救呂誨、范鎮諸賢，議論凜凜。〔註759〕

34. 傅堯俞：公在仁宗朝，斥離間主婿之內臣，窮誣告富人之皇城卒，劾妄舉內臣之都水監。
神宗時，罷鈐轄陝西之李若愚，彼皆城狐社鼠，公皆奮擊不顧。
蔡確既貶，乞置其餘，議論和平，又視時而不同。以法縱名，流貶黎陽倉草場，迎拜州掾甚恭，寒暑坐倉不少懈。〔註760〕

35. 彭汝礪：言詩賦，曰河事尤力。
嘗論呂嘉問，治其獄則不阿執政。嘗忤蔡確，論安州詩所以為羅織。
〔註761〕

冊，第338頁。

〔註754〕《黃氏日抄》卷50讀《（正）史五‧名臣言行錄》，《四庫全書》本，第708冊，第338頁。

〔註755〕《黃氏日抄》卷50讀《（正）史五‧名臣言行錄》，《四庫全書》本，第708冊，第338頁。

〔註756〕《黃氏日抄》卷50讀《（正）史五‧名臣言行錄》，《四庫全書》本，第708冊，第340頁。

〔註757〕《黃氏日抄》卷50讀《（正）史五‧名臣言行錄》，《四庫全書》本，第708冊，第341頁。

〔註758〕《黃氏日抄》卷50讀《（正）史五‧名臣言行錄》，《四庫全書》本，第708冊，第341頁。

〔註759〕《黃氏日抄》卷50讀《（正）史五‧名臣言行錄》，《四庫全書》本，第708冊，第342頁。

〔註760〕《黃氏日抄》卷50讀《（正）史五‧名臣言行錄》，《四庫全書》本，第708冊，第342頁。

〔註761〕《黃氏日抄》卷50讀《（正）史五‧名臣言行錄》，《四庫全書》本，第708冊，第342頁。

36. 范純仁：世濟清賢，為孝子；事君，爭新法，爭紹述以罪去，為忠臣。宣仁後上仙又首用內李清臣、鄧溫伯，名調停，原其用意，慮反覆耳。及其後，終不免反覆。公雖平恕，亦身不免。〔註762〕

37. 劉摯：呂大防以減吏額事忌公，引楊畏論公，交通邢恕及章子厚，公遂罷相，謫死新州。然公實首論蔡確、章子厚而邢書又以文及甫私書，示蔡謂感其稱父，蔡確免以訟公者也。〔註763〕

38. 范祖禹：論事無出於東坡者，東坡見公之奏，至於不肯自出其稿，當元祐時已預言范純仁以相容小人為寬天下事。〔註764〕

39. 劉浩：公諫立昭懷劉后，得罪貶去。〔註765〕

40. 陳瓘：著《日錄辨》。
　　著《四明尊堯集》。〔註766〕

41. 陳襄：失官錢不辨而出己俸償之。〔註767〕

王當《春秋臣傳》（存）

《四庫全書》著錄王當《春秋列國諸臣傳》，《黃氏日抄》所引有《四庫全書》本不存者，摘錄如下：

端木賜：子貢欲免齊伐魯耳！乃一出而亂齊，破吳、強晉、霸越率天下而兵，其禍豈止壑鄰國哉？且田常欲為亂而反教之以孤主制齊，可乎？謂賜而為之，何足為賜？謂非賜所為，其辨說之辭，雖儀秦不之及，何物史臣能偽為？此是當闕疑。〔註768〕

子家羈：子家羈聞昭公將伐季子之謀而不泄；既伐季氏，季氏請以五乘

〔註762〕《黃氏日抄》卷50讀《（正）史五‧名臣言行錄》，《四庫全書》本，第708冊，第342頁。

〔註763〕《黃氏日抄》卷50讀《（正）史五‧名臣言行錄》，《四庫全書》本，第708冊，第343頁。

〔註764〕《黃氏日抄》卷50讀《（正）史五‧名臣言行錄》，《四庫全書》本，第708冊，第343頁。

〔註765〕《黃氏日抄》卷50讀《（正）史五‧名臣言行錄》，《四庫全書》本，第708冊，第343頁。

〔註766〕《黃氏日抄》卷50讀《（正）史五‧名臣言行錄》，《四庫全書》本，第708冊，第343頁。

〔註767〕《黃氏日抄》卷50讀《（正）史五‧名臣言行錄》，《四庫全書》本，第708冊，第344頁。

〔註768〕《黃氏日抄》卷53讀《雜史三‧春秋臣傳》，《四庫全書》本，第708冊，第379頁。

亡，勸公許之，不聽。公孫於外，子家羈從亡，備嘗艱辛。公薨於乾侯，季氏欲仕之而逃。持心堅正，義不忘君，進退審處，動與理合，魯之群臣未有賢於家羈者也。〔註769〕

公子目夷：公子目夷不受襄公之讓國。〔註770〕

孔悝：孔悝以舅甥之親出輒而立蒯聵，自衛而言，父子之名雖順；自悝而言，君臣之分則乖。〔註771〕

寧莊子：寧莊子扶立文公，衛以再造。〔註772〕

沈諸梁：沈諸梁當白公勝之亂，國人望之如父母，一舉而定，功成不居，亦賢矣哉！〔註773〕

百里奚、蹇叔：百里奚間關險，阻浮沉，亂世一爲穆公所禮致。即薦蹇叔，二老隨事略言，應輒如響，惜穆公用不儘其才而反用其子爾。〔註774〕

朱熹《晦庵先生文集》（存）

《四庫全書》著錄《晦庵文集》，《黃氏日抄》所引有《四庫全書》本不存者，摘錄如下：

《誦佛經詩》：了此無爲法，身心同晏如。〔註775〕

《聞雷詩》：誰將神斧破頑陰，地裂山開鬼失林。我願君王法天造，早施雄斷答群心。〔註776〕

《與張南軒書》：胡氏改姪字稱猶子未安，節祠當隨俗，但不當用此廢四

〔註769〕《黃氏日抄》卷53讀《雜史三·春秋臣傳》，《四庫全書》本，第708冊，第379頁。

〔註770〕《黃氏日抄》卷53讀《雜史三·春秋臣傳》，《四庫全書》本，第708冊，第382頁。

〔註771〕《黃氏日抄》卷53讀《雜史三·春秋臣傳》，《四庫全書》本，第708冊，第382頁。

〔註772〕《黃氏日抄》卷53讀《雜史三·春秋臣傳》，《四庫全書》本，第708冊，第382頁。

〔註773〕《黃氏日抄》卷53讀《雜史三·春秋臣傳》，《四庫全書》本，第708冊，第383頁。

〔註774〕《黃氏日抄》卷53讀《雜史三·春秋臣傳》，《四庫全書》本，第708冊，第383頁。

〔註775〕《黃氏日抄》卷34讀《本朝諸儒理學書二·晦庵先生文集》，《四庫全書》本，第708冊，第25頁。

〔註776〕《黃氏日抄》卷34讀《本朝諸儒理學書二·晦庵先生文集》，《四庫全書》本，第708冊，第26頁。

時之正禮。〔註777〕

《答吳叔京書》：存者，道心；亡者，人心。

仁是用功親切之效。晦翁自注云此句有病。

所學繫於所秉。

體用顯微，以理象而言。〔註778〕

《答馮作肅書》：性死而不亡，若以天地爲主，則非有我之所得私，若以我爲主，是乃私意之尤者。釋氏正如此。〔註779〕

石介《石徂徠文集》（存）

《石介文集》今存，《黃氏日抄》所引有 1984 年中華書局版《徂徠石先生文集》不存者，摘錄如下：

《謹政》：以諸侯而主天下盟會之政，由莊十三年北杏之會始；以大夫而主盟會之政，由文七年扈之盟始。〔註780〕

《後序》：其於褒爲仁、爲惠、爲澤，於天時爲春；其於貶爲義、爲誅、爲戮，於天時爲秋，故謂之《春秋》。〔註781〕

《賢惠錄》：

徐鉉母貧無宿儲，中庭地陷，見金銀一缶，遽令覆之，祝曰「天其或者憫我之貧，願二子有位，請奉給養，不願金銀也」。二子鉉、鍇後皆至達官。

郭氏酸棗人割股肉愈姑之疾。君子曰：割股之孝，非聖人之說。李唐明州俚人陳藏器撰《本草拾遺》，言人肉可治羸疾。是後孝子多行之，郭氏能行於姑，難矣哉！

趙定母，金陵人，多通《詩》、《書》，常聚生徒數十人張帷講說。儒碩登門質疑，必引與之坐，間發奧義，咸出意表。景德二年子定登第，授海陵從事，訓曰「無虛飾以沽名，無事佞以奉上，處內在盡禮，居外在活民」。定遵

〔註777〕《黃氏日抄》卷34 讀《本朝諸儒理學書二‧晦庵先生文集》，《四庫全書》本，第 708 冊，第 34 頁。

〔註778〕《黃氏日抄》卷34 讀《本朝諸儒理學書二‧晦庵先生文集》，《四庫全書》本，第 708 冊，第 40 頁。

〔註779〕《黃氏日抄》卷34 讀《本朝諸儒理學書二‧晦庵先生文集》，《四庫全書》本，第 708 冊，第 40 頁。

〔註780〕《黃氏日抄》卷45 讀《諸儒書十二‧石徂徠文集》，《四庫全書》本，第 708 冊，第 249 頁。

〔註781〕《黃氏日抄》卷45 讀《諸儒書十二‧石徂徠文集》，《四庫全書》本，第 708 冊，第 249 頁。

奉無失。

李氏，揚州人，夫以貿易爲事，常戒其夫曰「無易良雜苦，取不義之富，快一時之意」。撫其子曰「宜以此爲心，無令流餘殃也」。

劉工部妻陳氏世居袁州新淦，嫁劉式，俸薄家貧，陳氏曰「但奉清白，吾身執爨，毋爲身累也」。夫死，聚書千餘卷，示諸子曰「此汝父嘗謂此爲墨莊，今貽汝曹爲植學之具」。不數年，立言、立之、立德、立禮相繼登進士科。

岑頔母盧氏，江寧人，酷好篇什，教子頔以《詩》、《書》，淳化三年登進士第。

曹修古女，建安人，修古博學以直氣聞。明道初言事觸罪，自御史知雜降工部員外郎，知興化軍。卒，妻孥窮空無以歸，吏民思之，醵錢三十萬，拜酹堂下，家人未及言，女苦曰「我先君處朝爲聞人，以清節自立，不幸天不與年，終於貶所，今臨財苟得，尚何面目哭泣幃中，幸持歸，無爲先君累也」。吏民聞之，慚罷。〔註782〕

《孝行錄》：

易延慶，筠州上高人，父喪棄官，廬墓且出，守墳暮歸，侍母。開寶四年二月丙子墓西北產紫芝一本，至九年春三月丁亥復有玉芝十八莖生墓側。延慶後以慶恩出知端州，子綸大中祥符元年及第。

陳宗道，江陰軍舍村人，以孝悌聞，賣物不酬價，隨言予之，人未嘗多取之，服其德也。

郭琮，台州黃岩人，絕飲酒茹葷者三十年以祈母之壽，母年一百四歲，旌表門閭。

顧忻，泰州泰興縣人，以母多病，葷辛不入口者十載。雞初鳴，具冠帶，率妻子，問所欲，如此五十年未嘗一日或改。

朱虎殘，湖州武康縣人，家貧事母孝。一日入山，虎負之去，因厲聲曰「虎爲暴食我，所恨母無托爾。天道可無祐乎！」虎忽棄之於地而走如有疾驅之者。

許愈，宣城人，家世儒學，父養高不仕，愈事父以孝謹聞，供給甘旨晝夜不怠，父之所欲雖千里必致之，或隨記偕安輿扶侍，與妻子共食粗糲，晨夕事

〔註782〕《黃氏日抄》卷45讀《諸儒書十二‧石徂徠文集》，《四庫全書》本，第708
　　　　冊，第249～250頁。

父必盡珍異。父年垂八十，謂曰「視汝登科足矣」。祥符七年，果登進士第。

成象，渠州流江縣人，母疾，割股肉食之。母卒，廬墓，一日三時培土，虎豹環其廬而臥，象無懼色。

商人張氏居越州郭內，余與同過姑蘇，盤有鮦羹（吳人謂之黑鯉魚），不食，問之，曰「適禹祠逢事鬼者言食鮦與鼈，當祭之日祖先不能享，懼其厭氣也」。聆其言，遂絕口，妻子亦不許食之。

王礪，南京人，策名起家，歷典八郡，為性至孝，五子登科，二十孫自狀元堯臣而下，及第務學者相繼。〔註783〕

《論語說》：

無友不如己者：友者，輔人之仁，不可以非其人，故仲尼嘗曰吾死，商也日進，賜也日退。商好與勝己者處，賜好與不如己處者也。

子路惟恐有聞：非止聞夫子之道，凡聞人之善言善行皆如是。

愚魯闢喭：命者，稟之於天；性者，命之在我。在我者，修之；稟於天者，順之。愚魯闢喭，皆道其所短而使修之者也。

臧文仲竊位：公叔文子與大夫僎同升諸公，孔子曰可以為。文臧、文仲知柳下惠之賢而不舉，孔子謂之竊位。由此觀之，君子以薦賢為己任。

子貢言夫子不可及：子貢之言甚而言之也，孔子固學於人而後為孔子。

孔子稱冉求可使為宰，又鄙為小子：冉求有為政之材，故曰可使為宰。及其聚斂不合正道，故曰小子，鳴鼓而攻之可也。如美管仲之功，則曰如其仁，如其仁。至於鄙管仲之僭，則曰管氏而知禮，孰不知禮？

有德者必有言，有言者不必有德：古之取人以德，不取其有言，言與德兩得之，今之人兩失之。

孔子見互鄉童子：取以一時之能而不責以平生之行。〔註784〕

《墓誌》：

石待舉，字寶臣，新昌人。曾祖、祖皆仕錢氏，父渥有賢行，君幼而奇俊灑落。天聖五年登進士第，慶曆四年通判保州，有武臣韋貴者本侯家奴，以主恩得官至保州，管雲翼軍激變，石君死之。子衍之、世祿、延之、東之皆進士。

〔註783〕《黃氏日抄》卷45讀《諸儒書十二・石徂徠文集》，《四庫全書》本，第708冊，第250～251頁。

〔註784〕《黃氏日抄》卷45讀《諸儒書十二・石徂徠文集》，《四庫全書》本，第708冊，第251～252頁。

　　將仕郎湖州長史李君諱軻，四豫鄉舉，慶曆六年釋褐，授湖州長史，《銘》歎其仕晚位卑。〔註785〕

劉安世《元城語》（存）

　　《四庫全書》著錄劉安世《元城語錄解》，《黃氏日抄》所引有《四庫全書》本不存者，摘錄如下：

　　《左傳》襄十二年同宗於祖廟，注始封之廟，同族於禰廟，注父廟，然則宗遠而祖近也。政和中，大臣不學，以郡主爲宗姬，以縣主爲族姬。又姬，周姓也。自漢初取爲嬪嬙之號，已可笑。今乃以嬪嬙之號名其女，尤可笑。〔註786〕

　　子產相鄭，晉悼已薨，楚亦衰，子產又能得晉、楚大夫之心，許其更相朝晉、楚，亦值其時也。〔註787〕

　　繪，慈陵切，與餳相近而不同音。〔註788〕

楊時《龜山先生文集》（存）

　　《四庫全書》著錄《楊時文集》，《黃氏日抄》所引有《四庫全書》本不存者，摘錄如下：

　　李邦彥、李鄴皆國人所共棄，今以平賊和議之功歸此二人，士庶讀者皆銜恨，乞收還榜示。〔註789〕

　　《乞罷趙野》：今自李邦彥而下廢罷殆盡，獨野居職如故，乃建請士庶名字有犯天王君聖及以主字爲稱謂者悉禁。上皇廢格不行，而野泰然自如。〔註790〕

　　《乞黜責王雲等》：童貫、梁師成、李彥皆天下所共嫉，宇文虛中、王雲

〔註785〕《黃氏日抄》卷45讀《諸儒書十二・石徂徠文集》，《四庫全書》本，第708冊，第252頁。

〔註786〕《黃氏日抄》卷44讀《本朝諸儒書十一下・元城語》，《四庫全書》本，第708冊，第234頁。

〔註787〕《黃氏日抄》卷44讀《本朝諸儒書十一下・元城語》，《四庫全書》本，第708冊，第236頁。

〔註788〕《黃氏日抄》卷44讀《本朝諸儒書十一下・元城語》，《四庫全書》本，第708冊，第236頁。

〔註789〕《黃氏日抄》卷41讀《本朝諸儒理學書九・龜山先生文集》，《四庫全書》本，第708冊，第183頁。

〔註790〕《黃氏日抄》卷41讀《本朝諸儒理學書九・龜山先生文集》，《四庫全書》本，第708冊，第184頁。

皆童貫腹心。韓駒諂附，李谷獻賦入仕，寅緣師成，躐典誥命。王子獻在京東與彥爲姻好，依勢裒刻。近見除向子韶爲京東漕，其人操守堅正，凡李彥黨與宜委之究治。〔註791〕

王黼伏誅而蔡京父子止竄湖外，望取京父子與邦彥，大正典刑，投之嶺海。其間爲蔡氏、邦彥所用之人當一視之，察其賢而用，不賢而去，苟無事實，概以黨附爲言者，是欲中傷，不可不察。夫以二十餘年之間，是數人者實柄國柄，天下之士不仕則已，其仕於朝者皆其薦引也，非蔡則王，非王則李，若盡指以爲黨而逐之，是將空國無人矣。〔註792〕

《答練質夫》：向在諫垣，嘗論王氏之失，太學諸生安於所習，哄然群起而非之。〔註793〕

若不循理之人，敢爲妄言以阻亂政事，誠宜示之以好惡。陛下救今日之弊，誠恐不可以不勇。論曰：立法造事不爲眾，論所與以力勝之而欲成天下之務，未之有也。〔註794〕

楊時《龜山先生語錄》（存）

《四部叢刊續編》著錄《龜山先生語錄》，《黃氏日抄》所引有《四部叢刊續編》本不存者，摘錄如下：

太公進退隱顯各得其當。〔註795〕

謝良佐《上蔡語錄》（存）

《四庫全書》著錄《上蔡語錄》，《黃氏日抄》所引有《四庫全書》本不存者，摘錄如下：

只如喜怒，逐日消磨，任意喜怒，都是人欲。〔註796〕

〔註791〕《黃氏日抄》卷41讀《本朝諸儒理學書九・龜山先生文集》，《四庫全書》本，第708冊，第184頁。
〔註792〕《黃氏日抄》卷41讀《本朝諸儒理學書九・龜山先生文集》，《四庫全書》本，第708冊，第184頁。
〔註793〕《黃氏日抄》卷41讀《本朝諸儒理學書九・龜山先生文集》，《四庫全書》本，第708冊，第187頁。
〔註794〕《黃氏日抄》卷41讀《本朝諸儒理學書九・龜山先生文集》，《四庫全書》本，第708冊，第188頁。
〔註795〕《黃氏日抄》卷41讀《本朝諸儒理學書九・龜山先生文集》，《四庫全書》本，第708冊，第192頁。
〔註796〕《黃氏日抄》卷41讀《本朝諸儒理學書九・上蔡語錄》，《四庫全書》本，第708冊，第198頁。

子路、冉子被曾子將冷眼看，他只管獨對春風吟詠，肚皮裏渾沒些能解，豈不快活！〔註797〕

出辭氣，猶佛所謂從此心中流出。

儒異於禪，正在下學處。〔註798〕

荊公勝流俗之說，人能用此以行其所學爲補不細。〔註799〕

呂祖謙《東萊先生文集》（存）

《四庫全書》著錄《呂祖謙文集》，《黃氏日抄》所引有《四庫全書》本不存者，摘錄如下：

《館職策》：賈誼先外後內，治原殆未深講。姚崇不能格心而務力，邀君埒之誼，非匹矣。〔註800〕

《賜諡》：婺州丘壽舊申請接朱張爲此孔煒諡議，亦謂朱張與公互相劘切，其曰有自負其能、高視一世、壁立倚天者，及見公，降心屏氣，斂惡藏鋒，脫去故習，若未嘗有挾者焉。覆議丁端祖，則曰得晦庵朱氏、南軒張氏、東萊呂氏續濂溪、二程之傳而大道以明，人心以正，諡法開物濟物曰成，通達強立曰成，諡之以成，夫何慊。此萬世公論，異端自高者退聽矣。實嘉定八年指揮。〔註801〕

《易說》：首句云讀易當觀其生生不窮處。〔註802〕

《詩說》：首句云植者，人之性情而已。漢廣秣其馬，秣其駒；欲念數起。柏舟不能奮飛：非不能奮飛，特不忍去。還詩刺荒：田獵中自有精神。《碩鼠》詩誰之永號：它處無復號泣。《將仲子》：莊公待其弟之惡稔。〔註803〕

〔註797〕《黃氏日抄》卷41讀《本朝諸儒理學書九・上蔡語錄》，《四庫全書》本，第708冊，第198頁。

〔註798〕《黃氏日抄》卷41讀《本朝諸儒理學書九・上蔡語錄》，《四庫全書》本，第708冊，第198頁。

〔註799〕《黃氏日抄》卷41讀《本朝諸儒理學書九・上蔡語錄》，《四庫全書》本，第708冊，第199頁。

〔註800〕《黃氏日抄》卷40讀《本朝諸儒理學書八・東萊先生文集》，《四庫全書》本，第708冊，第159頁。

〔註801〕《黃氏日抄》卷40讀《本朝諸儒理學書八・東萊先生文集》，《四庫全書》本，第708冊，第168頁。

〔註802〕《黃氏日抄》卷40讀《本朝諸儒理學書八・東萊先生文集》，《四庫全書》本，第708冊，第169頁。

〔註803〕《黃氏日抄》卷40讀《本朝諸儒理學書八・東萊先生文集》，《四庫全書》本，第708冊，第169頁。

　　《周禮說》：言比、閭、族、黨、州、鄉爲成周疆理天下之法。言大司徒荒政十有二，如散利須更考。太府、天府等掌錢之官薄徵考九賦、九貢，緩刑考司寇、士師。言土均所均即大司徒所掌之士而斟酌損益之。又言師氏詔以德教國子，大司業掌成均之法，以樂德教國子甚詳。〔註804〕

　　《禮記說》：於幼子常示毋誑一章責孟母買肉啖子一誑成兩誑，最是入小人之徑路。其解五帝憲三王一章，云憲者，瞻儀容，觀起居，不待乞言，三王則從容款曲，忠敬誠懇。其說《學記》七者之教，云九分是動容周旋、灑掃應對，一分在誦說。今全在誦說，了無涵蓄工夫，皆反本之論。〔註805〕

　　《論語說》：鄉原，德之賊，謂鄉原之心要牢籠盡天下人。〔註806〕

　　《孟子說》：

　　見梁惠王一章，云以仁義爲天下，何利之足？

　　太王事秋一段，云人事盡，然後可以付之天。

　　孟子致爲臣而歸一段，云方其未出，使人君欲見不可得。及言不用，道不行，使人君欲留不可得。如是，然後可任道之輕重，保社稷之安危。自古人君本未嘗輕士，自是士自輕。

　　匡章能有悔心而獨處自省；《易》之消息盈虛，《春秋》之褒貶是非爲時中之義；孔子不與陽貨辨而與少正卯辨，孟子不與申韓辨而與楊墨辨，爲深明乎？樂正子一爲餔啜，已入陷阱。〔註807〕

　　《集錄史記》：

　　云溫公《通鑑》正欲續左氏編年，《左傳》之終云知伯貪而愎，故韓魏反而喪之。左氏終於此，故《通鑑》始於此。

　　又云溫公論才德自分明。

　　忙事，已過後，心不定，所以占時節多。

　　張荊州教人以聖賢語見之行事，因行事復求聖賢之語言。

　　爲學須是一鼓作氣，間斷便非學，所謂再而衰也。用工夫人才做便覺得

〔註804〕《黃氏日抄》卷40讀《本朝諸儒理學書八‧東萊先生文集》，《四庫全書》本，第708冊，第169頁。

〔註805〕《黃氏日抄》卷40讀《本朝諸儒理學書八‧東萊先生文集》，《四庫全書》本，第708冊，第170頁。

〔註806〕《黃氏日抄》卷40讀《本朝諸儒理學書八‧東萊先生文集》，《四庫全書》本，第708冊，第170頁。

〔註807〕《黃氏日抄》卷40讀《本朝諸儒理學書八‧東萊先生文集》，《四庫全書》本，第708冊，第170～171頁。

不是，覺得不是便是良心。

人有干求可不可便說。

處兩不足之間，凡應和語須對兩人皆可說。

聽人語不中節者，擇其略可應一語推說應之。

權職便當以正官自處，但不可妄有支用。

南軒曰心在焉謂之敬。

處家固不可不正且肅，然不可不放一分。〔註808〕

黃榦《勉齋先生文集》（存）

《四庫全書》著錄《黃榦文集》，《黃氏日抄》所引有《四庫全書》本不存者，摘錄如下：

《與李制帥書》：招軍不若使自結為保伍，其頭目人命之以官，且使守護鄉井，有急則調發應援，敵中所謂千戶想亦如此。世宗取兩淮所遣策應軍以數萬計者不知其幾，今兵弱如此，可不早圖之乎？又悉起諸郡配隸之人，自為一軍。〔註809〕

《復楊志仁書》：教官無鑒別不來，極善。此間朋友留戀飯碗，有乞人所不屑者，甚可鄙也。〔註810〕

《復陳監》：酒犒賞諸軍乃楊存中所私置，不過遷小小卒伍之長居之，後雖歸之朝廷，亦視為至賤之職。〔註811〕

張栻《南軒先生文集》（存）

《四庫全書》著錄《張栻文集》，《黃氏日抄》所引有《四庫全書》本不存者，摘錄如下：

《勸農文》：首告以勤，吾力既盡，至豐歉，則天焉。而亦由於人事，此則太守與官屬之責，而亦有繫於百姓者焉。〔註812〕

〔註808〕《黃氏日抄》卷40讀《本朝諸儒理學書八‧東萊先生文集》，《四庫全書》本，第708冊，第173～174頁。

〔註809〕《黃氏日抄》卷40讀《本朝諸儒理學書八‧勉齋先生文集》，《四庫全書》本，第708冊，第175頁。

〔註810〕《黃氏日抄》卷40讀《本朝諸儒理學書八‧勉齋先生文集》，《四庫全書》本，第708冊，第176頁。

〔註811〕《黃氏日抄》卷40讀《本朝諸儒理學書八‧勉齋先生文集》，《四庫全書》本，第708冊，第177頁。

〔註812〕《黃氏日抄》卷39讀《本朝諸儒理學書七‧南軒先生文集》，《四庫全書》本，

《漢丞相諸葛忠武侯傳》：傳後云，或謂侯勸昭烈取荊州爲不義，不知劉琮既已迎降於操，則荊州固魏之荊州矣。於以取之，豈不正乎？惜昭烈之失此機也。又或謂魏延之策，惜侯不用，不知夫天將昌漢，以侯之舉措掃禽亂賊直餘事耳！行險徼倖，非侯志也。嗚呼！秦漢以來士狃於戰國之餘習，張子房爲拔出者而猶未免雜以伯術，若侯眞豪傑之士，無文王猶興者耶！然使侯得遊於洙泗之門，講學以終之，則其所至又非予所知也。又曰朱元晦以予不當不載以管樂自許事，謂侯爲後主寫《申》、《韓》、《管子》、《六韜》之書及勸昭烈取荊、益，可見其所學未免駁雜。然方曹氏篡竊之際，侯以身從帝室之胄，允執大剛終始不渝。使侯當齊侯時，其肯自富其國而忘天下之大訓乎？使侯當燕昭時，其肯志在土地珍寶而自以爲功莫大乎？故不欲書以惑觀，拔本塞源之意也。予讀《出師表》所以告後主，一出於正，殊非刻核陰謀之語，故於手寫《申》、《韓》等書之事，疑則可闕也。侯在草廬，一見昭烈，遂定取荊、益之計，蓋以興復漢室爲己任，則諸侯內懷他國者得以正名而討之。然昭烈小不忍而妨大計，故劉琮降操，荊、益可取而不取，是侯之策，昭烈未能盡從也。及狼狽而遁，藉吳敗操，又迫於吳而入蜀，以譎計取之。予知侯有不得已者，非草廬所以告昭烈之本意也。然侯於學未足，故昭烈譎取劉璋終爲有愧。若夫開國建後大事也，而奉冊所立者乃亡國之宗婦，以日易月，後世之大失也。而昭烈之喪冢宰，所贊者乃固謬之禮。然則，當斷之曰若侯者，體正大而學未至者也。〔註813〕

陸九淵《陸象山文集》（存）

《陸象山文集》今存，《黃氏日抄》所引有中國書店 1992 年版《陸象山全集》不存者，摘錄如下：

《惟出殿博所錄》：

一夕步月歎朱元晦泰山喬嶽，可惜學未見道，枉費精神，遂自擔擱。包敏道曰勢既如此，莫若各自著書以待天下後世之自擇，忽正色厲聲曰敏道，敏道，恁地沒長進，乃作這般見解，且道天地間有個朱元晦、陸子靜，便添得些子；無了後，便減得些子。

天下之言性也，則故而已矣。據某所見，當以莊子去故與智解之。其言

第 708 冊，第 150 頁。

〔註813〕《黃氏日抄》卷 39 讀《本朝諸儒理學書七・南軒先生文集》，《四庫全書》本，第 708 冊，第 150～151 頁。

性者，大抵據陳迹言之。〔註814〕

《韓愈文集》（存）

《韓愈文集》今存，《黃氏日抄》所引有上海古籍出版社 1986 年版《韓昌黎文集校注》、中華書局 1979 年版《全唐詩》不存者，摘錄如下：

《送虔師》：方將斂之道，且欲冠其顛。〔註815〕

《葡萄詩》：以馬乳對龍鬚。〔註816〕

《論權停舉選狀》：天旱人饑，乞停稅至來年。

唐制國子館生三百人，大學館生五百人，四門館生五百人，名三館學生。〔註817〕

《歐陽修文集》（存）

《歐陽修文集》今存，《黃氏日抄》所引有中華書局 2001 年版李逸安點校本《歐陽修全集》不存者，摘錄如下：

《先君墓表》：母述其言，謂祭必泣，曰祭而豐不如養之薄也。御酒食，又泣曰昔不足而今有餘，其何及也？為吏夜治官書曰求其生猶失之死，而況世常求其死也。〔註818〕

《辭侍讀》：學士俸薄朝恩，添請官以一人輕，一至於此。〔註819〕

《再辭侍讀》：既已陳述，若不踐言，則貪榮冒寵不止尋常之責，而虛辭飾讓又為矯偽之人。〔註820〕

《辭給事中》：自以疾病求罷，豈可又轉一官？〔註821〕

〔註814〕《黃氏日抄》卷 42 讀《本朝諸儒書十‧陸象山文集》，《四庫全書》本，第 708 冊，第 221 頁。

〔註815〕《黃氏日抄》卷 59 讀《文集一‧韓文》，《四庫全書》本，第 708 冊，第 466 頁。

〔註816〕《黃氏日抄》卷 59 讀《文集一‧韓文》，《四庫全書》本，第 708 冊，第 466 頁。

〔註817〕《黃氏日抄》卷 59 讀《文集一‧韓文》，《四庫全書》本，第 708 冊，第 482 頁。

〔註818〕《黃氏日抄》卷 61 讀《文集三‧歐文》，《四庫全書》本，第 708 冊，第 518 頁。

〔註819〕《黃氏日抄》卷 61 讀《文集三‧歐文》，《四庫全書》本，第 708 冊，第 527 頁。

〔註820〕《黃氏日抄》卷 61 讀《文集三‧歐文》，《四庫全書》本，第 708 冊，第 527 頁。

〔註821〕《黃氏日抄》卷 61 讀《文集三‧歐文》，《四庫全書》本，第 708 冊，第 527

《曾鞏文集》（存）

《曾鞏文集》今存，《黃氏日抄》所引有中華書局 1984 年版《曾鞏集》及巴蜀書社 1992 年版《全宋文》第 29 冊中曾鞏文不存者，摘錄如下：

《添兵》：李元昊反，河西契丹謀棄約，西方遂益禁兵二十萬，北方益土兵二十萬，又益禁兵四萬。指揮及群盜張海、郭邈山等劫京西，江淮皆警。大臣又令天下益兵，知課院孫甫言天下所以大困者，兵爲甚，又可益之耶！

〔註 822〕

《王安石文集》（存）

《王安石文集》今存，《黃氏日抄》所引有北京大學出版社 1992 年版《全宋詩》、巴蜀書社 1993 年版《全宋文》第 32、33 冊不存者，摘錄如下：

《漢以丞相史刺察州郡》：刺史及本朝許元爲轉運使，諸路有米貴，則全輸錢以當年額而爲之，就米賤路分糴之，年額易辦而所收錢米常以有餘。

〔註 823〕

《許氏世譜》：許規常羈旅宣、歙間，旁舍有呻吟且死指多橐中有黃金十斤，屬以骸骨者，規負其骨千里並黃金致死者家。規，蓋國初人，生三子，遂、逖、迴，遂起家云。〔註 824〕

《汪藻文集》（存）

《汪藻文集》今存，《黃氏日抄》所引有《四庫全書》本《浮溪集》不存者，摘錄如下：

《十月食竹筍詩》注：竹枯葦。〔註 825〕

紙絞，紙撚也。〔註 826〕

頁。

〔註 822〕《黃氏日抄》卷 63 讀《文集五・曾南豐文》，《四庫全書》本，第 708 冊，第 565 頁。

〔註 823〕《黃氏日抄》卷 64 讀《文集六・王荊公文》，《四庫全書本》，第 708 冊，第 574 頁。

〔註 824〕《黃氏日抄》卷 64 讀《文集六・王荊公文》，《四庫全書本》，第 708 冊，第 577 頁。

〔註 825〕《黃氏日抄》卷 66 讀《文集八・汪浮溪文》，《四庫全書》本，第 708 冊，第 591 頁。

〔註 826〕《黃氏日抄》卷 66 讀《文集八・汪浮溪文》，《四庫全書》本，第 708 冊，第 591 頁。

韓世忠以妻梁氏私求恩澤而自劾，降詔獎諭。〔註 827〕

《跋上舍題名》：我神宗始以經術造士，欲遂頒三舍，天下未暇也。至徽宗益新月書季考之法，崇寧三年首命上舍生賜第者十六人。〔註 828〕

《汪伯彥丞相制誌》：伯彥和相州，頃，高宗以康王使窩離不軍，至磁，而伯彥亟以帛書請王還相，躬服橐鞬，以兵二千逆王河上。王開大元帥府，以伯彥爲副，欲引兵渡河，謀所向。伯彥獨決策出北門濟子城，於是由大名歷鄆、濟二州，達於宋。復勸進即位南京，未幾，伯彥有疾，乘輿南渡，咎不由之。〔註 829〕

《賈黨閣學誌》：張邦昌僞赦至揚州，公適在焉。師臣國視莫敢發，公遽取書焚之，北向長號。〔註 830〕

《待制張擴誌》：公字彥實，嘗爲中書舍人。吳璘入覲，乞用團練承宣使恩爲其子換文資，公持不可。劉光世疾革，援例乞免其家差役科敷，又持不可。〔註 831〕

《徐師仁誌》：徐師仁當前徽宗修道史時，充潤文官，凡四人，董晞淵尤長釋氏書，爲章句流佈四方。〔註 832〕

《黃庭堅文集》（存）

《黃庭堅文集》今存，《黃氏日抄》讀《黃涪翁文》所引有《四庫全書》本《山谷內集注二十卷，外集注十七卷，別集注二卷》不存者，輯佚如下：

《內集・詩》

《濂溪詩・序》：周茂叔人品甚高，胸中灑落如光風霽月。〔註 833〕

〔註 827〕《黃氏日抄》卷 66 讀《文集八・汪浮溪文》，《四庫全書》本，第 708 冊，第 592 頁。

〔註 828〕《黃氏日抄》卷 66 讀《文集八・汪浮溪文》，《四庫全書》本，第 708 冊，第 596 頁。

〔註 829〕《黃氏日抄》卷 66 讀《文集八・汪浮溪文》，《四庫全書》本，第 708 冊，第 597 頁。

〔註 830〕《黃氏日抄》卷 66 讀《文集八・汪浮溪文》，《四庫全書》本，第 708 冊，第 597 頁。

〔註 831〕《黃氏日抄》卷 66 讀《文集八・汪浮溪文》，《四庫全書》本，第 708 冊，第 597～598 頁。

〔註 832〕《黃氏日抄》卷 66 讀《文集八・汪浮溪文》，《四庫全書》本，第 708 冊，第 598 頁。

〔註 833〕《黃氏日抄》卷 66 讀《文集八・黃涪翁文》，《四庫全書》本，第 708 冊，第 583 頁。

《內集・題跋》

或問不俗之狀，曰難言也。視其平居無以異於俗人，臨大節而不可奪，此不俗人也。〔註834〕

《外集》

《豫章先生傳》：先生其先金華人，六世祖瞻以策干江南，用爲著作佐郎知分寧縣。瞻生玘，玘生元吉，始小築水上。元吉生中理，中理生湜，湜生庶，嘗攝康州。實（疑誤）生先生，幼孤，從舅李公擇學，登治平四年第。調汝州葉縣尉，除大名府國子監教授，留守文潞，公留之再任。先是眉山蘇公見先生詩於孫莘老家，因以詩往來。蘇公以詩抵罪，先生亦罰金直差知太和縣，移監德平鎮，過泗州僧伽塔，作發願文，戒酒色肉，但朝粥午飯如浮屠法，時元豐七年三月也。召入館，纂修《神宗實錄》，丁母憂，除同修國史，辭疾，爲請郡奉祠。紹聖初謂實錄多誣責涪州，別罵黔州，安置外兄作本路常平官，避嫌移戎州。徽宗登極，敘復又召爲吏部員外郎，不得拜。知太平州，九日而罷，以嘗作《荊州承天院塔記》，運判陳舉採摘其語以爲謗國，除名編錄。宜州卒焉，年六十一。先生風韻灑落，胸中恢疏。事母孝，有曾閔之行。遇郊當任子，捨其子而官其兄之子，嘗遊灊皖樂山谷等。石牛洞之林泉，因自號山谷道人，王炎集其文，李彤再爲外集。〔註835〕

《范成大文集》

《范石湖集》今存，《黃氏日抄》所引有上海古籍出版社 1981 年版《范石湖集》不存者，摘錄如下：

詩詞雜賦

1. 《黃君謨州學記》：瀨江地卑，自徽至嚴二百灘，以乳灘爲最險。徽之黃山三十六峰以天都峰爲最高，有溫泉在黃山之朱沙峰下。〔註836〕

2. 《會散夜步詩》：貪看雪樣滿街月，不上籃輿步砌歸。自注云：步砌，吳語也。〔註837〕

〔註834〕《黃氏日抄》卷66讀《文集八・黃涪翁文》，《四庫全書》本，第708冊，第586頁。

〔註835〕《黃氏日抄》卷66讀《文集八・黃涪翁文》，《四庫全書》本，第708冊，第587～588頁。

〔註836〕《黃氏日抄》卷67讀《文集九・范石湖文》，《四庫全書》本，第708冊，第601頁。

〔註837〕《黃氏日抄》卷67讀《文集九・范石湖文》，《四庫全書》本，第708冊，第

3. 《安福寺禮塔詩》注：蜀音難曉，反以京洛音爲虜語，或是僭僞時以中國自居也。既又諱之，改曰魯語。〔註838〕

4. 老宅即老人村也，舊名獠澤。范成大更今名。〔註839〕

5. 索橋以繩架空。〔註840〕

奏狀

6. 《繳僞會齊仲斷案》，爲中書時所奏。初，乾道六年七月四日指揮，限三日毀印，湖州齊仲以八月十七日有犯，斷以死罪，謂在三日外也。石湖謂：七月七日降指揮，十一日方關戶部檢法案，金部之與法案，同一曹局，頃步之間，八日方能關行，而況傳至外州！合更審湖州出榜的日，仍豁限三日，敕限外照本人所犯日子，然後處斷。

7. 主管殿前司公事王友直奏：男娶左翼軍統制趙渥女，以渥分戍泉南，免避親嫌。石湖謂：如渥比者，始可權免爾。劉錡之於劉汜，不避子侄之嫌，吳璘之於姚仲，不避姻家之嫌，皆致敗事。蓋兵家利害，動關生殺，非若州縣官止於舉劾而已。令諸軍不得因今來指揮，輒容合避親充將佐。

8. 節使知宗士銖，乞照嗣王例，全支米麥等恩數。石湖奏：立愛惟親，固聖人之用心，法行自近始，亦聖治之先務。貴近無尺寸者，相習如此，異時勳臣戰士，若復越制請求，則如何而拒之？

9. 論宋賅召命：賅蓋秦檜親昵者。以上皆中書所奏。

10. 廣西無酒稅商舶所入，祖宗撥諸路錢物助之。湖北軍衣絹四萬二千匹；湖南絁一萬五千匹、綿一萬兩；廣東米一萬二千石，提鹽司鹽一千五百萬斤，韶州岑水場銅五十二萬斤，付本路鑄錢一十五萬貫。總計一百一十餘萬貫，並充廣西支邊。建炎兵興，諸路不復撥到，所籍者官賣鹽耳。廣西漕司歲發鄂州大軍經略司買馬靖州共二十一萬貫，歲撥諸經費及諸司循例支遣，共五十二萬二千八百貫，通計七十三萬

601頁。

〔註838〕《黃氏日抄》卷67讀《文集九·范石湖文》，《四庫全書》本，第708冊，第602頁。

〔註839〕《黃氏日抄》卷67讀《文集九·范石湖文》，《四庫全書》本，第708冊，第602頁。

〔註840〕《黃氏日抄》卷67讀《文集九·范石湖文》，《四庫全書》本，第708冊，第602頁。

一百貫，均撥鹽數諸州出賣，除收息充歲計外，又別支鹽附賣，以六分爲大軍買馬及靖州歲計，四分助諸州，又計一十九萬四千一百貫有畸。紹興八年六月，改官賣鹽，行客鈔，利歸鹽司分隸起發。時漕司高繹，止具舊來經費已失四分所管十九萬四千一百餘貫之利。又便擬鈔法，必及歲額，以太半不可指準之錢，爲一路歲計，以致諸州困乏，軍無贍養。後因鈔鹽不行，乾道四年六月四日，復令官賣，遇東鹽廢弛，以不得過西路爲說。乾道七年六月二十八日，復通行客鈔。石湖入蜀，值宜州對境南丹州莫延甚入省地作過，謂皆因邕、宜、融邊郡無錢糧，軍政廢弛所致。力請於朝，以復行官賣鹽爲第一事。

繼又四條事：一、乞招塡諸州將兵；二、乞以前提刑滕效用，軍發赴行在逃亡者招充本路效用，小弱者斷給據自便；三、以廣西人少，一保動隔山川，改戶長法，止以三十戶爲一料；四、以薄尉規避上司，別差無籍者攝之，乞禁止。

又劾宜州病官不之仕，及冒極逐賞。

又轄鈐將副，老者與祠。

乞改四月十五科舉爲三月十五，以免冒暑。

乞以銓試三場分日。凡皆帥廣時奏。

11. 奏四蜀酒課重。上爲出上供錢四十七萬，對減折估。

成州東柯鎮太平監之間，去虜境三十里，有銀坑，恐啓戎心，棧塞之。

論安撫司不當辟城寨，官事屬制司。凡皆帥蜀時奏也。

12. 薦知繁昌縣鮑信叔，詣州抱酒稅額而減酤價，罷市徵，商旅悅集，縣計以充，補解前官欠三年，減饒民戶，猶有餘積。愚謂以信叔爲能吏則可耳，後不可繼，必有受其弊者。然楊萬里、尤袤皆薦之。

13. 知處州，上殿陳日力、國力、人力之說，謂稽古禮文之事太繁，承平虛費之習未盡。

又陳錄問事，謂「法云人吏依句宣讀，無得隱漏，令囚自通情，以合其欵」。詳此法意，不止讀成案而已。今離絕其文，嘈囋其語，造次而畢，欲委長吏點無干礙吏人先附囚口責狀，覆案無差，然後亦點幹礙吏人依句宣讀。

又陳閱軍事：按令惟郡守兵官，得破不堪披帶人當直，其餘專用廂軍。令憚肄習而戀司局，降就廂軍，或徑降剩貪，是簡閱未精也。舊制：

營房損漏，兵官不得替移。霖雨經時，有司先葺營寨，令有營無屋，雜處閭井，是營伍未立也。

14. 召對劄：乞招閱弓手。其後爲右史，又直前奏之。

15. 論不舉子：準紹興八年指揮，貧乏妊娠，支常平米四斗。十五年，改支一石。又令殺子之家父母鄰保、收生人皆徒罪。先是蘇軾知密州，盤量寬剩，得數百石，專儲以養棄兒。

16. 乞議減浙東丁錢。

17. 松陽縣創義役，囑交代樓璩行之餘五縣。其後上殿，取湖沂繕寫規約，頒之天下。後又以此義舉，乞免處州丁鹽絹。

18. 乞除歸明歸正字，以示一家。

19. 乞避兄成象立班。照慶曆八年，李端懿復防禦使，與弟沂州防禦使端願同班，端願乞下之例，從之。又：元豐六年，亦有兄任起居郎，弟中書舍人，班兄之下。成象工部，石湖禮部。

20. 論重徵莫甚於沿江。如蘄之江口，池之鴈，號大小法場。上而至荊峽，往往有是名。虛舟往來爲力勝，本無奇貨，而妄呼名件爲虛喝，宜徵百金，先抛十金之數爲花數。客費日多，則物日湧，錢日輕。乞禁沿江置場，繁併并州縣於支港小路私置處省之。

21. 內殿論奏讞：嚴限，尅期報應。論準令，給因之物許支錢；準格，在禁之囚許支米。錢許於贓罰等，支米無名色。乞令運司下州縣，苗米截撥，闕米則合支錢收糴。

22. 應詔編進勤政故實。首一條，謂：乾之所以爲天者，自強不息而已。

23. 內殿論左右史郎左舍人右侍立典故。唐制：凡御殿，二史立左右紫宸閣，臨軒即立螭頭，皆得密聞王言。國朝淳化二年，始置直崇政殿。慶曆二年，歐陽修同修起居注，移立御前，曰起居注非殿中祇候人，不當立座後。隆興元年，胡銓乞復侍立故事，御史臺會到經筵例，宰執臺諫奏事，權立朵殿，臣僚奏事時，立御座前。閤門契勘，垂拱殿常朝，自來二史無侍立指揮，今請比附後殿輪立。旨從之，餘依舊。

24. 承平絹價不滿一貫，而二貫滿疋定贓罪，寬之也。其後兵興物貴，紹興三年，詔疋準三貫。石湖以時價已至六七千，合更量增一貫。和買取民財，隨時增價，定民罪則減之，聖政所大不忍也。

25. 論銅錢入北。乞聚茶榷場，專以見錢出賣，而輕其價，則錢之在北者

必來。以管仲藏石壁來天下貨財爲證。又論蕃貨皆非中國不可無之物而誘吾泉寶以去，權住明州蕃舶。及北使回，又奏四明溫陵商舶糴買山東麻豆，彼減價而須見錢，錢過界者不勝計。

26. 使回奏。諜者詭姓遁迹，冒九死而圖萬全，索隱察微，問一二而知十百。此非妄勇男子所能，非其人不可泛遣。用晉遣人乩宋事。

27. 內殿論獻說迎合、布衣補官之弊。

28. 論知人：不知其人而使之，不集事，則均受不才之名。各以其長，易地使之，皆以才稱。

29. 將帥爲其下告贓，乞此外一切原之。

30. 賑濟須分就遠鄉。

31. 論修史須立程限。

32. 奏。交州進奉，政和五年指揮，經過州軍，更不復禮。紹興二十六年，施鉅帥廣，報謁移庖，遂爲例。至是絕之。

33. 論馬政四弊。邕州買馬大弊二。蠻人先驅一二百瘦病者爲馬樣，邀以買此而後大隊至。暨至，亦雜以半。買馬司典吏與招馬人歲久爲弊，一也。橫山寨無草場，支錢悉爲官吏乾沒，不以時得草，二也。沿路損馬大弊二。所至無橋道，涉水貪程，一也。州縣不與草料，但計囑押人而去，二也。買之弊乞擇官，損之弊乞馬病隨寓留醫。

又奏。靜江府興安縣，客旅私販水銀入建陽、邵武賣異色錦私，涉宜州蠻界，至邕州溪洞，邀蠻人教止易銀，而以私錦售易之。官價：錦當銀三十五兩，私錦只十五兩。致官錦無用。獨一色銀，易馬不足。且誘省地民負荷而縛賣之，或夾帶奸細。乞禁約於建陽、邵武出錦之源。

淳熙元年指揮，戰馬買四尺四寸以上。石湖乞四尺三寸以上帶分亦選貴，蓋自紹興六年指揮買四尺二寸以上。廣中元無戰馬，羅殿、自杞諸蠻以錦綵博之大理。大理，即南詔也。諸蠻驅至橫山場互市，每低一寸，減銀十兩，如四尺四寸者，銀四十一兩，三寸即三十一兩。自橫山至邕州七程，至經略司又十八程。其道自邕、賓、象、靜江出湖南。紹興十年三月指揮，經由州縣，於經制錢立料應副，湖南自全州至行在，並遵依。而廣西科稅戶，稅戶陪些小錢物，折與管押兵校，而馬斃於饑渴矣。石湖奏乞一體行。又買馬久弊，銀則雜銅，名四六

銀，鹽則減斤，百得七十，皆爲邊吏乾沒。石湖以乾道九年到任，措置銀不夾帶，鹽足斤兩。又印給支票憑由，每量到馬疋，即批上尺寸斤兩。蠻人感悅，得馬最多。

出嶺又奏：乞常切檢察準格買馬不及千五百匹，展磨勘一年多。二百匹，減磨勘。千匹，轉官。淳熙六年，多千二百五匹。

34. 廣西管州二十五，四在海之南，二十一在海之北。在海北者，外邊諸蠻，內雜洞猺，而邕、宜爲最要害。邕州管東南第十三，一將，五千一百人，淳熙初，僅存七百七十餘人。宜州管第十二，副將，淳熙初存五百三十餘人。又多差押馬催綱接送，雜役在營者，皆老病，與無兵同。邕州馬，元額一千六百疋，至是，亦僅二十七疋而已。石湖申乞復行官賣鹽，以其事力招塡邕州買馬。銀鹽繒錦數十百萬，皆在橫山庫，無城護藏，無兵鎮壓，乞將邕州守臣，常擇折衝禦侮之材，經司駐靜江。是時，見兵亦不滿二千人，石湖賣強壯一千人，並駐泊下，揀百八十四人與攦鋒軍，本司效用軍結隊上教，旬兩披徠。蓋自何俌爲帥，隆興間，申揀得五百人教閱，今方再教之。使郡將常以此存心，太祖養兵之法，何至反成蠹國哉！近世，見在軍不實而反添刺孱弱以益其蠹，可怪也。石湖練兵之外，又團結猺人，作三節措置。先結邊洞省民，授器教陣。次諭稍近猺人，團結立誓，然後許通博易。最後又遣勇敢，以近猺爲鄉導，深入不賓處，如前論之。他日遠猺有犯，須先破近猺，近猺有犯，先及邊團，則官兵固已至矣。是年靜江管下溪洞猺人，結成五十五團，置桑江寨以統屬之。其義亭、臨桂、古縣一帶，深山團結不盡者二十四聚落，亦緣此不敢犯邊。又置博易兩場，以防其窮迫。山之北置義寧縣，西山之南置灕溪隘，下皆具圖冊奏聞。攦鋒軍，本東路駐紮，分二百人於西路靜江，東路尚二千六百人，又欲抽回靜江者。石湖屢申不發，謂固西路所以固東路也。東路管十四州軍，駐韶州，非邊面固云。

35. 昭、賀二州旱，既賑之，又乞減四等以下戶田租之半。

36. 官賣鹽既行，關防三事：一慮漕司發與諸郡抑配；二慮取贏攬價，民食貴鹽；三慮倉吏減斤，多裝籠葉。

37. 自廣易蜀，申八箚而後行，皆在任措置軍民馬政實事，俾後來者接續。

38. 五十一卷以後皆帥蜀時奏箚。一初邛部州首領蒙備歿，弟崖轄繼。蠻俗，襲兄者妻其嫂。蒙備妻嗚呼殿悅其幼弟部義而歸烏蒙，部義從之，結烏蒙兩抹。又旁近蠻謀取崖襪而代之，相攻未決。乾道九年春、冬，吐蕃、青羌兩寇黎州，崖轄、部義皆常助我，有功。至是，荊南府探聞其略，謂賞不均，而邛部擾乞賞部義，石湖得其實，申嚴斥堠而已。具言蜀西皆與諸蕃接，為唐邊害，本朝經撫之，且吐蕃、南詔瓜分西南，無警二百餘年，歲歲備馳。近歲忽有雅州碉門之寇。乾道，吐蕃復寇黎州。遂併嘉、雅、威、茂四州，永康、石泉二軍，凡七郡一體措置。教將兵，修堡寨，並講明寨戶土丁團結，各自為戰，以省戍役。乞給度牒五百道濟其用。

又，旌黎州死事者五人：推官黎商老，巡檢王勝，監稅杜立，指使崔俊、楊滌。並乞除放黎州欠負。其說曰：乾道寇入，致欠錢引一萬五百四十道，而總領司置獄雅州，抑吏均陪錢引萬餘，必非出自吏胥之家，掊領居民，漁奪商賈，何所不至，民困誅求，反思有寇之歲，無此追擾。望聖慈計其大者，指此錢引下總司，特免催理。

又以鳳州迫大散關，乞下興元都統補其軍；以階、成、西和、鳳四州關外為北界首，乞從諸司共選辟守臣。凡其措畫四蜀邊防，大略如此。

蜀自失陝，竭其力養關外軍，而折估最病民。折估者，蜀酒課名也。公契勘：成都一郡元額四萬八千四百八十貫，見收四十萬八千六百四十貫，縣額十五萬六千四百四十貫，見收三十九萬二百七十貫。遂並覆實。四路共六十二州，內十三州元無折估，五州不申敗缺，餘四十四州，各有重額，共奏減四十七萬二千五百四十三道錢引，計十分內減八釐三毫有奇，以總領司經費外事，故僧道度牒截發對減。奏凡三四上，其要有曰：去四川數十年之害，培其本根，徐用其力，國家長計也。又曰：遠方州縣吏為入朝廷根本憂者幾人，折估不辦，上司怪怒，百方貼補上場。陛下赤子而不恤，後日意外之患。其間貪墨又或並緣此，所以實聞於朝廷者寡也。又曰：出納之司，徒件枝葉粗存，不知本根將撥。又曰：望陛下斷自宸衷，與帷幄大臣決之，不須更付有司。彼有司者，但知出納之吝，安知根本之憂。及得旨蠲放，又奏：舊以增額補敗闕，有司以增數為不係帳錢而敗闕不問，有司今後不得

掠取係帳錢。已而四路州縣節次申，七月十五日以後，百姓各啓建感恩祝聖道場，五日或七日，乞照仁宗免榷河北鹽故事，宜付史館。時淳熙三年也。〔註841〕

箚子

39. 薦樊漢廣除知雅州，謝迓吏而掛冠，官已至朝請郎，咫尺奏薦而不問，時年五十六。孫松壽告老，年六十六。

40. 開外階、成、西和、鳳四州，歲苦和糴。而鳳州在魚開前百九十里，係嘉陵江源，灘石水澀。階、成、西和去江愈遠，無由漕運，和糴莫免。公契勘：川秦軍糧減到利、閬、興州、大興軍等處，官糴買濾、敘客米多支錢，並利州酒息共百萬，以增添四州及金、洋州、興元府糴，本使官自糴買通，利路諸州並不科糴。

41. 奏關外四州災傷，準令安撫司體量措置，轉運司檢放展閣，常平司糴給借貸，提刑司覺察妄濫。

42. 茶馬司歲起川秦兩司馬百五十一綱，差成都、潼川、利路兵三千六百餘人管押。馬斃大半，逃亡不返，又於內解雇夫錢一半，每名二十八道，剋眾兵月糧充之，公申乞揩約蠲免。先是以宣撫司權重，罷之，複製置司，而關外都統不關報事，宜公申審。

43. 乞提刑依限決獄。檢準乾道令，限五月下旬起離，雖未被旨，亦行。

44. 興元、洋州等處，建炎依陝西法抽結。義士在關外四州，則名忠勇軍，與免科率。大散關之戰，能為官軍先鋒。後因差役規法浸壞，乾道三年，虞雍公宣撫得旨，增結梁、洋一帶，計二萬六千餘人，立為專法。大要一語：非因調發，不許差使。蓋朝廷無毫釐養兵之費，而實寓正軍數萬於民間，所當愛護。至是都統郭鈞議差守關隘，公以雍公專法爭之。

45. 四川城寨兵官八十六關，舊制司差辟。公至是申明，且乞所給付身，勿付幹事人，並從吏部皮筒遞付。

46. 黎州青羌失互市，寇邊，公乞未可許，且謂：蠻夷最畏西兵，號吃人肉，乞增西兵。蓋黎州，蜀門戶也。白水寨將王文才叛歸羌，公募致斬之。

〔註841〕《黃氏日抄》卷67讀《文集九·范石湖文》，《四庫全書》本，第708冊，第605～611頁。

47. 紹興二十七年指揮，罷衙兵司提轄官。公至是在准指揮。

48. 論邦本箚子。得民有道，仁之而已。省繇役，薄賦斂，蠲其疾苦而便安之，使民力有餘而其心油然，知后德之撫我，則雖天不能使之變，而況蠻夷盜賊水旱之作，安能搖其本而輕動哉！乃者，四蜀酒估之患，捐錢五十萬代之，償令一下，歡呼祝聖者，沸天隱地。關外和糴之困，免糴令下，邊氓或至感涕。於是知民之易德，有如此者。更願益加聖心，深詔內外執事，凡民疾苦，悉以上聞。苟可惠利，勿率故常，使光天之下，至於海隅，蒼生罔不被堯舜之澤，則眾心成城，天下可運諸掌矣。

49. 論支錢箚子。內郡拖欠，因循弗償。邊守望輕，莫能理索，擁其空城，坐受艱窘。群蠻習見，意輕中國。如眉州旱敘州米萬石，止與百石、五十石，或全不應副。乞責四路漕臣參酌，別立中制。

50. 論兵貧。軍中貿遷，不無搔擾，將兵幹當，亦廢教習。

51. 論吏廩。俸給不以時得，當專責之漕司，不應廩稍息絕，坐視不顧。並蜀事。

52. 論朝市儀注。一乞令編攔人寬出班路，使縉紳次序安行。此朝廷之儀。二乞侯屬車禁衛盡絕，方許民庶通行。此扈從之儀。三乞有當避道、分道、斂馬側立之類，一如儀制。此街道之儀。以下還朝奏事。

53. 論二廣獄事。憲司吏指摘片言，以控扼邀求不滿所欲，則追逮送勘，故酷吏寧殺囚於獄，以免後災。深慮有數十年無詳覆事至憲司者，豈真無死囚哉！

54. 貢院添卷首長條背印。

55. 知明州奏事。皇子魏王鎮明七年，而公承之。奏：倚閣諸司錢十五萬貫住，罷不合幫錢米十之二三。罷供進局，還行鋪錢。此於救弊為有大造。

又奏：將舶船客貨抄數估直若干，候回舶，亦將博買中國貨物，估直與來貨價同，方令登舟，使別無餘力可換銅錢，以絕舊來輕舠載錢潛行數程以俟大舟泄錢莫道之弊。愚恐徒擾而無補，如不料其抽解，竟禁其貿易足矣。

又奏：揀汰水軍，立每年條例。

又奏：配軍分送屯駐軍。暨歸朝，進海界圖本，諸盜發，各責地分官。

及將海船五千八百八十七雙結申，遇獲賊，根治同甲。愚恐巡尉非弭海盜之官，海船不能止他船爲盜。滄溟浩渺，責人以所難能，或未可耳。

又：乞截上供錢萬貫糴米定海縣倉，以給出海兵船口食。此恐官司未必可行。

乞配軍役滿十年不逃亡，而本州。此恐人情不能遵守，殆紙上語也。

56. 謂《原道論》一出，則儒術益明，二氏不廢。此殆公佛學中自有所見。然史越王亦學佛者，嘗以此諫壽皇，何石湖之異耶！

57. 奏住催江東軍器，免催殘稅，借廣惠倉陳米，以備賑糶。此皆公自鄞移建康，遇淳熙庚子歲歉後初政也。

又奏：沿江全藉上游江西、湖北客米。兩得旨，稅場不得邀攔。乞申嚴行下。

58. 鉛山膽水，洪水後盡涸。

59. 公時帥江東，當淳熙辛丑，仍歉。乞借朝廷見椿建康等處米三十萬石，穀二十萬石，不候檢到損數，通融兌便。恐冬深民流，救之無及也。

又謂：廣濟倉等陳米，儲之不過爲塵土，散之可以易民命，沿江渡口，流民過淮處，如建康之靖安、東陽、下蜀、大城岡、馬家等渡，太平州采石、大信、荻港、三山、上灣等處，池州銅陵、東流、池口等渡，皆差官給糧，津發其回，不願回者存養之。近渡路口，如建康界湖熟、金陵鎮、路口、桐井四處，復爲之邀接津遣。其自兩浙來者，多自饒州石門取路，亦置場給，論其還，勸分賞格，減半細數。用淳熙元年三月二十四日指揮。被荒殘稅，申乞蠲閣。流移歸業，收贖不候生滿。行李牛畜，並與收免渡錢。凡荒政之大略具是，一一皆可法者。顧恐近世，無復乾、淳可貸之粟，雖有力莫施耳！

60. 應詔三劄。一，刑獄舊制翻異，不問次數，今限五勘文具而已。準令州縣禁囚，而監司令具情節及候指揮者，不得承受，仍不得於未勘結之先，改送他郡。獲囚不得過百里，見同照。

61. 大軍倉轉船倉，舊皆屬總所。淳熙九年七月九日奉旨應有朝廷米斛，總司不許干預，時公任建康，盤量大軍倉欠八萬六千餘斛，奏以創倉已三十六年，支過無慮二千餘萬斛，不曾除豁，亦不到底，縱有情弊，

恐非合出於目即，合干人。

62. 延和奏事。大欲未濟，風俗偷安，甚者遂稱行在爲都下，浙右爲畿甸，中原爲北地，歸正遺民爲虜人。

63. 專募屯田兵。

64. 曹操作沙城；孫權作疑城；唐楊朝晟築木波三城，三旬而畢；裴行儉築碎葉城，亦五旬而畢。務神速也。

65. 謝賜御書。謂古人書法，字中有筆，筆中無鋒，乃爲極致。所謂錐畫沙屋漏雨之法，蓋自鍾、王之後，未有得其全者。惟我高考獨傳此妙，而陛下親授家學，曲盡聖能，意象自然，筆迹俱泯，而萬鈞之筆潛寓其間。譬猶宇宙闔闢，不見斧鑿之痕，雲霞舒卷，殊非繪畫之力。此非聖性天高，學力海富，道腴德輝，被於心畫，則何以深造自得，集其大成全美如此！臣又嘗論李唐名家，猶得楷法，本朝作者，但工行書。如米芾所作，飄逸超妙，可喜可愕。責以楷法，殆無一字。此事寂寥久矣。

66. 壽櫟堂，取散材獲壽之義。光宗在東宮時，與之書扁。〔註842〕

外制

67. 宮室花囿無所益，朕雖是敦樸之先；巧技工匠精其能，爾尙褵總核之治。

68. 間暇而明政刑，會通而行典禮。

69. 大臣慮四方，皇極錫五福。

70. 五禮教萬民之中，三歲計郡吏之治。

71. 夙夜濬明，入則宣其三德；文武是憲，出則柔此萬邦。沈介師潭

72. 疏傳之歸鄉里，雖祖道於都門；子牟之在江湖，諒存心於魏闕。黃中宮祠

73. 問錢穀出入之幾，能析秋毫；報簿書期會之間，殆窮日力。曾懷戶書

74. 事親盡道，孝固可以移忠；體國忘私，恩或不能掩義。葉衡起復

75. 太子正而天下定，方妙簡於宮僚；有進德而朝廷尊，喜來趨於驛召。陳良翰詹事

76. 建太子而尊宗廟，鄉儒術而招賢良。王十朋詹事

〔註842〕《黃氏日抄》卷67讀《文集九‧范石湖文》，《四庫全書》本，第708冊，第611～615頁。

77. 仗漢使之節旄，有安社稷利國家之志；得月氏之要領，乃履山川犯霜露而歸。趙雄使回

78. 示樸以先天下，朕靡煩侈服之共；首善之自京師，爾其贊重暉之德。沈夏工侍兼京少尹

79. 五材並用，誰能去兵；六卿分職，各率其屬。

80. 天申命以用休，臣歸美而報上。

81. 祗承於帝，方圖百志之咸熙；清問下民，惟恐一夫之失所。

82. 聖主獨觀於萬化，微臣莫望於清光。

83. 夙夜濬明有家，左右祗事厥辟。〔註 843〕

表

84. 北使回除中書舍人謝表：使四方不辱君命，既莫效於捐軀；俾萬姓咸大王言，復何資於潤色。

85. 自中書帥廣：紫微鳳閣，曾莫代於堯言；桂海冰天，但欲窮於禹迹。

86. 帥蜀：去國八千里，恨青天蜀道之難；提封六十州，豈白面書生之事。

87. 帥蜀即眞：俎豆則嘗聞之，何以折衝於疆場；期月而已可也，豈宜久假於事權。
    不泄邇，不忘遠，均萬里於戶庭；在知人，在安民，揭九霄之日月。

88. 賀高宗天申節：上天申命用休，大德必得其壽。呼神山之萬歲，夢遠鈞天。開壽城於八荒，驩同率土。

89. 賀孝宗會節慶：四七際而火爲主，親協帝以重華；五百年而王者興，儼恭己以南面。

90. 謝□□：瞻爾庭而有待，人謂何功；以公服而衣袓，臣猶知懼。
    貪天之功，以爲己力，固何異竊財之譏；如川之至，以莫不增，尚能歌歸美之報。

91. 郊祀：美盛多而告神明，觀會通而行典禮。

92. 太上皇：三十六年之在宥，與物爲春；萬八千歲之升常，自今以始。
    爲天子父，尊之至密，藏廣運之聖神；在太極先，不爲高坐，閱無疆之歷服。

〔註 843〕《黃氏日抄》卷 67 讀《文集九・范石湖文》，《四庫全書》本，第 708 冊，第 615～616 頁。

93. 壽皇：保國家如金甌，治定中興之後；輕天下如敝屣，神凝太極之先。

致二十七年之太平，功已成而與子；綏萬有千歲之眉壽，福方永於後天。

蕩蕩民無能名，曷詠歌於太極；蒼蒼天其正色，惟想像於層霄。

94. 加光堯尊號賀壽皇：重堯帝之華，稽古亦咨而命禹；以王季爲父，無憂允賴於繼文。

95. 光宗重明節：兌報矩以司秋，離重明而麗正。

本乎天，本乎地，咸歸覆幬之中；得其壽，得其名，方啓熾昌之運。

96. 謝轉官：繼明而照四方，仰重光於日月；勞賜而加一級，覃大賚於江湖。

舜帝重華，授受光於三聖；周邦大賚，寵綏遍於四方。

97. 改元：《春秋》謂一以爲元，日月重明而麗正。

98. 雜對：受祇施於孫子，立愛始於家邦。

睦族以和萬邦，明倫而察庶物。

99. 誕皇孫賀皇太后：王假有家，克開厥後；孫又生子，俾熾而昌。 〔註844〕

館職策

100. 議兵莫若留營屯。蓋度支月給，諸軍居十之九。三歲大禮犒軍，居十之八。一有軍興，大費突出。雖積金齊於箕斗，發粟浩如江河，終亦屈竭。宜留營屯。以更戍轉輸之費，供鋤耰墾鑿之須。漸開屯田，以時閱習。

又謂：漢高帝時，一天下者也，家室狼狽而不顧。越句踐，復仇者也，非報吳之事則不言。東晉，保境土者也，稽古禮文之事畢興，而北鄉爭天下之事不問焉。今終日所從事者，保境土之規模而已，又兼欲爲越王、漢帝之所爲，宜其財散力分，坐糜歲月云云。末議文氣極好。〔註845〕

〔註844〕《黃氏日抄》卷67讀《文集九‧范石湖文》，《四庫全書》本，第708冊，第616～617頁。

〔註845〕《黃氏日抄》卷67讀《文集九‧范石湖文》，《四庫全書》本，第708冊，第617頁。

應詔

101. 京局應詔言弊，謂通國之弊，蔽以一言，曰文具。後列十事。

102. 論廣西鹽法。

103. 應詔上皇帝書。光宗即位。戶部督州郡，不問額之虛實，州郡督縣道，不問力之有無，縣道無所分責。凡可鑿空掠剩，賊民而害農，無所不用。偶有所增，永不可減。其他巧作名色，覈其支用，皆非入己，亦不得而盡禁。此非超覽九天之上，作新一王之法，曠然大變其制，未見裕民之術。

西南保障，自嶺南左右二江沿邊西北，轉而西行，略牂牁、夜郎、黔中而極於西南越嶲之塞，又西北至劍外河西之境，無慮萬里，祖宗築城寨置兵，今名存而實廢，乞行下蜀、廣巡修。又：黎州專控青羌、吐蕃等蠻，雅州專控碉門等蠻，嘉州專控夜郎等蠻，各於對壘，今聞番部結親相通。〔註846〕

書

104. 上李徽州：學優則仕，仕優則學，是終身之間，有時而仕，無時而不學也。

薦士而束以文法，王公大人可以少愧，而草茅抱負挾持之才，亦可流涕太息，無復當世之望矣。又況法已大弊。

105. 上洪內翰：不龜手之藥，一也或以封，或不免於洴澼絖。方其洴澼絖也，不自知其可以封也，及其封也，天下不以其止於洴澼絖而已也。水之於井也，日汲則冽，不汲則竭，其行於上也，隨所遇而變生焉。

106. 上陳魯公：治莫大乎常。天地為大矣，飄風則不終朝，驟雨則不終日。方其飄且驟也，人孰不畏，亦孰不知其不能終朝夕，何者？非天下之常故也。前日如舒、申諸公，忽天下之常，一命之曰「流俗」，再命之曰「異議」，三命之曰「奸黨」。自今觀之，其天定矣，俗也，異也，奸也，皆天下之常而已。

107. 上汪侍郎應辰：漢武帝踞見大將軍，不冠不見汲長孺。淮南王視平津侯以下如發蒙，獨憚長孺，不敢奮奸謀。長孺在朝，官不過內史，而係天下輕重如此。今士大夫以顧忌為俗久矣。其原始於愛重其身者太

〔註846〕《黃氏日抄》卷67讀《文集九・范石湖文》，《四庫全書》本，第708冊，第617～618頁。

過，位尊而名益衰，祿厚而利實薄，上不足以取信於君，下無以慰其人。彼之愛重其身者，乃所以暴棄而甚輕之也。〔註847〕

啟

108. 賀劉太尉：如蒼生何，人喜謝安之起；果吾父也，寇驚郭令之來。

109. 賀陳察院：雖志高鴻鵠，慚燕雀之安知；然路有豺狼，諒狐狸之不問。

110. 〔賀〕禮侍：美盛德以告神明，觀會通而行典禮。

111. 〔賀〕戶侍：貨財本末源流，朝夕論思獻納。

112. 與嚴教授：清襟凝遠，卷松江萬頃之秋；妙筆縱橫，挽崑崙一峰之秀。

113. 謝薦舉：古者薦才而未始有法，今則立法而不勝其私。
    軒眉席次者，非勢則利；縮手袖間者，惟孤與寒。
    一言而期茷，歷盼而識孟嘉。
    前以三鼎，後以五鼎；人有一天，我有二天。

114. 與州郡：五日一風，十日一雨，貫神明指顧之間；千夫有澮，萬夫有川，與廢壞笑談之頃。
    其浸五湖，去天一握。
    朝夕論思，皆堯舜禹湯文武之道；雷霆號令，有典謨訓誥誓命之文。
    天子畿方千里，刺史入為三公。
    將如蒼生何，無踰老臣者。

115. 回樓大防末甲頭名取放：瓊杯偶缺，初驚一字之難；金薤昭垂，果下六符之敕。

116. 賀張魏公：負三紀倚重之望，節彼南山；明一生忠義之心，有如皦日。

117. 到蜀謝啟：既來萬里，敢計一身。〔註848〕

雜文

117. 燕安南使自敘：妙千八百國諸侯之選，獨分正於南邦；聳二十五城督

〔註847〕《黃氏日抄》卷67讀《文集九・范石湖文》，《四庫全書》本，第708冊，第618頁。

〔註848〕《黃氏日抄》卷67讀《文集九・范石湖文》，《四庫全書》本，第708冊，第618～619頁。

府之尊，特序賓於東道。〔註849〕

跋

118. 跋《婺源研譜》：龍尾刷絲，秀潤玉質，天下研石第一。今其穴，塞已數十年，大木生之，不復可取。近以端岩為貴。端石絕品，猶不能大勝刷絲。東坡銘鳳味研謂「坐令龍尾羞牛後」，此乃武夷山石諢語，非確也。

119. 跋加味平胃散方：本法專闢不正之氣。《夷堅志》言孫九鼎遇故人鬼云：遇我，當小疾，服平胃散即無苦，則其闢不正可知。晉有南陽宗定伯，夜逢鬼，鬼問誰？誑曰：「我亦鬼，且新死，未知何所惡？」曰：「不喜唾」。因負鬼急持之。化為羊，恐其變化，大唾之，賣得千錢。鬼猶畏唾，況平胃散乎！

120. 跋一則：石耳生岩石面目處，性溫有補。

121. 跋一則：石曼卿真書大字妙天下。

122. 跋一則：碑石未泐者具在。好奇之士乃專仿刻文刓剝之處，以握筆滯思作羸尫頹廢之體，僅成字形，以為古意。

123. 跋蘭亭帖：蘭亭石本，惟定武者，筆意彷彿，士大夫皆欲以所藏者當之，而未必皆然。

124. 跋詛楚文：詛楚文當惠文王之世，則小篆非出李斯。

125. 跋東坡詩：東坡切韻詩「寄作詩孫符」，集中不載。符，字仲虎，位至尚書，其子名山，字壽甫。

126. 跋東坡墨迹：事勢迫切，不若付死生禍福於無何有之鄉，雖至大故不亂，雖非得道，去道不遠。

127. 書新安事：汪姓鼻祖，名華，隋末據歙、宣、杭、睦、婺、饒之地以歸唐，今廟封顯靈英濟王。又，俗傳黃巢以汪王同臭味，下令毋犯汪氏，歙人爭冒汪姓。俚云：四門三面水，十姓九家汪。百姓油糍鬼，官人豆腐王。譏俗陋也。豆腐，舊傳劉安戲術。又，俚語：徽人三日飽，兩社一年朝。不重多節也。

128. 跋獨孤及論季札潔己之禍：秉節之士，各有所安。

129. 跋歐陽詹《自明誠論》：歐陽詹《自明誠論》謂：尹喜自明誠而長生，

〔註849〕《黃氏日抄》卷67讀《文集九·范石湖文》，《四庫全書》本，第708冊，第619頁。

公孫洪自明誠而公卿，張子房自明誠而輔劉，公孫鞅自明誠而佐嬴。不知詹所謂誠者何物？

130. 書舒蘄二事：皆以持心之厚惡人報德而獲生。

131. 書事一則：沈德和尚書祖輝仲，勘江賊，活七人。同官死，嫁其二女。病中見黃衣使，召爲仙官，且延壽三紀。

132. 書事一則：常明叔父死，神降其家，云：爲人奪胎。〔註850〕

記

133. 記一篇：拂日出，由臨平而西，有佳趣。新安江帶城右旋，淙潺亂石間，不能一。長亭闆小溪，大會歙浦，貫萬山以出，又合始新大末之水，行三百六十里，與海潮會爲浙江，其間稠灘如其裏之數，每灘率減數丈，大或十倍。世傳天目山巔，與歙之柱礎平。

134. 記雷孝子事：雷孝子天錫，十一歲剔股救父。

135. 記董國度事：董國度陷虜，得婦人力。歸而負之，奇禍死。公疑其爲劍俠。

136. 記一篇：朱俠脫屈容叔之子於悍婦，長而還之。王列女不事二主。

137. 記濬塘浦：浦五，日新洋江，日小虞，日茜涇，日下張，日顧浦。塘三，日郭澤，日七丫，日至和。

138. 三高祠記：三高，范蠡，張翰，陸龜蒙也。其略日：不有君子，其能國乎！今乃自放寂寞之濱，人又從而以爲高，此豈盛際之所願哉！後之人高三君之風，而迹其所以去，爲世道計者，可以懼夫！又各爲之歌。

139. 范村記：杜光庭《神仙感遇傳》載唐乾符中，吳氏胡六子泛海，失道，至一山，日范村。一叟坐堂，日：「吾越相也，以回颷相送。」俄頃，達故。石湖名舍南浦爲范村。

140. 崑山水利序：大概二，日作堤，日疏水；小概一，日種芰。〔註851〕

《攬轡錄》

《攬轡錄》，今傳有《說郛》本、《寶顏堂秘笈》本、《續百川學海》本、

〔註850〕《黃氏日抄》卷67讀《文集九‧范石湖文》，《四庫全書》本，第708冊，第619～621頁。

〔註851〕《黃氏日抄》卷67讀《文集九‧范石湖文》，《四庫全書》本，第708冊，第621頁。

《稗乘》本、《知不足齋叢書》本。據孔凡禮先生考證，《攬轡錄》的亡佚當在明中葉略前，則黃震《黃氏日抄》卷67讀《范石湖文》中《攬轡錄》節文，乃自本書足本節出〔註852〕。較之《知不足齋叢書》本《攬轡錄》，《黃氏日抄》所引《攬轡錄》雖然個別處以己意敘述，但從全局看，仍可以佚文對待。今全錄黃氏節文如下：

北使時所見也。

泗州三十里，至臨淮縣。百六十里，至汴虹縣。計自泗州河口至此，皆枯轉而行道右。

三十里，至靈壁縣。民始扃戶窺觀。

三十里，至宿州，途有數父老，見使車潸然。

百五里，至永城縣。三十里，過酇陽鎮。有蕭相國廟。自此枯汴中。

百十里，至穀熟縣。十八里，至南京。虜改名歸德府。過雷萬春墓，過雙廟。

三十里，過睢口。河已塞。

八十里，至拱州。虜改為睢州。

六十里，至雍丘縣。二十里，過空桑。有伊尹墓。

三十里，至陳留縣。有留侯廟。

二十七里，至東京，虜改為南京。

四十五里，至封丘縣。二十五里，至胙城縣。去河尚五六十里，而漸水已侵過胙城十里矣。

自縣四十五里，至黃河李固渡。渡浮橋，用舡百八十艘，半閣沙上，河最狹處也。

四十五里，至滑州。二十五里，至濬州。舊治已淪水中。對城即黎陽山，古大伾也。

三十里，過屯子河。有山東販麥舟。

四十五里，至湯陰縣。自黃河西望，即見太行西北去，不知極。至燕始北轉。

自湯陰三十里，至相州。過湯河、羑河，有羑里城、文王廟。相州觀者甚盛，遺黎往往垂泣，指使人，云：「我家好官。」又云：「此中華佛國人也。」老嫗跪拜者尤多。

<hr>

〔註852〕《范成大筆記六種》，中華書局，2002年，第6頁。

過安陽河、漳河，凡六十里，至磁州。州南滏陽河，水急，西有崔府君廟。

四十里，至臺城，過趙故城，延袤數十里。旁有廉頗、藺相如墓。

三十里，至邯鄲縣。邯鄲人健武。逆亮死時，遮殺其歸卒，以待王師。

四十里，至臨洺鎮。過洺河。

三十里，至沙河縣。十八里，過七里河。七里，至信德府、邢州也。

四十里，過冷水河。二十五里，至內丘縣。縣有鵝梨，云其樹尚聖宋太平時所接。

過沙河，禮儀河、大寧河，凡六十里至柏鄉縣。其東有堯山，堯所葬。

自柏鄉行，十三里有光武廟。二十里，有王郎城，凡六十三里。而過洨河石橋，所謂趙州橋也。

五里，至趙州。虜改爲沃州。

三十里，至欒城縣。五十五里，過滹沱河。五里，至眞定。三十里，過磁河。四十里，過沙河，爲新樂縣。北嶽在其西北之曲陽縣界。

四十五里，至中山府。虜依舊名曰定州。有東坡祠。

五十里，山水河。七十里，至保州。十里，過徐河。十里，過曹河。俗傳王祥臥冰處。二十里，至安肅軍。故時塘濼，今悉淤塞。門外大道，古出塞路也。夾道古柳參天，至白溝始絕。

十五里，過白溝河。又過曹河、徐河、暴河。

三十五里，至大口河。二十里，至馬村。五十里，行灰洞，至涿州。灰洞者，兩邊不通風，塵埃濛洪其間也。

三十里，過琉璃河，爲良鄉縣。

三十里，過盧溝河。三十五里，至燕山城。逆亮始營都於此。

自泗州至東京，七百七十里。自東京至黃河，百十五里。自泗州至燕山，總二千五十八里。

燕山以南，石晉以來失之。安肅軍以南，我朝南渡失之。河、湖之水，皆出太行。公所渡二十五河，睢、漳與滹沱河最大。滹沱闊不減黃河，俗稱小黃河。〔註853〕

〔註853〕《黃氏日抄》卷67讀《文集九・范石湖文》，《四庫全書》本，第708冊，第622～623頁。

《桂海虞衡志》

《桂海虞衡志》，今傳有《說郛》本、《古今說海》本、《古今逸史》本等。《黃氏日抄》所引有涵芬樓鉛印《說郛》本不存者，摘錄如下：

《志金石》

1.（生金）大如雞子者爲金母。

2. 水銀燒法，以鐵爲上下釜。上釜貯砂，隔以細眼鐵板，覆之下釜之上。下釜盛水，埋地中，仰合上釜之唇，固濟周密，熾火灼之。砂化爲霏霧，下墜水中，聚爲水銀。邕州取丹砂盛處椎鑿，有水銀自然流出。客販皆燒取而成者。

3.（鐘乳）：廣東以鵝管石遺人，率粗黃，蜀中所出亦枯澀。其鵝管窒塞及粗礧近床處，通謂之孽。

4.（綠）：淘其英華，供繪畫。次飾棟宇。

5.（鉛粉）：乾道初，始官造粉，歲得錢二萬緡。

《志香》

6.（箋香）香木葉如冬青而圓，皮似楮皮而厚；花黃，類荼花；子，青黃類羊矢。海南人以斧斫砍，使膏液凝沍，徐於斧痕中採以爲香，如箋香之類，多出人爲。

7. 蟹殼香。出高、化州。

《志酒》

8. 石湖用其法釀於成都，名萬里春，其法具存。

《志器》

9. 又牛角硯、羽扇。

《志禽》

10. 孔雀、山鳳凰、鸚鵡，有紅白。

11. 靈鵲爲人突巢穴，能禹步作法以去之。

《志獸》

12. 象：一軀之力皆在鼻。二廣亦有野象，盜酒害稼，目細，畏火。欽州人以機捕之，皮可爲甲，或條截爲杖，甚堅。

13. 馬。自杞國以錦一匹博大理三馬，金鐲一兩博二馬。行十三程至四城州，又六程，至邕州。又有羅殿國及謝蕃、羅孔諸部落，馬尤壯，行

二十二程至四城州，與自杞等馬會，皆以十月來。經略司歲市千五百匹，尤駿者博金數十兩，官價有定數，不能致。大理去邕州橫山寨才四十餘程，自杞人爭利，不敢度自杞。而東別有一路，自善闡府經時磨道來，甚捷。時磨人亦貪悍，不得達。

14. 果下馬：以歲七月十五日會江上交易。

15. 湖南邵陽、營道等處，亦出一種低馬。

《志蟲魚》

16. 珠。蚌細零溢生城郭外者，乃可採。

每以長繩繫竹籃攜之以沒，或遇惡魚海怪則死。

17. 貝子：世既不尚，人亦稀採。

18. 嘉魚：煎不假油。蜀中丙穴亦出，肥美相似。

19. 石蝦：海沫所化。

《志花》

20. 泡花：（以泡花蒸香）法以佳沈香薄劈，著淨器中，鋪半開花，與香層層相間，密封之，日一易，不待花蔫，花過香成。番禺人吳興作心字香、瓊香，用素馨、末利，法亦然。大抵泡取其氣，未嘗炊燆。江、浙作木犀降眞香，蒸湯上，非法也。

21. 曼陀羅花。漫生原野，大葉白花，實如茄，遍生小刺。盜採花末之，置人飲食中，即暈醉。土人又以爲小兒去積藥。昭州公庫取一枝掛庫中，飲者易醉。

《志果》

22. 餘甘子。風味過橄欖，雖腐爛，猶堅脆。

23. 地蠶。以薦酒。

《志草木》

24. 桂。花如海棠，淡而葩小，實如小橡子。取花未放者乾之。五年可剝。以桂枝、肉桂、桂心爲三等。桂枝質薄而味輕，肉桂質厚而味重。桂心則剝厚桂，以利竹捲曲，取貼木多液處，如經帶，味尤烈。

桂之所，草木不蕃。

25. 榕。葉如槐。

26. 杪木。猺峒劈板博易，舟下廣東。

27. 修仁茶。修江，靜江府縣名。製片二寸許，上有「供神仙」三字者，

上也。大片，粗淡。

28. 檳榔。生黎峒。上春取爲軟檳榔，夏秋採幹爲米檳榔，小而尖爲雞心檳榔。扁者爲大腹子。悉能下氣，鹽漬爲鹽檳榔。瓊管取其徵，居歲計之半，廣州亦數萬緡。自閩至廣，以蜆灰蔞葉嚼之，先吐赤水如血，而後咽其餘汁。廣州加丁香、桂花、三賴子，爲香藥檳榔。

29. 桄榔。虛心，刳以承漏。外堅，可爲弩箭。

30. 烏楩木。宜柂，第一。出欽州。

31. 吉貝。如小桑，花似芙蓉，葺爲席。

32. 斑竹。本出全州之清湘，桂林亦有之。

33. 草。關蚊、蠅。

《雜志》

34. 雪。或言數十年前嘗雪，歲乃大災。蓋地氣常燠，植物柔脆，忽得雪，悉僵死。

35. 風。湘、漓二水，皆出靈川之海陽，行百里，分南北而下。北曰湘，下二千里至長沙，水始緩。南曰漓，過三百六十灘，又千二百里，至番禺入海。桂林獨當湘、漓之脊。

36. 秦城。始皇發戍五嶺之地。

37. 靈渠。在桂林興安縣。湘水北下湖南。又融江，牂牁下流也，南下廣西。二水遠不相謀。史祿於沙磧中壘石作鏵嘴，派湘之流，而注之融，激行六十里，置斗門三十六。舟入一斗，則復閘一斗，使水積漸進，故能循崖而上，建瓴而下。治水巧妙，無如靈渠者。

38. 朝宗渠。濬之，則有人登科。

39. 銅柱。馬伏波立交趾國中。人過柱下輒培石，遂成丘陵。馬總爲安南都護，夷、獠爲建二銅柱。又，唐何履光定南詔，復立伏波銅柱，則在大理。

40. 瘴。乃炎方之地脈疏而氣泄，人爲常燠所曛，膚理脈絡嘽舒不密，又數十里無木陰、井泉、逆旅、醫藥，其病又不必皆瘴之爲也。

41. 僧道。無度牒而有妻子者，皆是。

42. 月禾。無月不種。

43. 土丁。制如禁軍。

44. 保丁。隸保正。平儂賊後所結，今困私役。

45. 寨丁。沿溪洞所結。

46. 洞丁。溪洞之民也。

47. 鼻飲。但可飲水。

48. 挑生。妖術。以魚肉害人。在胸鬲，則服升麻吐之。在腰腹，鬱金下之。李壽翁侍郎爲雷州推官，鞠獄得此方。

49. 蠱毒。人家無纖埃者是。〔註854〕

《葉適文集》（存）

《葉水心文集》今存，《黃氏日抄》讀《葉水心文集》所引有中華書局 1961 年出版《葉適集》所不存者，輯佚如下：

《屯田畫一申請狀》：眞州於瓜步，滁州於定山，和州於楊林、石跋，三處並量築堡塢，此外深入第二層差。〔註855〕

《徐致中論書法》：如匠造屋，木之分寸必應繩墨，故分爲點、畫，合而爲字，無妄施者。〔註856〕

《翁靈舒詩集序》：起魏晉歷齊梁，士之通塞無不以詩而唐尤甚。彼區區一生，窮其術而不悔者，固將以求達也。如必待達而後工，工而無益於用，捨之數則奚賴焉。君頭髮大半白，旁縣田一頃，蛙鳴聒他姓。城隅之館，水石粗足而不能居也。〔註857〕

《呂子陽〈老子說〉序》：每歎六經、孔孟，舉世共習，其魁俊偉特者，乃或去爲佛老莊列之說，怪神靈霍相與眩亂，甚至山棲絕俗，木食澗飲以守其言，異哉！〔註858〕

《李祥墓誌銘》：祭酒李祥，無錫人。趙丞相免，公爭曰頃壽皇崩，兩宮隔絕，留正棄印亡。汝愚不畏族誅，決策社稷臣也。〔註859〕

〔註854〕《黃氏日抄》卷 67 讀《文集九‧范石湖文》，《四庫全書》本，第 708 冊，第 625～632 頁。

〔註855〕《黃氏日抄》卷 68 讀《文集十‧葉水心文集》，《四庫全書》本，第 708 冊，第 637 頁。

〔註856〕《黃氏日抄》卷 68 讀《文集十‧葉水心文集》，《四庫全書》本，第 708 冊，第 641 頁。

〔註857〕《黃氏日抄》卷 68 讀《文集十‧葉水心文集》，《四庫全書》本，第 708 冊，第 642 頁。

〔註858〕《黃氏日抄》卷 68 讀《文集十‧葉水心文集》，《四庫全書》本，第 708 冊，第 642 頁。

〔註859〕《黃氏日抄》卷 68 讀《文集十‧葉水心文集》，《四庫全書》本，第 708 冊，

《蔡行墓誌銘》：蔡行之凝重，竟日或不通一語。陳龍川與辨，抵日接夜如懸江河。同甫謝不能乃。已雖幼以文顯，無浮巧輕豔之作。官至兵部尚書，四子簹、節、策、範。〔註860〕

《施師點墓誌銘》：施師點，信州人。事孝宗，知樞密院六年而退，所陳多寬恤之事。嘗言治盜當委牧守，但責巡尉，何以禁暴？〔註861〕

《周淳中墓誌銘》：周淳中，瑞安人。及第嘗改官，爲宰、爲帥，機輒乞祠，至老死。初買廢山，鑿平爲宅，大竹長松回合蔽虧，緝嵐紺池，煥霍房戶，常終歲閉戶，花香鳥鳴，暢然怡適，不問外事。〔註862〕

《姚穎墓誌銘》：狀元姚穎，官終平江倅，年三十四。〔註863〕

《丘文定墓誌銘》：丘文定之父仁，不忍校，費幾盡產。母臧氏既寡，力貧教子。〔註864〕

《陳傅良墓誌銘》：陳傅良妻張令人甚賢，不信方術，不崇釋老，不畏巫鬼。〔註865〕

《孫椿年墓誌銘》：餘姚孫椿年，字永叔，之宏之父也。〔註866〕

《鄭耕老墓誌銘》：鄭耕老，莆人也。兵火後更營四明學。〔註867〕

《錢之望墓誌銘》：錢之望，晉陵人，少以策贊虞雍公，捷瓜州符離之役，謁張忠獻。既第，守楚四年，揚三年，前後反覆爲上言，大抵以屯田、民兵、萬弩手、山水寨爲進戰退守之要。大奚山盜起，知廣州滅之，移廬州皆有政

第644頁。

〔註860〕《黃氏日抄》卷68讀《文集十・葉水心文集》，《四庫全書》本，第708冊，第645頁。

〔註861〕《黃氏日抄》卷68讀《文集十・葉水心文集》，《四庫全書》本，第708冊，第645頁。

〔註862〕《黃氏日抄》卷68讀《文集十・葉水心文集》，《四庫全書》本，第708冊，第646頁。

〔註863〕《黃氏日抄》卷68讀《文集十・葉水心文集》，《四庫全書》本，第708冊，第646頁。

〔註864〕《黃氏日抄》卷68讀《文集十・葉水心文集》，《四庫全書》本，第708冊，第646頁。

〔註865〕《黃氏日抄》卷68讀《文集十・葉水心文集》，《四庫全書》本，第708冊，第646頁。

〔註866〕《黃氏日抄》卷68讀《文集十・葉水心文集》，《四庫全書》本，第708冊，第646頁。

〔註867〕《黃氏日抄》卷68讀《文集十・葉水心文集》，《四庫全書》本，第708冊，第647頁。

績。〔註 868〕

《錢易直墓誌銘》：省元錢易直，樂清人。十歲工文，稍長知古學，雲蒸川流，筆態橫生。〔註 869〕

《李浹墓誌銘》：吳興李浹，故參政孫，不見蘇師旦，與開禧異議，有識士也。〔註 870〕

《陳葵墓誌銘》：處州陳葵，字叔向，魏益之教以盡棄所懷，獨立於物之初，忽大悟，遂以師道歸益之，反陋朱、呂之學。水心辨以一造而盡獲莊佛氏之妄也。其文曰：昔孔子稱憤啓悱發，舉一而返三，而孟子亦言充其四端，至於能保四海，往往牽借而所指亦近於今世之所謂悟者。〔註 871〕

《劉夫人墓誌銘》：龐蘊夫婦破家從禪，至賣漉籬自給，男女不婚嫁，爭相爲死。〔註 872〕

《胡崇禮墓誌銘》：胡崇禮名樽，餘姚人，尚書名沂之子，拱之弟，衛、衍，其二子也。先世故書緹囊珍篋重封之屏，凡遺字籠玩往復或移日。

初朱元晦、呂伯恭以道學教閩、浙士，有陸子靜後出，號稱徑要簡捷，諸生或立語已感動悟入，以故越人爲其學尤眾。兩並笠夜續燈聚崇禮之家，皆澄坐內觀。〔註 873〕

《徐文淵墓誌銘》：徐文淵名璣，與徐照、翁卷、趙師秀四人共趣唐詩。平陽林善補及弟，葬其母陳氏鹽亭山爲光孝寺冒爭。逾二年，乃克葬。

嗚呼，有是哉！夫貲不足以買山而葬於官荒之山，此譽士之窮，王政所必矜也。遁耕織之勞而欲擅山海之富，此異端之橫，王法必黜也。銘曰：徂徠躬耕葬百喪，使皆如此訟何當，蘉椶而掩孰在亡，夫人之歸天與岡。〔註 874〕

〔註 868〕《黃氏日抄》卷 68 讀《文集十·葉水心文集》，《四庫全書》本，第 708 冊，第 647 頁。

〔註 869〕《黃氏日抄》卷 68 讀《文集十·葉水心文集》，，《四庫全書》本，第 708 冊，第 647 頁。

〔註 870〕《黃氏日抄》卷 68 讀《文集十·葉水心文集》，《四庫全書》本，第 708 冊，第 647 頁。

〔註 871〕《黃氏日抄》卷 68 讀《文集十·葉水心文集》，《四庫全書》本，第 708 冊，第 647 頁。

〔註 872〕《黃氏日抄》卷 68 讀《文集十·葉水心文集》，《四庫全書》本，第 708 冊，第 648 頁。

〔註 873〕《黃氏日抄》卷 68 讀《文集十·葉水心文集》，《四庫全書》本，第 708 冊，第 648 頁。

〔註 874〕《黃氏日抄》卷 68 讀《文集十·葉水心文集》，《四庫全書》本，第 708 冊，

《楊願墓誌銘》：以秦檜用嘗參政，葬越。〔註 875〕

《史漸進墓誌銘》：史漸進，翁八行詔之孫，父木。再薦漸入學，五子登第，彌忠、彌恕、彌愈、彌鞏、彌忞也。嵩之兄弟，其孫。宣繒，其甥。〔註 876〕

《王公墓誌銘》：長潭王公，夢龍侍郎父也。〔註 877〕

《息盧論二》：論待時，謂越二十年之內，日夜所爲皆報吳，然後可言待。〔註 878〕

賴《黃氏日抄》保存現存著作散亡材料之功，可獲得對這些著作的正確認識，也爲學術研究提供了新課題，如「宋金交通，正史多所不載，《黃氏日抄》中的節本《攬轡錄》所記宋金交通路線，一目了然。同時黃震將自己的思路貫穿其中，以距離爲重點。所記地理，重視同北宋時期比較。這爲我們研究宋金交通及古代地理、軍事提供了重要資料，可以彌補今傳本《攬轡錄》已非完帙的缺憾。」〔註 879〕

《黃氏日抄》獨特的體例影響了顧炎武開創的清代考据學派，其蘊涵的文獻資料價值亦不容忽視，吾輩何幸，至今仍受其賜。黃震生前，陳著在《本堂集》中稱其有「大手筆」之譽；身後，沈逵稱其「言論氣節，千載有光」〔註 880〕，斯言當不誣。

第 648 頁。
〔註 875〕《黃氏日抄》卷 68 讀《文集十·葉水心文集》，《四庫全書》本，第 708 冊，第 648 頁。
〔註 876〕《黃氏日抄》卷 68 讀《文集十·葉水心文集》，《四庫全書》本，第 708 冊，第 649 頁。
〔註 877〕《黃氏日抄》卷 68 讀《文集十·葉水心文集》，《四庫全書》本，第 708 冊，第 649 頁。
〔註 878〕《黃氏日抄》卷 68 讀《文集十·葉水心文集》，《四庫全書》本，第 708 冊，第 660 頁。
〔註 879〕萬曉愛《〈黃氏日抄〉中節本〈攬轡錄〉的史料價值》，《北京師範大學學報》（社會科學版）2003 年專刊，第 48 頁。
〔註 880〕《黃氏日抄·沈逵序》，元刊本。

《黃氏日抄》保存資料一覽

可資輯佚者

石庚《四書疑義》	吳觀《四書疑義》	應抑之《天文圖》
邵甲《禮記解》	鄒安道《易解發題》	徐直方《易解》
皇侃《禮記義疏》	曹粹中《放齋詩說》	董逌《廣川詩故》
吳孜《尚書大義》	王安石《易解》	胡瑗《春秋》說
黎錞《春秋經解》	余安行《春秋新傳》	程迥《春秋傳》
劉絢《春秋》	任公輔《春秋明辨》	馮山《春秋通解》
任伯雨《春秋繹聖新傳》	薛季宣《春秋經解　指要》	王當《王氏春秋》
石介《春秋說》	鄭樵《春秋》說	師協《春秋集解》
王文貫《春秋傳》	方愨《禮記解》	應鏞《禮記纂義》
張載《禮記說》	王安石《禮記》說	新安王氏《王氏禮記解》
馬晞孟《禮記解》	陸佃《禮記》說	賈蒙《禮記輯解》
譚惟寅《中庸義》	倪思《中庸集義》	劉彝《禮記中義》
項安世《中庸說》	崔靈恩《三禮義宗》	呂祖謙《禮記詳節》
李格非《禮記精義》	陳祥道《禮記講義》	范鍾《禮記解》
胡瑗《中庸義》	周諝《禮記解》	許升《禮記文解》
趙汝談《禮記注》	邵困《禮解》	輔廣《禮記解》
蔣繼周《禮記大義》	楊時《中庸解》	陳華祖《中庸提綱》
錢文子《中庸集傳》	陳汲《周禮辨疑》	陳傅良《周禮說》
薛平仲《周禮序官考》	張栻《南軒先生語錄》	羅博文《延平先生語錄》

可補今本者

王質《詩總聞》	楊時《易說》	呂祖謙《呂氏家塾讀詩記》
胡銓《春秋集善》	張栻《易說》	戴溪《續呂氏家塾讀詩記》
陳傅良《春秋後傳》	胡安國《春秋傳》	戴溪《春秋講義》
劉敞《春秋》說	陸淳《春秋》說	孫復《春秋》說（不全存）
葉夢得《春秋》說（不全存）	張洽《春秋集注》	呂祖謙《春秋》說（不全存）
趙鵬飛《春秋經筌》	蘇轍《春秋集解》	高閌《息齋春秋集注》
崔子方《春秋經解》	朱熹《名臣言行錄》	呂大臨《禮記》說（不全存）
葉夢得《禮記解》	石介《石徂徠文集》	王當《春秋臣傳》
朱熹《晦庵先生文集》	楊時《龜山先生語錄》	劉安世《元城語》
楊時《龜山先生文集》	黃榦《勉齋先生文集》	謝良佐《上蔡語錄》
呂祖謙《東萊先生文集》	《韓愈文集》	張栻《南軒先生文集》
陸九淵《陸象山文集》	《王安石文集》	《歐陽修文集》
《曾鞏文集》	《范成大文集》	《汪藻文集》
《黃庭堅文集》	《葉適文集》	范成大《攬轡錄》
范成大《桂海虞衡志》		

參考書目

一、專 著

1. 白壽彝,《歷史教育和史學遺產》,河南人民出版社,1983 年。
2. 白壽彝,《史學概論》,寧夏人民出版社,1983 年。
3. 白壽彝,《中國史學史》第一冊,上海人民出版社,1986 年。
4. 白壽彝,《中國通史·導論》,上海人民出版社,1989 年。
5. 白壽彝,《白壽彝史學論集》,北京師範大學出版社,1994 年。
6. 白壽彝,《中國史學史》教本,北京師範大學出版社,2000 年。
7. 白壽彝,《中國史學史論集》,中華書局,1999 年。
8. 曾貽芬、崔文印,《中國歷史文獻學》,學苑出版社,2001 年。
9. 曾貽芬、崔文印,《中國歷史文獻學史述要》,商務印書館,2000 年。
10. 張富祥,《宋代文獻學散論》,青島海洋大學出版社,1993 年。
11. 孫欽善,《中國古文獻學史》,中華書局,1994 年。
12. 楊燕起、高國抗,《中國歷史文獻學》,書目文獻出版社,1989 年。
13. 鄭鶴聲、鄭鶴春,《中國文獻學概要》,上海古籍出版社,2001 年。
14. 王子今,《20 世紀中國歷史文獻研究》,清華大學出版社,2002 年。
15. 王秋桂、王國良,《中國圖書文獻學論集》,明文書局,1983 年。
16. 張偉,《黃震與東發學派》,人民出版社,2003 年。
17. 章太炎,《國學講演錄》,華東師範大學出版社,1995 年。
18. 金毓黻,《中國史學史》,河北教育出版社,2000 年。
19. 呂思勉,《先秦學術概論》,中國大百科全書出版社,1985 年。

20. 李澤厚，《中國古代思想史論》，人民出版社，1986 年。

21. 馮友蘭，《中國哲學簡史》，北京大學出版社，2001 年。

22. 林慶彰主編，《中國文化新論學術篇——浩瀚的學海》，三聯書店，1991 年。

23. 吳懷祺，《宋代史學思想史》，黃山書社，1992 年。

24. 吳懷祺，《中國史學思想通史‧宋遼金卷》，黃山書社，2002 年。

25. 劉節，《中國史學史稿》，中州書畫社，1982 年。

26. 李宗侗，《中國史學史》，中國友誼出版公司，1984 年。

27. 劉知己，《史通》，中華書局，1978 年。

28. 章學誠著、葉瑛校注，《文史通義校注》，中華書局，1985 年。

29. 梁啓超，《梁啓超全集》，北京出版社，1999 年。

30. 梁啓超，《梁啓超國學講錄兩種》，中國社會科學出版社，1997 年。

31. 梁啓超，《清代學術概論》，上海古籍出版社，1998 年。

32. 梁啓超，《中國近三百年學術史》，東方出版社，1996 年。

33. 錢穆，《中國近三百年學術史》，商務印書館，1997 年。

34. 劉蔚華、趙宗正，《中國儒家學術思想史》，山東教育出版社，1996 年。

35. 皮錫瑞著、周予同注釋《經學歷史》，中華書局，1981 年。

36. 杜維運，《清代史學與史家》，中華書局，1988 年。

37. 艾爾曼著、趙剛譯，《從理學到樸學》，江蘇人民出版社，1997 年。

38. 錢穆，《朱子新學案》，巴蜀書社，1986 年。

39. 陳植鍔，《北宋文化史述論》，中國社會科學出版社，1992 年。

40. 周予同，《周予同經學史論著選集》，上海古籍出版社，1998 年。

41. 朱維錚，《中國經學史十講》，復旦大學出版社，2002 年。

42. 葛兆光，《中國思想史》，復旦大學出版社，2002 年。

43. 何炳松，《浙東學派溯源》，中華書局，1989 年。

44. 管敏義主編，《浙東學術史》，華東師範大學出版社，1993 年。

45. 王鳳賢、丁國順，《浙東學派研究》，浙江人民出版社，1993 年。

46. 方祖猷、騰復，《論浙東學術》，中國社會科學出版社，1995 年。

47. 侯外廬，《中國思想通史》第四卷，人民出版社，1960 年。

48. 侯外廬等，《宋明理學史》，人民出版社，1984 年。

49. 李學勤，《簡帛佚籍與學術史》，江西教育出版社，2001 年。

50. 李學勤，《李學勤學術文化隨筆》，中國青年出版社，1999 年。

51. 李學勤，《走出疑古時代》，遼寧大學出版社，1994 年。

52. 李學勤、郭志坤,《中國古史尋證》,上海科技教育出版社,2002 年。

53. 張舜徽,《廣校讎略》,中華書局,1963 年。

54. 張舜徽,《顧亭林學記》,湖北人民出版社,1957 年。

55. 張舜徽,《清人筆記條辨》,中華書局,1986 年。

56. 黃宗羲,《黃宗羲全集》,浙江古籍出版社,1986～1994 年。

57. 郎擎霄,《莊子學案》,天津市古籍書店,1990 年。

58. 胡應麟,《少室山房筆叢》,上海書店出版社,2001 年。

59. 余嘉錫,《古書通論》,上海古籍出版社,1985 年。

60. 鄧瑞全、王冠英,《中國偽書綜考》,黃山書社,1998 年。

61. 葉夢得,《石林燕語》,中華書局,1984 年。

62. 高似孫,《子略》,江蘇廣陵古籍刻印社,1988 年。

63. 葉適,《習學記言》,上海古籍出版社,1992 年。

64. 《書林清話 外二種》,北京燕山出版社,1999 年。

65. 姚際恒,《古今偽書考》,樸社,1933 年。

66. 宋濂,《諸子辨》,樸社,1926 年。

67. 崔述,《考信錄提要》,民國十三年(1924)海寧陳氏《崔東壁遺書》本。

68. 王鳴盛,《十七史商榷》,清乾隆五十二年(1787)刻本。

69. 陳垣,《通鑒胡注表微》,遼寧教育出版社,1997 年。

70. 《古籍整理出版十講》,嶽麓書社,2002 年。

71. 陸心源,《宋詩紀事補遺》,光緒十九年(1893)刊本。

72. 牟潤孫,《注史齋叢稿》,中華書局,1987 年。

73. 吳江,《文史雜論》,青島出版社,2000 年。

74. 《經史說略》,北京燕山出版社,2002 年。

75. 張松如等,《老莊論集》,齊魯書社,1987 年。

76. 翦伯贊,《史學理念》,重慶出版社,2001 年。

二、論文集

1. 《陳垣教授誕生百一十週年紀念文集》,暨南大學出版社,1994 年。

2. 《國際宋代文化研討會論文集》,四川大學出版社,1991 年。

3. 《徐規教授從事教學科研工作五十週年紀念文集》,杭州大學出版社,1995 年。

4. 李學勤主編,《簡帛研究 2001》,廣西師範大學出版社,2001 年。

5. 張其凡、陸勇強主編,《宋代歷史文化研究》,人民出版社,2001 年。

三、連續出版物

（香港）陳鼓應主編，《道家文化研究》，第 1～18 輯。

四、基本書目

經部

1. 《十三經注疏》，中華書局，1980 年。
2. 朱彝尊，《經義考》，中華書局，1998 年。
3. 朱彝尊，《經義考》，乾隆二十年（1755）曝書亭刻本。
4. 劉敞，《七經小傳》，《四庫全書》本。
5. 陸德明，《經典釋文》，上海古籍出版社，1985 年。
6. 方聞一，《大易粹言》，《四庫全書》本。
7. 張栻，《易說》，《四庫全書》本。
8. 蔡沈，《書集傳》，《四庫全書》本。
9. 林之奇，《尚書全解》，《四庫全書》本。
10. 《三蘇全書》，語文出版社，2001 年。
11. 蘇軾，《東坡書傳》，《四庫全書》本。
12. 《詩序》，《四庫全書》本。
13. 蘇轍，《詩集傳》，《四庫全書》本。
14. 王質，《詩總聞》，《四庫全書》本。
15. 朱熹，《詩集傳》，《四庫全書》本。
16. 楊簡，《慈湖詩傳》，《四庫全書》本。
17. 呂祖謙，《呂氏家塾讀詩記》，《四庫全書》本。
18. 戴溪，《續呂氏家塾讀詩記》，《四庫全書》本。
19. 段昌武，《毛詩集解》，《四庫全書》本。
20. 嚴粲，《詩緝》，《四庫全書》本。
21. 歐陽修，《毛詩本義》，《四庫全書》本。
22. 曹粹中，《放齋詩說》，《續修四庫全書》本。
23. 朱熹，《四書或問》，上海古籍出版社、安徽教育出版社，2001 年。
24. 朱熹，《四書章句集注》，齊魯書社，1996 年。
25. 孫復，《春秋尊王發微》，《四庫全書》本。
26. 戴溪，《春秋講義》，《四庫全書》本。
27. 杜預，《春秋釋例》，《四庫全書》本。

28. 陸淳，《春秋集傳纂例》，《四庫全書》本。

29. 陸淳，《春秋微旨》，《四庫全書》本。

30. 高閌，《高氏春秋集注》，《四庫全書》本。

31. 張洽，《春秋集注》，《四庫全書》本。

32. 劉敞，《春秋權衡》，《四庫全書》本。

33. 劉敞，《春秋意林》，《四庫全書》本。

34. 劉敞，《春秋傳》，《四庫全書》本。

35. 劉敞，《春秋傳說例》，《四庫全書》本。

36. 葉夢得，《葉氏春秋傳》，《四庫全書》本。

37. 葉夢得，《春秋考》，《四庫全書》本。

38. 葉夢得，《春秋讞》，《四庫全書》本。

39. 呂祖謙，《春秋左氏傳說》，《四庫全書》本。

40. 呂祖謙，《春秋左氏傳續說》，《四庫全書》本。

41. 呂祖謙，《詳注東萊左氏博議》，《四庫全書》本。

42. 崔子方，《春秋經解》，《四庫全書》本。

43. 崔子方，《春秋本例》，《四庫全書》本。

44. 崔子方，《春秋例要》，《四庫全書》本。

45. 趙鵬飛，《春秋經筌》，《四庫全書》本。

46. 胡銓，《春秋集善》，《四庫全書》本。

47. 蘇轍，《春秋集解》，《三蘇全書》本。

48. 胡安國，《春秋傳》，《四庫全書》本。

49. 陳傅良，《春秋後傳》，《四庫全書》本。

50. 孫覺，《春秋經解》，《四庫全書》本。

51. 皇侃，《禮記義疏》，廣陵古籍刻印社，1990 年《玉函山房輯佚書》本。

52. 呂大臨，《禮記傳》，清宣統三年（1911）《清麓叢書·續編》本。

53. 葉夢得，《禮記解》，《石林遺書》本。

54. 衛湜，《禮記集說》，《四庫全書》本。

55. 胡銓，《禮記解》，乾隆間餘杭刻《胡忠簡公經解》本。

56. 郭璞，《爾雅注疏》，《四庫全書》本。

57. 鄭樵，《爾雅注》，《四庫全書》本。

史部

1. 司馬遷，《史記》，中華書局點校本。

2. 班固,《漢書》,中華書局點校本。

3. 范曄,《後漢書》,中華書局點校本。

4. 陳壽,《三國志》,中華書局點校本。

5. 房喬等,《晉書》,中華書局點校本。

6. 李延壽,《南史》,中華書局點校本。

7. 李延壽,《北史》,中華書局點校本。

8. 魏徵等,《隋書》,中華書局點校本。

9. 劉昫等,《舊唐書》,中華書局點校本。

10. 歐陽修、宋祁,《新唐書》,中華書局點校本。

11. 歐陽修,《新五代史》,中華書局點校本。

12. 脫脫等,《宋史》,中華書局標點本。

13. 朱熹,《名臣言行錄》,《四庫全書》本。

14. 蘇轍,《古史》,《四庫全書》本。

15. 《汲冢周書》,《漢魏叢書》本。

16. 《國語》,上海古籍出版社,1978 年。

17. 《戰國策》,上海古籍出版社,1978 年。

18. 趙曄,《吳越春秋》,江蘇古籍出版社,1999 年。

19. 袁康、隆平,《越絕書》,上海古籍出版社,1985 年。

20. 李琪,《春秋王霸世紀編》,《四庫全書》本。

21. 王當,《春秋列國諸臣傳》,《四庫全書》本。

22. 黃震,《古今紀要》,《四庫全書》本。

23. 呂祖謙,《東萊大事記》,《四庫全書》本。

24. 劉恕,《通鑒外紀》,《四庫全書》本。

25. 馬澤修、袁桷纂,《延祐四明志》,《四庫全書》本。

子部

1. 黃震,《黃氏日抄》,臺灣商務印書館,影印文淵閣《四庫全書》本。

2. 顧炎武著、黃汝成集釋《日知錄集釋》,嶽麓書社,1996 年。

3. 王應麟,《困學紀聞》,遼寧教育出版社,1998 年。

4. 洪邁,《容齋隨筆》,上海古籍出版社,1978 年。

5. 王肅注,《孔子家語》,商務印書館(香港)有限公司逐字索引本,1996 年。

6. 孔鮒,《孔叢子》,商務印書館(香港)有限公司逐字索引本,1998 年。

7. 王弼注，《老子》，商務印書館（香港）有限公司逐字索引本，1996 年。

8. 郭象，《莊子》，上海古籍出版社，1989 年。

9. 荀況，《荀子》，上海古籍出版社，1989 年。

10. 揚雄，《揚子》，巴蜀書社，1987 年。

11. 程本，《子華子》，上海古籍出版社，1990 年。

12. 列禦寇，《列子》，上海書店，1992 年。

13. 墨翟，《墨子》，中華書局，1985 年。

14. 王士元，《亢倉子》，上海古籍出版社，1990 年。

15. 尹喜，《關尹子》，上海古籍出版社，1990 年。

16. 鶡熊，《鶡子》，上海古籍出版社，1990 年。

17. 韓非，《韓非子》，上海古籍出版社，1989 年。

18. 鄧析，《鄧析子》，中華書局，1991 年。

19. 慎到，《慎子》，中華書局，1985 年。

20. 公孫龍，《公孫龍子》，上海古籍出版社，1990 年。

21. 尹文，《尹文子》，商務印書館（香港）有限公司逐字索引本，1996 年。

22. 劉安，《淮南子》，嶽麓書社，1997 年。

23. 葛洪，《抱朴子》，上海古籍出版社，1990 年。

24. 呂不韋，《呂氏春秋》，嶽麓書社，1997 年。

25. 陸賈，《新語》，商務印書館（香港）有限公司逐字索引本，1995 年。

26. 賈誼，《新書》，上海古籍出版社，1990 年。

27. 劉向，《新序》，中華書局，1991 年。

28. 劉向，《說苑》，商務印書館（香港）有限公司逐字索引本，1995 年。

29. 董仲舒，《春秋繁露》，中華書局，1991 年。

30. 王充，《論衡》，上海古籍出版社，1990 年。

31. 荀悅，《申鑒》，上海古籍出版社，1990 年。

32. 魏伯陽，《周易參同契集注》，上海古籍出版社，1989 年。

33. 孫武，《孫子》，商務印書館（香港）有限公司逐字索引本，1992 年。

34. 吳起，《吳子》，商務印書館（香港）有限公司逐字索引本，1992 年。

35. 司馬穰苴，《司馬法》，商務印書館（香港）有限公司逐字索引本，1992 年。

36. 李靖，《唐太宗李衛公問對》，《四庫全書》本。

37. 尉繚，《尉繚子》，商務印書館（香港）有限公司逐字索引本，1992 年。

38. 呂望，《六韜》，商務印書館（香港）有限公司逐字索引本，1997 年。

39. 謝良佐,《上蔡先生語錄》,《四庫全書》本。

40. 劉安世,《元城語錄解》,《四庫全書》本。

41. 楊時,《龜山先生語錄》,《四部叢刊續編》本。

42. 朱熹,《延平答問》,《四庫全書》本。

43. 邵雍,《皇極經世書》,《四庫全書》本。

44. 黃帝,《陰符經》,上海古籍出版社,1990 年。

45. 周敦頤,《周濂溪集》,中華書局,1985 年。

46. 黎靖德編,《朱子語類》,中華書局,1986 年。

47. 朱熹,《朱子大全》,民國間上海中華書局鉛印本。

48. 張九成,《橫浦日新》,清初宋氏榮光樓影宋抄《諸儒鳴道》本。

49. 司馬光,《迂書》,宛委山堂刊《說郛》本。

50. 劉壎,《隱居通議》,《四庫全書》本。

51. 鄭樵,《通志》,浙江古籍出版社,1988 年。

52. 馬端臨,《文獻通考‧經籍考》,華東師範大學出版社,1985 年。

53. 永瑢、紀昀主編,《四庫全書總目提要》,海南出版社,1999 年。

54. 永瑢、紀昀主編,《四庫全書總目》,中華書局,1981 年。

55. 焦竑,《國史‧經籍志》,《粵雅堂叢書》本。

56. 孫能傳,《內閣藏書目錄》,《適園叢書》本。

57. 晁公武,衢本《郡齋讀書志》二十卷,光緒十年長沙王氏刊本。

58. 尤袤,《遂初堂書目》,《海山仙館叢書》本。

59. 王應麟,《玉海》,江蘇古籍出版社、上海書店,1987 年。

60. 晁公武撰、孫猛校證,《郡齋讀書志校證》,上海古籍出版社,1990 年。

61. 《天一閣藏明代方志選刊》,上海古籍書店,1982 年。

62. 《中國歷代書目叢刊》,現代出版社,1987 年。

63. 《續修四庫全書》,線裝書局,2002 年。

64. 《四庫禁燬書叢刊》,北京出版社,2000 年。

65. 《四庫未收書輯刊》,北京出版社,2000 年。

66. 《四庫全書存目叢書》,齊魯書社,1997 年。

集部

1. 劉勰,《文心雕龍‧章句篇》,臺灣商務印書館,1979 年。

2. 韓愈,《韓昌黎文集校注》,上海古籍出版社,1986 年。

3. 柳宗元,《柳宗元集》,中華書局,1979 年。

4. 歐陽修，《歐陽修全集》，中華書局，2001 年。

5. 蘇軾，《蘇軾文集》，中華書局，1996 年。

6. 蘇軾，《蘇東坡全集》，北京市中國書店，1986 年。

7. 《全宋文》第 29 冊，巴蜀書社，1992 年。

8. 《全宋詩》第 10 冊，北京大學出版社，1992 年。

9. 《全宋文》第 32、33 冊，巴蜀書社，1993 年。

10. 《全唐詩》，中華書局，1979 年。

11. 曾鞏，《曾鞏集》，中華書局，1984 年。

12. 黃庭堅，《黃庭堅集》，海南國際新聞出版中心，1996 年。

13. 汪藻，《浮溪集》，《四庫全書》本。

14. 范成大，《范石湖集》，上海古籍出版社，1981 年。

15. 范成大，《范成大佚著輯存》，中華書局，1983 年。

16. 范成大，《范成大筆記六種》，中華書局，2001 年。

17. 葉適，《葉適集》，中華書局，1961 年。

18. 張載，《張載集》，中華書局，1978 年。

19. 陸九淵，《陸九淵集》，中華書局，1980 年。

20. 陸九淵，《陸象山全集》，中國書店，1992 年。

21. 黃榦，《勉齋先生文集》，《四庫全書》本。

22. 楊時，《龜山先生文集》，《四庫全書》本。

23. 黃庭堅，《山谷集》，《四庫全書》本。

24. 石介，《徂徠石先生文集》，中華書局，1984 年。

25. 胡宏，《胡子知言》，中華書局，1991 年。

26. 程灝、程頤，《二程集》，中華書局，1981 年。

27. 朱熹，《晦庵集》，《四庫全書》本。

28. 張栻，《南軒集》，《四庫全書》本。

29. 呂祖謙，《東萊集》，《四庫全書》本。

30. 楊時，《龜山集》，《四庫全書》本。

31. 尹焞，《和靖集》，《四庫全書》本。

32. 張九成，《橫浦集》，《四庫全書》本。

33. 陸九齡，《復齋集》，《四庫全書》本。

34. 劉安世，《盡言集》，《四庫全書》本。

35. 薛季宣，《浪語集》，《四庫全書》本。

36. 許翰，《襄陵集》，《四庫全書》本。

37. 胡銓,《澹庵集》,《四庫全書》本。

38. 范成大,《攬轡錄》,《知不足齋叢書》本。

39. 范成大,《桂海虞衡志》,《說郛》本。

40. 陳著,《本堂集》,光緒十九年四明陳氏刻本。

41. 王若虛,《滹南遺老集》,《四部叢刊》本。

42. 方回,《桐江續集》,《四庫全書》本。

43. 王褘,《王忠文公集》,《四庫全書》本。

44. 張綸,《林泉隨筆》,民國二十六年(1937)上海商務印書館《今獻彙言》第 4 冊。

45. 顧炎武,《亭林文集》,清光緒間朱記榮槐廬刻本。

46. 阮元,《研經室三集》,清道光間《文選樓叢書》本。

五、主要參考論文

曾貽芬

1. 《論〈通典〉自注》,《史學史研究》,1985 年,第 3 期。

2. 《胡應麟與古籍辨偽》,《史學史研究》,1996 年,第 1 期。

崔文印

《略談顧炎武在歷史文獻學方面的貢獻》,《史學史研究》,1997 年,第 3 期。

(臺灣)林政華

1. 《黃震對宋代理學之研究》,《臺北師專學報》,1966 年,第 6 期。

2. 《黃震之經學提要》,《木鐸》,1967 年,第 7 期。

3. 《宋末大儒黃震之行誼》,《浙江月刊》,1972 年,第 4 卷第 6 期。

4. 《所謂宋紹定二年刊本黃氏日抄辨誤》,《書目季刊》,1972 年,第 7 卷第 1 期。

5. 《黃東發的生平與經學》,《孔孟月刊》,1973 年,第 12 卷第 4 期。

6. 《黃震的春秋二霸說》,《孔孟月刊》,1975 年,第 13 卷第 10 期。

7. 《黃氏日抄中宋人易注輯佚》,《書目季刊》,1976 年,第 10 卷第 3 期。

8. 《黃震著述版本敍錄兼述日抄體之影響》,《書目季刊》,1976 年,第 9 卷第 4 期。

9. 《黃東發對於前朝理學之評述》,《書目季刊》,1977 年,第 11 卷第 3 期。

10. 《〈黃震之經學〉摘要》,《華學月刊》1978 年,第 74 期。

11. 《黃東發學説對於補正現行師專國文教本之助益》,《國民教育》,1978年,第 21 卷第 9 期。

12. 《黃東發與朱子》,《孔孟學報》,1980 年,第 39 期。

13. 《簡介宋末大儒黃震的易學》,《易學研究》,第 3、4 期。

14. 《黃震之諸子學》,臺灣嘉新水泥公司文化基金會研究論文第 314 種。

（臺灣）錢穆

《黃東發學述》,《圖書季刊》,1971 年,第 1 卷第 3 期。

（日本）神林裕子

《黃震的〈四書〉學研究》,《元代經學國際研討會論文集》,臺灣辰益出版公司,2002 年。

張偉

1. 《論黃震理學思想的時代特色及歷史地位》,《杭州大學學報》,1996 年,第 1 期。

2. 《從黃震的仕履看南宋後期的地方政情》,《寧波師院學報》,1996 年,第 2 期。

3. 《黃震史學探微》,《史學史研究》,1997 年,第 3 期。

4. 《黃震的生平及學術思想研究》,《宋史研究通訊》,1999 年,第 2 期

5. 《黃震研究》,浙江大學 1999 年博士論文。

6. 《黃震生平與學術成就述略》,《浙江萬里學院學報》,2001 年,第 3 期。

7. 《黃震的社會政治思想及改革觀》,《寧波大學學報》,2001 年,第 2 期。

8. 《黃震心理學思想探微》,《心理學探新》,2001 年,第 1 期。